Denkanstöße 2009

SERIE PIPER

Zu diesem Buch

Steckt moralisches Verhalten tatsächlich in unseren Genen? Muss die Physik neu erfunden werden? Können wir etwas dagegen tun, dass der deutsche Staat wie kein anderer europäischer Staat seine Arbeitnehmer ausbeutet? – Dieses erfolgreiche Jahrbuch präsentiert neue Erkenntnisse aus Politik, Wirtschaft, Philosophie und Naturwissenschaften. Mit den besten Texten von namhaften Autoren wie dem Nobelpreisträger Robert L. Laughlin, dem streitbaren Theologen Hans Küng oder dem Bestseller-Autor Alan Weisman aus dem aktuellen Sachbuch- und Wissenschaftsprogramm des Piper Verlags stellt dieses erfolgreiche Lesebuch neue Denkimpulse vor und regt zur sachkundigen Lektüre an, um über das laufende und das neue Jahr nachzudenken.

Lilo Göttermann, geboren 1945, studierte Kunstgeschichte, Klassische Archäologie und Kirchengeschichte in München. Sie arbeitet im Bereich der Modernen Architektur und unternimmt mit ihrem Mann zahlreiche Studienreisen in die ganze Welt.

Denkanstöße 2009

Ein Lesebuch aus Philosophie, Kultur und Wissenschaft

Herausgegeben von
Lilo Göttermann

Piper München Zürich

Mehr über unsere Autoren und Bücher:
www.piper.de

Mix
Produktgruppe aus vorbildlich bewirtschafteten Wäldern und anderen kontrollierten Herkünften
www.fsc.org Zert.-Nr. GFA-COC-1223
© 1996 Forest Stewardship Council
FSC

Originalausgabe
August 2008

Umschlag: Büro Hamburg. Anja Grimm, Stefanie Levers
Bildredaktion: Büro Hamburg. Alke Bücking, Charlotte Wippermann
Umschlagfoto: Gregor Schuster / Getty Images
Satz: Filmsatz Schröter, München
Papier: Munken Print von Arctic Paper Munkedals AB, Schweden
Druck und Bindung: CPI – Clausen & Bosse, Leck
Printed in Germany ISBN 978-3-492-25215-7

Inhalt

EINSICHTEN

Aus dem kulinarischen Leben

Vorwort

Noch nie gab es so viele Informationen und Entdeckungen wie heute im digitalen Zeitalter. Einige Forschungsergebnisse und Erkenntnisse sind so bahnbrechend, daß sie ihren Niederschlag in Büchern finden und damit zu dem Stoff werden, aus dem die »Denkanstöße 2009« sind.

Damit Sie wissen, welche Themen aus Politik, Naturwissenschaft und Philosophie diskutiert werden, werden hier die interessantesten Arbeiten renommierter Autoren wie dem Nobelpreisträger Robert B. Laughlin, dem streitbaren Theologen Hans Küng oder dem Bestseller-Autor Alan Weisman vorgestellt. So erfahren Sie, was es mit dem Geheimnis der drei Raumdimensionen auf sich hat und welche Rolle dabei der Ingenieur Henri Poincaré spielt, dessen Formel erst in jüngster Zeit von Grigori Perelman, dem mysteriösen russischen Außenseiter, bewiesen werden konnte. Was geschehen würde, wenn wir Menschen von einem Tag auf den anderen von der Erde verschwinden würden. Und wie die Erde einen Tag, ein Jahr und ein Jahrhundert später aussähe. Ob es in Zeiten immer neuer Konflikte zwischen Religionen und Ideologien, zwischen Arm und Reich einen gemeinsamen Wertekatalog geben kann, der für alle Menschen gilt.

Dieses erfolgreiche Jahrbuch beantwortet diese und viele andere spannende Fragen aus dem aktuellen Sachbuch-Programm des Piper Verlags. Wo immer Sie das Buch aufschlagen – Sie werden neue Denkimpulse, erstaunliche Erkenntnisse und mitunter kontroverse Standpunkte entdecken.

Lilo Göttermann

THESEN

Aus dem politischen und wirtschaftlichen Geschehen

Wolfgang Herles

Eine andere Geschichte Deutschlands

Nach dem fürchterlichen Morden und nach der Zerstörung, die Hitler verschuldet hat, wird Deutschland geteilt. Im kleineren Teil, im Osten, entsteht ein Satellitenstaat Moskaus. Im Westen dürfen die Deutschen der Welt beweisen, wie viel Gutes in ihnen steckt. Sie werden mustergültige Demokraten, treue und friedliebende Bündnispartner. Unendlich fleißig, schaffen sie das Wirtschaftswunder. Wohlstand für alle lässt die neue Republik auch im Inneren zusammenhalten. Die soziale Marktwirtschaft wird zum weltweit bewunderten Modell. So gewinnen die Westdeutschen auch ihren Stolz zurück. Nur eines fehlt zu ihrem vollkommenen Glück: die Vereinigung mit den Brüdern und Schwestern im Osten. Nach dem Fall der Mauer aber hat die Geschichte endlich ein Einsehen.

Es ist ein Mythos. Wieso Mythos? Die meisten Deutschen (zumindest im Westen) halten diese Geschichte für wahr. Alles in allem sei es so gewesen, glauben sie. So ähnlich ist es ja auch tausendfach zu hören und zu lesen, in Schulbüchern, Fernsehdokumentationen, bei Feierstunden. Und nicht nur dort schlägt sich der Mythos nieder. Gerade in jüngster Zeit erscheinen Bücher renommierter Historiker, die etwa *Die geglückte Demokratie* (Edgar Wolfrum) beschreiben. Mit ihrer Historisierung erscheint die Bonner Republik in mildem Licht. Das war, zumal vor 1990, noch überwiegend anders, die Bundesdeutschen gingen selbstkritischer mit ihrer Geschichte um. Und das hat Gründe. Je schwieriger die Gegenwart erscheint, desto mehr verklärt sich der Blick auf die Vergangenheit. In der Vergangenheit aber nisten die Keime des gegenwärtigen Missvergnügens.

Jede Nation besitzt Erzählungen, die den Zusammenhalt stärken. Die moderne Geschichtswissenschaft entsteht nicht zufällig in jener Zeit, in der sich die europäischen Nationalstaaten bilden. Geschichtsschreibung ist nie objektive, reine Wissenschaft, sondern immer auch ein Instrument der Politik und der jeweils herrschenden Ideologie. Geschönt und imprägniert von kollektiven Selbsttäuschungen, verklärt sie die Vergangenheit. Doch Mythen lassen sich nicht in Geschichtsbücher einsperren. Sie prägen die Gegenwart. Sie entscheiden darüber mit, wie Gesellschaften ihre Zukunft gestalten. Grob gesagt: Sie gewinnen Wahlen.

Geschichtsbilder verraten, welche Überzeugungen und Mentalitäten in einem Land fest verwurzelt sind, und sind nur schwer veränderbar. Kollektive Gefühlslagen formen aber auch das Bild der Geschichte. »Jeder Mensch erfindet sich früher oder später eine Geschichte, die er für sein Leben hält.« Was Max Frisch im Roman *(Mein Name sei Gantenbein)* feststellt, gilt auch für Gemeinschaften, seien es Familien, Parteien oder die Bürger eines Staates.

Wie das, was geschehen ist, weitererzählt wird, wie die Deutschen es zu ihrer Selbstbestätigung benutzten und zurechtstutzten, was sie hervorheben, schönen und verschweigen, was sie tabuisieren und verdrehen, verrät viel über ihre geistige Befindlichkeit, über ihre Wünsche, Ängste, Illusionen und Utopien.

Es ist üblich geworden, Nachkriegsgeschichte als gesamtdeutsche Geschichte zu erzählen. Die Absicht ist unverkennbar politisch. Die Einheit der beiden deutschen Staaten soll als das große, von Beginn an heiß begehrte Ziel aufleuchten, die Geschichte der Bonner Republik als bloße Vor- und Teilgeschichte relativiert und dem Kontext der Nationalgeschichte untergeordnet werden. Daran beteiligt sich dieses Buch nicht. Die Bonner Republik geht bis 1989 einen eigenen, der Geschichte der DDR fundamental entgegengesetzten Weg. Er ist mit dem Beitritt der DDR zu Ende. Verfassungsrechtlich mag es sich um einen Beitritt gehandelt haben. Politisch und ökonomisch aber verwandelt der Zusammenschluss die Republik der Westdeutschen fundamental. Zwar werden 1990 die Ostdeutschen zu Mitbürgern, nur ist die Bundesrepublik jetzt nicht mehr das Gelobte Land, von dem sie geträumt hatten.

Die Enttäuschung auf beiden Seiten führt zu Ostalgie in den neuen Bundesländern. Spiegelbildlich dazu zeigt sich im Westen eine nostalgische Rückbesinnung auf die Bonner Republik. Man hat mir in Bezug auf meine Polemik *Wir sind kein Volk* über die

Folgen des DDR-Beitritts immer wieder vorgeworfen, ich verträte »die West-Nostalgie in reinster Form«. Das ist Unsinn. Hier stelle ich die Wiedervereinigung in einen größeren historisch-psychologischen Zusammenhang. Dabei wird deutlich, dass gerade die Weigerung der Deutschen, die Wiedervereinigung als Ende der Bonner Republik zu begreifen, zu einer geistigen Blockade führt, die es erschwert, das Land zu modernisieren.

Die Geschichte der Bundesrepublik gibt Antworten auf konkrete, drängende Fragen. Warum stehen sich die Deutschen so beharrlich selbst im Weg? Warum tun sie sich so schwer, ihr Land auf die veränderten ökonomischen Bedingungen der Welt einzustellen? Warum versagen dabei die Parteien und das politische System? Warum ist Freiheit den Deutschen weniger wert als soziale und innere Sicherheit? Weshalb bremst der Sozialstaat Wachstum und Wohlstand? Warum ist Deutschland überreguliert? Warum verachten die Deutschen politischen Streit? Warum macht die Einheit so viele Deutsche gar nicht glücklich?

Geschichte ist immer auch ein Blick in die Psyche von Nationen und Gesellschaften. Denn hinter Ereignissen und Entwicklungen stehen Motive, Einstellungen, Ängste.

Der Begriff der Neurose drängt sich auf. Zunächst hört er sich an wie eine bloße Metapher; mancher Leser mag sie für Polemik halten. Doch muss man wahrlich kein Psychologe sein, um Störungen im kollektiven Verhalten der Deutschen zu erkennen. Ihre Stimmung neigt zu abrupten Schwankungen. Mal erscheinen sie niedergedrückt und gepeinigt von »German Angst«, mal wie besinnungslos vor Begeisterung von sich selbst wie während der Fußballweltmeisterschaft. Wenngleich traditionell unfähig zum Umsturz oder auch nur zu durchgreifender Reform, steigern sich die Deutschen mal in maßlose Verdrossenheit über Politik und Parteien, mal besingen sie die Großartigkeit ihrer Kanzlerin. Sie scheinen ihre Nervosität selbst als Störung zu empfinden. Warum sonst sollten sie so sehnsüchtig sein nach *Normalität,* nicht wissend, was das ist, und ahnend, wie unerreichbar. Zufrieden sind die Deutschen nie wirklich mit ihrem Land. Dafür haben sie Gründe. Nur sind diese Gründe andere, als sie selber glauben.

Die Deutschen wollen stets mehr, als sie kriegen können, und haben am Ende immer weniger, als sie bekommen könnten. Denn ihr Missvergnügen resultiert aus dem Missverhältnis zwischen Realismus und Wunschdenken, zwischen gesetzten und erreichbaren Zielen.

Ist diese Republik also neurotisch? Es würde den Rahmen einer Geschichtserzählung sprengen, wollte sich der Autor auf die verschiedenen, miteinander im Streit liegenden psychologischen Definitionen und Theorien von Freud bis Jung einlassen. Unbestritten ist selbst unter Psychologen, dass Neurosen innerpsychische Konflikte sind, die es den davon Betroffenen erschweren, sich der Realität anzupassen. Neurotizismus gilt als eine der (fünf) Skalen oder Dimensionen, mit denen Persönlichkeit generell beschrieben und gemessen werden kann. Die Dimension des Neurotizismus erfasst Merkmale wie Ängstlichkeit, Reizbarkeit, Depression, Verletzlichkeit.

Solche Merkmale bestimmen auch die Politik. In problematischen Phasen zeigen sie sich stärker als in stabilen. Neurotiker lassen sich unverhältnismäßig leicht ängstigen, aufregen, frustrieren. Ursache und Auslöser von Neurosen sind fortgesetzte traumatische, schlecht verarbeitete Erlebnisse, böse Erinnerungen, aber auch Fantasien und Wunschvorstellungen. Böse Erinnerungen haben die Deutschen in reichem Maße, aber auch Wünsche, Illusionen, Utopien, offen benannte und unausgesprochene.

Ist auch die strudelnde, also nicht von der Stelle kommende Erregbarkeit der Deutschen noch immer dem großen Trauma geschuldet, dem Dreh- und Angelpunkt der jüngeren Geschichte? Zusammenhänge sind unverkennbar, aber sie erklären nicht alles. Nach der totalen Katastrophe, mit der das Dritte Reich endete, ist die Bundesrepublik Deutschland durchaus der gelungene Versuch einer Therapie. Aber wie jede wirksame Therapie zeitigt sie Nebenwirkungen. Die Deutschen zahlten und zahlen für ihre Auferstehung einen Preis, der auch heute und in Zukunft noch fällig ist.

Lange haben die Deutschen den Niedergang ihres Wohlfahrtsstaats übersehen, und sie wollen ihn noch immer nicht wahrhaben. Die Bonner Republik ist verloren, und erneut leiden die Deutschen an der Unfähigkeit, den Verlust zu verarbeiten. In der Geschichte der Bundesrepublik ist immer wieder zu beobachten, wie unübersehbare Tatbestände und Entwicklungen ausgeblendet, verdrängt, verleugnet werden.

Andere Länder erfahren andere Traumata und reagieren darauf mit anderen Neurosen, mit anderen Strategien, Politik an der Wirklichkeit vorbei zu betreiben. Das Trauma des Nine-Eleven etwa führte dazu, dass die USA Bürgerrechte zerstören, Menschenrechte verletzen, sinnlose Kriege führen. Doch hier geht es nicht um die Neurose Amerikas, sondern um die Deutschlands. Ihr liegen andere historische Erfahrungen zugrunde, der totale militärische wie moralische Zusammenbruch, die Zerstörung des Nationalstaats. Falsche Politik ist immer auch historisch-psychologisch erklärbar.

Ängste sind dann neurotisch, wenn sie ihre Ursachen nicht in objektiven Bedrohungen, sondern in inneren Konflikten haben. Politik ist neurotisch, wenn sie sich aus Angst auf bestimmte Gefahren fixiert und dabei andere, gravierendere Bedrohungen verkennt. Die Angst vor dem Verlust der gegenwärtigen sozialen Standards ist in Deutschland größer als die Angst davor, durch versäumte Modernisierung die Basis eben dieser sozialen Sicherheit zu zerstören. Die demografische Zeitbombe kann die Sozialsysteme zerstören, die Politik jedoch verweigert sich den daraus zwingend sich ergebenden Konsequenzen. Dagegen ist Überfremdung keine objektive Bedrohung, dennoch wird sie von der Mehrheit der Deutschen als eine solche empfunden. Mangelnder Realismus bei der Einschätzung von Risiken ist neurotisch.

Die Geschichte der Bundesrepublik erzählt also nicht nur davon, was tatsächlich geschah, sondern auch davon, was die Politik übersah und versäumte und welche Irrtümer sie noch immer begeht. Es ist leicht begreiflich, dass die Unterschlagung der Realität mit erheblichem seelischem Aufwand und mit Kosten verbunden ist. Kosten im doppelten Sinne: den materiellen Folgen unterlassenen Handelns wie auch den politischen Kosten, die entstehen, wenn notwendige Debatten unterdrückt werden.

Neurotische Störungen gelten als grundsätzlich heilbar. Neurosen können sich aber auch verschlimmern und zu schwer heilbaren Psychosen werden. Die vorurteilsfreie Auseinandersetzung mit der eigenen Geschichte, also auch mit ihren Mythen und ihren verdrängten und tabuisierten Aspekten, ist Teil der Therapie.

Neurosen sind ausnahmslos eine Form von Unfreiheit. Freie Menschen sind in der Lage, neue Wege zu wählen und zu gehen. Sie wissen, dass es keinen Fortschritt ohne Risiko gibt. Neurotische Menschen haben übermäßige Angst vor dem Scheitern neuer Lösungen. Angst erhöht die Gefahr des Scheiterns, weil die Möglichkeit des Gelingens gar nicht erst in Erwägung gezogen wird. So ist es auch in der Politik.

Nationalismus gilt als normal, ist aber trotzdem nicht gesund. Die Deutschen waren von dieser Krankheit in ihrer schwersten denkbaren Form befallen, dem Nationalsozialismus.

Durch den vollkommenen Zusammenbruch sind sie keineswegs schon geheilt, weder vom Nationalismus noch vom Nationalsozialismus. Die Behandlung erfordert Entzug, seelische Stabilisierung, materielle Kräftigung. Nie wieder soll sich der Patient berauschen an der wahnhaften Vorstellung von Deutschlands Größe und Grandiosität.

Das ist leichter verlangt als getan. Gut wäre es, wenn sich die Deutschen für etwas anderes begeistern könnten als die Nation. Für etwas, das Europa nicht gefährdet, sondern voranbringt. Am besten wäre es, wenn sie begreifen könnten, dass ihre Interessen keine anderen sind als die ihrer Nachbarn, ja dass sie deren Werte und Ziele teilen. Aber so weit ist es noch nicht.

Zunächst der Entzug: Der Nation wird das Mittel ihres Missbrauchs genommen, der Nationalstaat. Zumindest während einer gewissen Zeit sollen die Deutschen ohne ihn auskommen und erkennen, dass es auch ohne ihn geht. Dass dies tatsächlich geschieht, ist allerdings nicht der strengen Verordnung einer Ärztekommission im Auftrag der Weltgeschichte zu verdanken. Die Deutschen wirken wacker mit. Das wollen sie sich aber niemals eingestehen, sondern die Teilung ihres Reichs stets beklagen.

So wie sich die totale Niederlage letztlich als großes Glück herausstellt – anders wären die Deutschen Hitler nicht losgeworden? –, erweist sich auch die Teilung des Landes für die Mehrheit der Deutschen als Segen. Sie ist die Bedingung von Freiheit; und Freiheit wiederum ist die Voraussetzung für den Erfolg der Therapie. Anders formuliert: Die Frage der Gesellschaftsordnung ist wichtiger als die Frage der Einheit. Wenn Freiheit nur durch Verzicht auf Einheit zu bekommen ist, dann muss es eben so sein. Freiheit *oder* Einheit: Das ist die große Entscheidung, die in den ersten Nachkriegsjahren zu treffen ist.

Weil aber Freiheit nur für einen, den größeren Teil der Deutschen zu haben ist, wird die Teilung feierlich beklagt. Es wird die Legende verbreitet, Konrad Adenauer habe sie nicht gewollt. Es ist eine der Urlügen im verqueren Verhältnis zwischen Ost und West. Im Osten ist Adenauer, weil er zu Recht für einen Einheitsgegner gehalten wird, bis heute ein verhasster Mann.

Wie immer, wenn Wahrheit verfälscht wird, löst sie sich nicht auf, sondern gärt weiter. Das gestörte Verhältnis der Deutschen zu ihrer Nation hat nicht nur mit Hitlers Verbrechen zu tun, sondern auch mit der Unfähigkeit, eine offene Debatte über die eigene Geschichte zu führen.

Offiziöse Geschichtserzählungen führen an, schon auf der Potsdamer Konferenz im Sommer 1945 habe die Festlegung von zwei Reparationsgebieten, eines sowjetischen und eines der westlichen Alliierten, die Teilung eingeleitet. Die Zusammenlegung der britischen und amerikanischen Wirtschaftszone (Bizone) Anfang 1947 habe die Trennung dann zwar vertieft, am Ende aber habe erst die Doppelstrategie Stalins die Teilung erzwungen, der mit der Einheit nur gelockt habe, um ganz Deutschland unter seinen Einfluss zu bringen.

Im täglichen Kampf um Nahrung, Kleidung und Heizmaterial, in der Sorge um vermisste und gefangene Angehörige, in der Trauer um die Toten, im aufreibenden und kräftezehrenden Aufräumen der Trümmer nehmen die meisten Deutschen freilich kaum wahr, welch dramatischer politischer Kampf um die Nation tobt.

Er beginnt mit den letzten Tagen des Weltkriegs und ist entschieden mit der ersten Wahl zum Deutschen Bundestag. Vier Jahre lang geht es um nicht mehr und nicht weniger als darum, in welcher Gesellschaftsordnung die Deutschen leben werden, in einer liberalen, offenen Demokratie oder in einem sozialistischen, dirigistischen Staat.

Diese glasklare Alternative sehen damals wenige. Deshalb ist ja die Entscheidung jahrelang so heiß umstritten. Längst nicht alle Politiker sind geheilt von der nationalistischen Geistesverirrung. Sie halten die Grenzen des Landes für wichtiger als seine innere Verfassung. Ihre sozusagen *normale*, international gebräuchliche Form von Nationalismus ist mit dem bösartigen Nationalismus früherer Jahrzehnte nicht zu verwechseln, aber doch gefährlich. Schwere Alkoholiker kann schon ein einziges Glas rückfällig werden lassen.

Der Nationalsozialismus ist eine Form des Totalitarismus. Der gewöhnliche Nationalismus ist nicht totalitär, doch ebenfalls eine Form kollektivistischen Denkens, also auch ein Feind der individuellen Freiheit. Ob also die Deutschen, nach allem, was geschehen ist, endlich Freiheit ohne Wenn und Aber wagen wollen, ist noch keineswegs ausgemacht. Es sind ja noch dieselben Menschen – Nazis, Mitläufer, Angepasste, Nazi-Gegner, verirrte Patrioten, Gleichgültige. Ihre Vorstellungen von Staat, Volk und Nation reichen weiter zurück als die Ideologie des Nationalsozialismus.

Das Verhängnis der Deutschen ist ihre tief verwurzelte Furcht vor der Freiheit. Deshalb richtet sich Adenauers Kampf gegen beide Formen des Kollektivismus: Nationalismus und Sozialismus. Nationalismus gilt als rechts, Sozialismus als links. Nach dem Krieg aber sind dies keine Gegensätze. Nationalisten sind zwar nicht automatisch Sozialisten, aber die meisten Sozialisten sind damals Nationalisten.

Unter dem Strich ist Adenauers Therapie gegen Nationalismus erfolgreicher als gegen Sozialismus. Man könnte auch sagen, die Neigung der Deutschen zum Kollektivismus nimmt insgesamt ab, aber sie ist bis heute nicht völlig abgeklungen. Sie zeigt sich inzwischen mehr in einer grundsätzlichen Affinität zum Sozialismus als in einer Anfälligkeit für Nationalismus. Die Liebe zum Staat hat die Liebe zur Nation weitgehend abgelöst. Von den Liberalen abgesehen betreiben alle Parteien eine Politik gegen die Freiheit des Individuums und übertreiben die Rolle des Staates – auch wenn sie das Gegenteil beteuern. Es gibt rote, schwarze und grüne Sozialdemokraten und außerdem noch eine sozialistische Linke. Doch davon später.

Bereits unmittelbar nach dem Krieg sind die Anfänge dieser Fehlentwicklung zu beobachten. Die Deutschen schließen manch faulen Kompromiss zwischen Freiheit und staatlicher Gängelung. Auf diese faulen Kompromisse sind sie sogar stolz, halten sie für modellhaft und fortschrittlich.

Nicht mit dem Ziel, die Deutschen von Hitler zu befreien, haben die Alliierten gekämpft, sondern um Deutschland zu besiegen. Es ist, was die Westmächte angeht, ein Sieg im totalen Krieg zwischen zwei Wertesystemen, dem des totalitären Nationalsozialismus und dem der liberalen Demokratie.

So bedenkenlos Deutschland über Europa hergefallen ist, so unfassbar es die Vernichtung der Juden ins Werk gesetzt hat, so bodenlos der moralische Absturz gewesen ist, so unbegreiflich und atemberaubend erscheint nun der Wiederaufstieg des größeren, westlichen Teils. Die Geschichte der Bundesrepublik beginnt mit einem ungeheuren Glücksfall.

Das Ungeheuer Deutschland hat im großen Unglück unverdientes Glück. Verdienst aber ist keine Kategorie der Geschichte. Der Gott der Geschichte, falls es ihn gibt, ist kein gerechter Gott. Von welchem Glück ist hier die Rede? Vom Glück der Tüchtigen? Ja, dieses Glück wird am Ende noch hinzukommen. Aber zunächst einmal ist es das doppelte, das vielfache Glück der Stunde.

Zuerst ist es das Glück der Befreiung von der schlimmsten Despotie in Deutschlands Geschichte. Sie ist tausendfach schlimmer gewesen als die Fremdherrschaft Napoleons, die den Deutschen nicht nur Unterdrückung, sondern auch große Errungenschaften der Zivilisation wie eine moderne Staatsführung beschert hatte. Während sich jedoch in den Befreiungskriegen viele Deutsche aufgeopfert hatten, fand sich weit weniger Opfermut im Kampf gegen die Nazis, die das Land geistig unterjochten und seine Kultur systematisch zerstörten. Hitler ist 1932 von einem guten Drittel der Deutschen gewählt worden. Die Mehrheit hat sich ihm anschließend – mehr oder weniger – aus freien Stücken unterworfen.

Deshalb verwundert es nicht, dass nur eine Minderheit der Deutschen den 8. Mai 1945 als Tag der Befreiung begreifen kann. 40 Jahre später wird Bundespräsident Richard von Weizsäcker in seiner Gedenkrede von *Befreiung* sprechen, und es wird dann noch immer nicht selbstverständlich sein, sondern heftig umstritten.

Der Krieg hat über die meisten Deutschen Unglück gebracht. Es gibt 1945 wohl niemanden, der in seiner Familie und unter seinen Freunden kein Opfer zu beklagen hätte. Die meisten Deutschen sehen sich selbst als Opfer, als Opfer Hitlers, der sie in den Krieg geschickt, der die Niederlage zu verantworten hat, als Opfer der alliierten Bombardements, als Opfer des Besatzungsregimes, als Opfer der Vertreibung. Besiegt und gedemütigt fühlen sie sich. Zweifellos hilft dies, Fragen nach eigener Schuld und Mitverantwortung zu verdrängen.

Wie wenig die Deutschen begreifen, wer ihr wahrer Feind ist, zeigt allein die Tatsache, dass es von einzelnen Ausnahmen abgesehen nicht zu Racheaktionen gegen ehemalige Unterdrücker kommt, gegen Nazi-Funktionäre, Nazi-Lehrer, Nazi-Richter etc. Dabei handelt es sich gewiss nicht um rechtsstaatliche Reife, die die Deutschen so zurückhaltend sein lässt. Denn auch bei der rechtsstaatlichen Verfolgung der Nazi-Verbrechen halten sie sich sehr zurück.

Eine Legende geistert herum – die Legende, die Sieger hätten den Deutschen eine *Kollektivschuld* zugesprochen. Davon kann keine Rede sein. Mit keinem einzigen Dokument ließe sich das nachweisen. Lediglich im Kommuniqué der Potsdamer Konferenz heißt es, das deutsche Volk habe »begonnen«, »für die furchtbaren Verbrechen zu büßen, die unter der Führung derer begangen worden sind, denen es in der Stunde ihres Erfolges offene Zustimmung und blinden Gehorsam entgegenbrachte«. Dies entspricht der Wahrheit und stellt durchaus keine pauschale Verurteilung der Deutschen dar.

Es hat ganz den Anschein, als sei der Kollektivschuldvorwurf eine deutsche Behauptung. Dahinter könnten sich uneingestandene individuelle Schuldgefühle verstecken. Denn mit der berechtigten Zurückweisung des Kollektivschuldvorwurfs wird häufig zugleich individuelle Verantwortung und Schuld abgewehrt.

Eine weitere Legende behauptet, die Deutschen seien als Opfer von Krieg, Flucht und Vertreibung erst Jahrzehnte nach dem Kriegsende entdeckt worden. Auch das ist falsch. Allenfalls kann von einer Wiederentdeckung die Rede sein. Richtig ist nur, dass der rasche Wiederaufbau und die erfolgreiche Integration der Flüchtlinge und Vertriebenen ihre Leidenswege in den Hintergrund rückten.

Der 8. Mai 1945 ist also eine Befreiung von den Martern des Krieges, aber die Trauer über die Verluste und das Trauma der Schuld wirken noch lange nach.

In die Erleichterung mischt sich schon bald Furcht vor dem nächsten Krieg. Auch der Kalte Krieg aber ist für die Westdeutschen ein glücklicher Umstand. Tragen sich die Amerikaner anfangs noch mit dem Gedanken ihres Finanzministers Henry Morgenthau, Deutschland zu einem deindustrialisierten Armenhaus Europas zu machen, wird ihnen angesichts der Weltlage bald klar, dass man entweder Vergeltung üben kann oder einen Bündnispartner gewinnen. Nicht Strafe ist deshalb das Gebot der Stunde, sondern Kräftigung. Gnade geht vor Recht, Aufbauhilfe vor Buße, Tüchtigkeit vor Gerechtigkeit.

Im Übrigen enthält der Morgenthau-Plan einen Vorschlag, der undiskutiert bleibt. Er schlägt die Schaffung zweier neutraler deutscher Staaten vor, geteilt nicht in West und Ost, sondern in Nord und Süd, wobei der Süden eine Zollunion mit Österreich bilden soll, die Vorstufe einer Föderation. Es wäre äußerst reizvoll, sich auszumalen, wie diese Geschichte verlaufen wäre, die besser zur Geschichte der Deutschen vor der Reichsgründung Bismarcks gepasst hätte. Man hat den Morgenthau-Plan aber immer nur als Inbegriff von Rache an den Deutschen missverstanden. Die Teilung in Nord und Süd hätte womöglich eine Chance auf Freiheit für alle Deutschen, wenn auch in zwei Staaten eröffnet. Aber das sind Spekulationen.

Nichts ist umsonst. Deshalb zahlen die Westdeutschen für ihr

Glück im Unglück einen moralischen Preis. Sie dürfen sich schnell und unerwartet auf der Seite der Sieger fühlen, ja mehr noch, auf der Seite der guten Sache. Sie haben ja bereits gegen Stalins Truppen gekämpft – waren sie eigentlich nicht schon immer tapfer und aufopferungsvoll auf der richtigen Seite gestanden?

Ungeheures Glück ist es auch, dass die Westdeutschen zunächst gar keine Wahl haben. Die Ostdeutschen haben ebenfalls keine Wahl, in ihrem Fall jedoch handelt es sich um Unglück. Die wichtigste aller Entscheidungen wird den Westdeutschen von den Siegern abgenommen. Es gibt keine Diskussion darüber, wie viel Demokratie sich die Deutschen zumuten möchten. Die Demokratie kommt ganz undemokratisch über sie. Sie ist das Gesetz der Sieger. Und das ist gut so.

Die Sieger sind es auch, die nationalsozialistische Verbrecher verfolgen und deren Taten ahnden. Insgesamt werden rund 50 000 Täter verurteilt, schätzungsweise ein Drittel der an den nationalsozialistischen Morden Beteiligten. Das ist eine verhältnismäßig hohe Quote. Etwa 800 Todesurteile werden gefällt, ein Drittel davon vollstreckt, darüber hinaus rund 200 000 ehemalige Nazis interniert, ob für Wochen, Monate oder wenige Jahre, Parteimitglieder aus dem öffentlichen Dienst entfernt.

Deutsche Gerichte verurteilen bis zur Gründung der Bundesrepublik weitere knapp viereinhalbtausend Täter. Danach lässt der Verfolgungswille der deutschen Justiz schlagartig nach und tendiert gegen null. Er wurde ja auch von der Bevölkerung keineswegs begrüßt. 1950 finden nur 38 Prozent der Westdeutschen die Nürnberger Prozesse fair. Die meisten Deutschen neigen zu unverständlicher Milde.

Das gilt erst recht für die *Entnazifizierung*. 13 Millionen Deutsche müssen Fragebögen ausfüllen, 3,6 Millionen sich einer Überprüfung unterziehen, aber weniger als ein Prozent wird als *schuldig* oder *belastet* bestraft. Praktisch läuft die Säuberung auf eine Rehabilitierung hinaus.

Es gibt schlechte Gründe dafür, acht Millionen NSDAP-Mitglieder mit Nachsicht zu behandeln, doch auch einen verständlichen Grund. Die oktroyierte Demokratie hat auf Dauer nur eine

Chance, wenn sie von möglichst allen Deutschen akzeptiert wird, auch von ehemaligen Nazis. Ohne deren aktive Mitwirkung kann das Land nicht wieder aufgebaut und verwaltet werden. Den Siegermächten kommt dabei eine dunkle Seite deutscher Mentalität entgegen, der Untertanengeist, der Hang zum Gehorsam.

Mündige Bürger sind die Angepassten noch lange nicht. Die meisten aber werden sich im Westen zu Musterdemokraten entwickeln, nicht viel anders als im Osten zu Musterkommunisten. Schwer erziehbar jedenfalls sind die Deutschen weder hüben noch drüben; davon profitierten schon die Nazis.

Die Milde, die Tätern wie Mitläufern entgegengebracht wird, folgt nicht ihrem Schuldbekenntnis, ihrer Einsicht und Reue, ganz im Gegenteil, sie ist nichts als Vorsicht. Bei geringerem Entgegenkommen könnte die alte Gesinnung sich gegen die Demokratie wenden. Die sich nun neu gründenden Parteien wissen auch, dass Millionen von Mitläufern und ehemaligen Anhängern der Nazis wertvolle Wähler sind.

Es dient durchaus nicht der Wahrheitsfindung, aber doch einem vernünftigen Zweck, wenn die Mehrheit der Deutschen an ihren Lügen strickt. Sie erzählen sich, verführt worden zu sein. Der mörderische Rassismus der Nazis wird im Bewusstsein abgespalten. Seine Voraussetzungen werden geleugnet: nationalistischer Größenwahn, die Neigung zum geistigen Gleichschritt, unselige militaristische Prägungen. Die Debatte über die tieferen Ursachen der Katastrophe wird nach dem Ende des Kriegs nicht geführt. Sie lässt noch zwei Jahrzehnte auf sich warten. Auch deshalb ist die Floskel von der Stunde null ein Mythos.

Mit ihrer enormen Aufbauleistung üben die Deutschen gewissermaßen Wiedergutmachung an sich selbst. Ein Teil von ihnen mag tatsächlich unfähig sein, über die Untaten zu trauern, die meisten aber haben dazu einfach keine Zeit. Es gibt Wichtigeres, Dringenderes zu tun. Die psychischen Kosten dieser Ablenkung bleiben unbeglichen.

Kai Diekmann

Der große Selbstbetrug

In Deutschland ist die Neigung ausgeprägt, die Dinge gleich zweihundertprozentig zu machen. »Am deutschen Wesen soll die Welt genesen«, verkündeten die konservativen Vordenker zu Kaiser Wilhelms Zeiten. Schon der führte das Land in einen Krieg, der nicht unbedingt zur Genesung der Welt beitrug. Dann jubelte man Hitler zu. Der wollte die Welt vor einer »jüdischen Weltverschwörung« retten. Er zettelte den Zweiten Weltkrieg an, der zwischen 50 und 60 Millionen Menschen das Leben kostete. Nach Niederlage, Wiederaufbau und Wirtschaftswunder kamen dann die Achtundsechziger, von denen viele mit dem gleichen Rigorismus Verbrecher wie Mao Zedong und Ho Tschi Minh anbeteten. Das war alles vor meiner Zeit. Doch inzwischen hat uns ein neuer Totalitarismus in seinen Bann geschlagen. Ein Totalitarismus, der nicht weniger Intoleranz produziert: Wir Deutschen wollen die Korrektesten, die Anständigsten, die moralisch Besten sein auf dieser Welt. Dagegen gäbe es eigentlich gar nichts einzuwenden – eigentlich. Wenn es nicht regelmäßig das Gegenteil dessen hervorriefe, was gesunden Menschenverstand ausmacht. Wenn sich unsere Gesellschaft deswegen nicht immer wieder aufwendige Nebenkriegsschauplätze leistete, die so gar nichts mit den wirklichen Herausforderungen dieses Landes zu tun haben.

Man kann Achtundsechzig, also dem Epochenbruch der deutschen Gesellschaft in Richtung Egozentrik, Mittelmaß und Faulheit, vieles vorwerfen. Aber die verhängnisvollste Folge dieser Zeit ist das Aufkommen des Gutmenschen, also die säkulare Form des pietistisch-abseitigen Frömmlers: Voll unbedingten Glaubens an das Gute im Menschen, unbeirrt von allen Fakten, ohne Vorstellung von der Welt, dafür mit dem festen Willen, dass das gut Gemeinte auch das Gute sei.

Solange dieses Land noch arm war und das Leben hart, war die idealistische Träumerei einiger weniger kein Problem. Heute allerdings ist der Gutmensch zum Problem, zur Plage geworden. Denn nach dem »Marsch durch die Institutionen« sitzen die Eiferer des guten Herzens nun an gesellschaftlich wichtigen Stellen: in Schulen, Behörden, auf Richterbänken, in der Politik, in den Medien. Ihre Weltsicht, vor allem aber ihr Katechismus der Güte und grundsatzfreien Toleranz, bestimmt nun Notenvergabe, Asyl- und Hartz-IV-Verfahren, Urteile und Gesetze – und häufig auch die Berichterstattung. Der Fall Murat Kurnaz gibt ein Beispiel.

Murat Kurnaz ist vermutlich ein freundlicher Mensch. Bei öffentlichen Auftritten wirkt der früher langbärtige Moslem, den meisten Deutschen als »Bremer Taliban« bekannt, ein wenig wie Hagrid, der drachenliebende Gärtner bei Harry Potter: gutmütig, wenn auch etwas waldschratig-verschroben. Wahrscheinlich gibt es auf dieser Welt viele Kurnaze – mehr oder minder angenehme Zeitgenossen, mitunter ein bisschen seltsam und mit dem einen oder anderen Tick, aber insgesamt durchaus akzeptabel. Und sie alle sollten darauf vertrauen können, dass ihr Heimatland ihnen hilft, wenn sie anderswo schuldlos in Schwierigkeiten geraten. Murat Kurnaz ist in Deutschland geboren und aufgewachsen, aber er ist türkischer Staatsbürger. Seine Familie lebt in der Türkei, auch seine – mittlerweile von ihm geschiedene – Ehefrau. Kurnaz war von Geburt an Türke, und er wollte dies ganz offensichtlich auch bleiben. Um die deutsche Staatsbürgerschaft bemühte er sich erst 2007. Zuständig für diplomatische Schritte im Fall irgendwelcher Probleme von Murat Kurnaz im Ausland war daher nicht Deutschland, sondern allein die Türkei – und »allein« heißt »allein«.

Aber wohl nicht für alle. Vor allem nicht für viele deutsche Medien. Sie veranstalteten 2006 über Monate ein Kesseltreiben gegen Außenminister Frank-Walter Steinmeier. Der hatte in seiner früheren Funktion als Kanzleramtsminister der Regierung Schröder entschieden, das Angebot der USA, Kurnaz aus dem Strafgefangenenlager Guantánamo nach Deutschland abzuschieben, nicht anzunehmen. Auch die Türkei wollte ihren Staatsbürger offensichtlich nicht zurückhaben; schon während der viereinhalbjährigen Haft von Kurnaz hatte das

Land am Bosporus nichts unternommen, um Kurnaz freizubekommen.

Was hat Frank-Walter Steinmeier falsch gemacht? Unsere Kanzler und Minister geloben bei Amtsantritt per Eid, »Schaden vom deutschen Volk abzuwenden«. Nichts anderes hatte der heutige Außenminister damals beabsichtigt. Erinnern wir uns: Am 11. September 2001 waren die Zwillingstürme des World Trade Center in New York in Feuer und Staub versunken, das Pentagon wurde schwer verwüstet, ein Anschlag auf das Weiße Haus in Washington nur mit Glück und unter großen Opfern verhindert. Die Verantwortung für diese Anschläge übernahm noch am gleichen Tag al-Qaida, eine radikal-muslimische Terrororganisation unter Führung Osama bin Ladens, finanziell und logistisch von zahlreichen islamischen Ländern unterstützt, vor allem aber vom afghanischen Regime der Taliban. Der islamistische Terror war nicht nur für die Amerikaner zur Bedrohung geworden, sondern für alle Länder, ob westlich, östlich, christlich, hinduistisch, säkular oder selbst islamisch. Auch für Deutschland, zumal mehrere Attentäter des 11. September in Deutschland gelebt, studiert und ihr Netzwerk aufgebaut hatten.

Laut staatsanwaltschaftlicher Ermittlungsakte reagierte Murat Kurnaz auf die Anschläge in New York und Washington mit den Worten, dass dies »Allahs Wille« und Vergeltung sei: »Die Amerikaner sind auch verantwortlich für den Tod von vielen Moslems zuvor.« Unmittelbar darauf soll sich Kurnaz Tarnanzug, Springerstiefel und ein Nachtsichtgerät gekauft und Anfang Oktober 2001 eine Maschine nach Pakistan bestiegen haben, um dort, wie er sagt, seine Kenntnisse des Korans zu vertiefen – was angesichts der oftmals unsicheren Stromversorgung in pakistanischen Koranschulen ein Nachtsichtgerät wohl erforderlich macht. Schon in Pakistan wurde Kurnaz jedoch von Sicherheitskräften festgenommen, den Amerikanern übergeben und nach Guantánamo verbracht. Eine Beteiligung an terroristischen Aktivitäten konnte ihm allerdings nicht nachgewiesen werden – der rasche Zugriff der Pakistaner ließ dafür wohl auch keine Gelegenheit.

Doch das ist Spekulation. Nach allem, was man weiß, hat Kurnaz als unschuldig zu gelten. Er darf reisen, wohin es ihm beliebt, sofern die betroffenen Länder die Anwesenheit eines Muslims mit Nachtsicht- und Camouflage-Bedürfnissen nicht als unvereinbar mit ihren Sicherheitsinteressen empfinden. Zwar mögen manche die Kurnaz'schen Bedürfnisse als völlig normal und sozialadäquat betrachten, doch ist auch eine andere Einschätzung zulässig. Und man sollte Frank-Walter Steinmeier daher mit Nachsicht behandeln, wenn er nicht sofort sämtliche diplomatischen Hilfsmaßnahmen für den türkischen Staatsbürger Murat Kurnaz in die Wege leitete – auch wenn viele deutsche Medien darin einen Akt schweren Unrechts erkennen wollen. Im Übrigen waren Versuche des Auswärtigen Amts, Kurnaz konsularisch zu betreuen, schon 2002 von den Amerikanern unter ausdrücklichem Hinweis auf die türkische Staatsbürgerschaft des Gefangenen zurückgewiesen worden.

Als es nun darum ging, ob Kurnaz nach Deutschland zurückkehren dürfe oder nicht, interessierte es niemanden, dass er türkischer und nicht deutscher Staatsbürger ist. Wir taten stattdessen so, als laute die Alternative: Deutschland oder Guantánamo. Das »Nein« der rot-grünen Bundesregierung folgte dem Grundsatz: Im Zweifel für die Sicherheit. Unsere Sicherheit wohlgemerkt, nicht die des Murat Kurnaz – seinen Misshandlungen in Afghanistan und Guantánamo zum Trotz. Das wollen die Betroffenheitsagitatoren nicht wahrhaben. In ihren Augen war es der Schröder-Regierung egal, unter welch unwürdigen Bedingungen Kurnaz von den Amerikanern festgehalten wurde. Das war es sicher nicht. Es war ihnen aber genauso wenig egal, dass ein junger Muslim, der nur Deutsch und Türkisch sprach, sich drei Wochen nach dem 11. September 2001 spontan zu einer Pakistan-Reise entschloss. Dass seine Mutter angab, er wolle nach Afghanistan, um dort zu kämpfen. Dass er vielleicht kein Terrorist war, aber möglicherweise auf dem besten Weg dahin.

Murat Kurnaz durfte 2006 zurück nach Deutschland – aus humanitären Gründen. Er hat noch immer keine glaubhafte Erklärung für seine Reise abgegeben. In seinem Buch steht, er habe in pakistanischen Koranschulen in weniger als zwei Monaten alles lernen wollen, »was ich wissen müsste, um ein guter

Ehemann und Moslem zu sein«. Wer an diesen islamischen Hauswirtschaftskurs glaubt, dem fällt es natürlich leicht, das verantwortungsvolle »Nein« Steinmeiers zu geißeln. Der heutige Kanzleramtsminister Thomas de Maizière erwidert darauf: »Ich bin froh, dass ich die Entscheidung 2002 nicht habe treffen müssen.« Wie wahr.

Mit einem Kurnaz allein begnügen sich die guten Deutschen nicht. Zum Glück gibt es noch Khaled al Masri. Er ist Deutscher libanesischer Herkunft. Deshalb hat unser Staat eine Fürsorgepflicht für ihn, so wie für jeden anderen Bundesbürger. Bevor al Masri allerdings Bundesbürger wurde, kommandierte er im Libanon eine sechzehnköpfige bewaffnete Einheit der »Al-Tawhid«-Bewegung, die zum Netzwerk von al-Qaida gerechnet wird. Gegründet wurde Al-Tawhid vom 2006 getöteten Top-Terroristen Abu Musab al-Sarkawi, dem für die Enthauptung von Geiseln berüchtigten irakischen Statthalter bin Ladens. Ziel der militanten Al-Tawhid ist die Vernichtung Israels sowie die Errichtung einer islamistischen Herrschaft unter strikter Beachtung der Scharia, des mittelalterlich-brutalen Rechtskodexes des Koran.

Seinen Asylantrag in Deutschland begründete al Masri 1985 mit der Mitgliedschaft in ebendieser Organisation, war doch das Leben des »heiligen Kriegers« im Libanon in Gefahr. Später heiratete er eine deutsche Frau, erhielt die deutsche Staatsbürgerschaft, ließ sich wieder scheiden und zog nach Neu-Ulm, wo er im Umkreis des »Multikulturhauses Neu-Ulm« aktiv war, das 2005 wegen staatsfeindlicher Aktivitäten geschlossen wurde. Nach einer Einschätzung des Verfassungsschutzes gilt al Masri, der in den letzten Jahren mehrfach in arabische und osteuropäische Länder reiste, als Anhänger Osama bin Ladens und deutscher Kontaktmann für islamistische Gruppierungen. In einem internen Dossier heißt es, al Masri habe im Vorfeld der Anschläge vom 11. September 2001 angedeutet, man werde »alsbald etwas hören« und dass »man den Amerikanern wehtun müsse ...«

Anfang 2004 wurde al Masri an der serbisch-mazedonischen Grenze aufgegriffen und vom US-Geheimdienst verhaftet. In der

Tasche des Sozialhilfeempfängers befanden sich mehrere Tausend Euro. Als Grund seiner Reise gab al Masri Streitigkeiten mit seiner zweiten Ehefrau Aischa an. Er habe in Skopje »Dampf ablassen« wollen – wofür die mazedonische Hauptstadt aufgrund ihres durch Armut und Arbeitslosigkeit geprägten Flairs bekanntlich erste Adresse ist, nicht zuletzt wegen ihrer günstigen Lage für Menschen aus Neu-Ulm. Wer ist nach einem Streit mit der Ehefrau noch nie 1200 km gefahren, um ein Bier zu trinken und ein bisschen Spaß zu haben? Der US-Geheimdienst nahm al Masri diese Version nicht ab, verdächtigte ihn der aktiven Unterstützung bin Ladens und schaffte ihn nach Afghanistan. Dort wurde er vier Monate festgehalten und seinen Angaben nach bei Verhören misshandelt. Seine Frau daheim in Deutschland erstattete keine Vermisstenanzeige. Vermutlich war sie mit der ausgedehnten Reisetätigkeit ihres Mannes bereits bestens vertraut.

Seit seiner Rückkehr sorgt al Masri für Schlagzeilen, weil er ein Opfer der Amerikaner geworden ist. Ende April 2007 schrieb sein Anwalt einen Brief an die Bundeskanzlerin. Darin beschwor er sie, seinem Mandanten die »bestmögliche Psychotherapie« zur Verfügung zu stellen. Denn al Masri sei »verzweifelt und seiner nicht mehr Herr«. Stimmt. Erst schlug er einen Fahrlehrer krankenhausreif. Dann zertrümmerte er die Eingangstür eines Supermarkts in Neu-Ulm mit einem Beil und legte Feuer. Vorangegangen war ein Streit um einen defekten MP-3-Player.

Man kann im Zusammenhang mit dem Fall al Masri viele Fragen stellen. Zum Beispiel, wie die Amerikaner den gelernten Schreiner aus Neu-Ulm mit dem gleichnamigen Befehlshaber von Al-Qaida verwechseln konnten. Ob Misshandlung ein zulässiges Mittel der Befragung ist, und wo die Grenzen liegen. Ob der deutsche Geheimdienst tatsächlich an den Verhören teilgenommen hat. Und ob es richtig war, dass Otto Schily die Informationen, die ihm der amerikanische Botschafter Coates nach der Freilassung des Deutsch-Libanesen übermittelte, lange für sich behielt. Aber auch ein paar andere Fragen drängen sich auf: Wie kommt ein Sozialhilfeempfänger wie al Masri plötzlich zu ein paar Tausend Euro in bar? Wie finanzierte er seine zahlreichen Reisen? Warum waren die Nachrichtendienste so erstaunlich detailliert über das Treiben al Masris informiert? Was hatte er mit dem »Multikulturhaus Neu-Ulm« zu schaffen? Wer kommt für den Schaden bei dem Supermarkt auf? Vor allem aber muss man fragen, wie in aller Welt al Masri in Deutschland Asyl bekommen konnte. Und auch, warum dies angesichts derart vieler Ungereimtheiten nicht rechtzeitig widerrufen worden ist.

Ganz ähnliche Fragen stellten sich vor gut zwei Jahren auch die Richter im Senat für Staatsschutzsachen in Düsseldorf. Am Ende des sogenannten Al-Tawhid-Prozesses um geplante Anschläge auf jüdische Einrichtungen verurteilten sie die vier Angeklagten zu langjährigen Haftstrafen, verwiesen aber auch auf die »unglaublichen Missstände« bei der Umsetzung der Asyl- und Bleiberechtsvorschriften. »Das Verfahren hätte bei konsequenter Anwendung des Ausländer- und Einbürgerungsrechts nicht stattfinden müssen«, meinte der Vorsitzende Richter, Ottmar Breidling. Zeugen wie Angeklagte hätten unter falschem Namen Aufenthaltsrecht, Duldung, Sozialhilfe und selbst die Einbürgerung erschlichen. »Bei frühzeitiger Abschiebung wäre Deutschland nicht nur von einer ernsten Anschlagsgefahr verschont geblieben, sondern hätte sich – abgesehen von der Sozialhilfe – auch zwei überaus teure Strafverfahren ersparen können.« Noch einmal: Khaled al Masri war Kommandant bei Al-Tawhid.

Warum versagen zuständige Beamte und Sachverständige in so grotesker Weise bei der Anwendung des Ausländerrechts? Warum werden Straftäter oder Personen, die sich Leistungen oder Aufenthaltsberechtigungen erschleichen, nicht konsequent abgeschoben? Warum nimmt man Personen, die ihre Papiere vernichten, Auskunft über ihr Heimatland verweigern und damit die Abschiebung unmöglich machen, nicht so lange in Haft, bis Herkunft und Identität geklärt sind? Warum findet sich für jeden Straftäter immer irgendeiner, der sich für ihn stark macht? Und warum sind viele Deutsche so berufs- und standeswidrig naiv?

Wer auf das Menschenbild unserer Landsleute blickt, die in den letzten Jahrzehnten dieses Land in Politik, Gesellschaft, Medien und Verwaltung in wesentlichen Zügen geprägt haben, kann gelegentlich verzweifeln. Woher kommt diese altruistische

Frömmelei an der Grenze zur Selbstverleugnung, der mangelnde Sinn für Konfliktpotenziale und für die Interessen des eigenen Landes; ja die ureigensten Interessen? Jedes andere Land der westlichen Welt, ob England, die Schweiz, Österreich, Italien, die USA oder Kanada, weiß um die Attraktivität seines Lebensstandards und seiner Freiheiten für Bewohner weniger glücklicher Regionen – und dass viele dieser Bewohner, für die Hungersnöte, Epidemien und Kriege tägliche Realität sind, alles tun würden, um in den Genuss eines solchen Lebens zu kommen. Sie würden, mag das auch viele gutmeinende Menschen erstaunen, sogar lügen, Papiere fälschen und Verwandtschaften oder Verfolgungen behaupten, die es nicht gibt. Aber statt eines Mindestmaßes an Skepsis herrscht bei denen, die in den Zeiten von Achtundsechzig groß, aber nicht erwachsen wurden, noch immer beliebiger Verständniswahn. Auch der ist ein Erbe von Achtundsechzig, und auch der ist, wie so vieles dieser Generation, nur der Wahn der Väter mit verändertem Vorzeichen: Wollte man damals die Welt wahllos totschlagen, will man sie jetzt wahllos umarmen.

Man schämt sich des Deutschseins, kann es aber auch nicht verleugnen. So wertet man es zumindest ab, indem man anderes hochjubelt: südländische Lebensart, afrikanische Ungezwungenheit, karibisches Laisser-faire. Wirtschaftsminister Glos hat das vor Jahren richtig erkannt, als er vom »Hass auf Deutschland« sprach, der Grüne und Linke vereine. Tatsächlich lässt sich vieles mit diesem Motiv erklären: Die Verachtung der Linken für das »System« der alten Bundesrepublik; die schäbige Aufwertung kommunistischer Regime; die bewusste Duldung wahlloser Zuwanderung, um, wie eine Politikerin der Alternativen Liste meinte, »den deutschen Bevölkerungsanteil zurückzudrängen«; die jahrelang betriebene Verharmlosung aller Probleme des multikulturellen Zuzugs; oder auch die Ablehnung der Wiedervereinigung. Noch in Günter Grass' Ausfällen gegen die Deutsche Einheit ist dieser Selbsthass zu spüren. Und vielleicht hat die seltsam kapitalistische, grundbesitzfixierte Sehnsucht vieler Linker nach einem Häuschen in der Toskana oder in Umbrien ebenfalls hier ihren Grund. Nur im Ausland konnte man Frieden machen mit diesem Land; nur wo man ohnehin als Deutscher erkannt und freundlich begrüßt wurde, war es nicht nötig, innerlich auf Distanz zu gehen.

Weil die »BRD« die Nachfolgerin des »Dritten Reichs« war, glaubte man die Mär von der sozialistisch-humanen Alternative im Osten. Das Ergebnis war eine geradezu elementare Standpunktlosigkeit in Fragen der Humanität. Als ob es keinen Schießbefehl und keine Mauertoten gab, keine Ausweisungen, keine Stasi, keine Selbstschussanlagen, Todesstreifen und Wachhunde, kein beklemmendes Gefühl der Überwachung, sobald man die DDR betrat, keine Unterdrückung, keine Hilde Benjamin und keinen Erich Mielke, nicht Tausende von staatlich kaputt gemachten Biografien, von Sportlern, Künstlern, Schriftstellern und von Otto-Normalverbrauchern, die einfach nur mal ihre Meinung gesagt hatten. Die DDR war keine »Sonnenallee«. Das konnte man nicht übersehen, aber man sah es nicht. Weil man es nicht sehen wollte. Stattdessen kümmerte man sich lieber um die Verfolgten in Nicaragua, Paraguay oder Chile und erklärte das Festhalten am Verfassungsgebot der Wiedervereinigung als rückständig, revanchistisch und als Kriegstreiberei. »Die deutsche Frage steht nicht auf der Tagesordnung«, meinten noch im Sommer 1989 führende Sozialdemokraten, und Egon Bahr höhnte über das »Geschwätz von der Wiedervereinigung«. Als der Ostblock, als die DDR ins Wanken geriet, war die Linke wie vor den Kopf gestoßen.

Dass selbst Journalisten die Realität aus den Augen verloren und wie sehr sie sich und ihre Leser mit ihren Wunschvorstellungen hinters Licht führten, zeigt das Buch *Reise ins andere Deutschland*, das im September 1989 (!) erschien. Versammelt sind darin Reportagen über Reisen des Chefredakteurs der *Zeit*, Theo Sommer, und einigen seiner Redakteure durch die DDR. Über den dortigen Alltag schreibt Theo Sommer in dem Buch: »Oft genug, wenn man Menschen vor Geschäften Schlange stehen sieht, verrät dies nicht grundsätzlichen Mangel, sondern Sehnsucht nach Qualität.« Über Honecker: »Die Bürger des anderen deutschen Staates bringen ihm fast so etwas wie stille Verehrung entgegen; in Gesprächen schlägt sie immer wieder durch.« Und weiter: »Er heißt ›der Chef‹, ›der Erste‹ oder einfach Erich. ›Erich währt am längsten‹ heißt ein kabarettistisches

Lied im jüngsten Programm der Berliner ›Distel‹. Der Titel verrät etwas von der heimlichen Zuneigung derer, die seinem Regiment unterstehen.« Keine vier Wochen nach dem Erscheinen dieses zeitgemäß kritischen Sachbuches wurde die »heimliche Zuneigung« offenkundig, als Hunderttausende in Leipzig, Dresden und Berlin auf die Straßen gingen und Honecker aus dem Amt jagten.

Die freiwillige Desinformation und Selbsttäuschung, die viele Journalisten, aber auch Politiker des linken Milieus betrieben, kulminierte in der Debatte um die Nachrüstung Anfang der 80er-Jahre. Gegen die massive Aufrüstung des Warschauer Pakts mit der Mittelstreckenrakete SS-20 setzte die NATO die Stationierung von Pershing und Cruise Missiles. Ein Sturm der Entrüstung brach los – allerdings nicht gegen die rein aggressive, vor allem gegen Westdeutschland gerichtete SS-20, sondern gegen die Verteidigungsbemühungen des Westens. Friedensbewegte, Pazifisten, Gewerkschafter, Kirchenleute, Schauspieler, Liedersänger – alle fünften Kolonnen der gutmeinenden Realitätsverdränger fanden zusammen, teilweise bezahlt und gesteuert von der Stasi. Im Bonner Hofgarten demonstrierten Hunderttausende gegen den »Fascho-Staat BRD« und den »NATO-D«! Und auch viele Medien machten mit: Die DDR wurde zum »Friedensstaat«, der Westen zum Kriegstreiber.

Der Deutsche besitzt »im Luftreich des Traums die Herrschaft unbestritten«, heißt es in Heinrich Heines »Wintermärchen«. Der Dichter beschrieb damit unsere Neigung, den gesunden Menschenverstand außen vor zu lassen. Wer zum Beispiel glaubte, das sei nach den Erfahrungen mit der Hitler-Barbarei anders geworden, wer glaubte, unser Blick für Unrechtsregime sei dadurch geschärft worden, der muss sich einmal unseren Umgang mit der SED-Diktatur vergegenwärtigen. Seit den 60er-Jahren begann man im Westen, den real existierenden Sozialismus zu verklaren. Am Ende stand eine immer weiter um sich greifende Selbsttäuschung, was die Realität der DDR anging. Was man zu dieser Zeit in den Archiven findet, ist mitunter hart am Landesverrat, noch häufiger jedoch von einer ekelhaften Ranschmeiße an eine widerliche Diktatur.

Im Bunde mit der DDR war man Friedensfreund und besser als all die andern. Und so kostete es Bundeskanzler Helmut Schmidt sein Amt, als er trotz aller Kritik am Doppelbeschluss, also der Nachrüstung auf dem Feld der Mittelstreckenraketen und Marschflugkörper, festhielt: Die eigene Partei versagte ihm die Gefolgschaft. Heute wissen wir, dass erst dieses und späteres Festhalten am NATO-Doppelbeschluss der Sowjetunion zeigte, dass sie Europa militärisch nicht in die Knie zwingen würde. Das hat selbst Michail Gorbatschow eingeräumt. Als Ronald Reagan dann den – wieder von allen westdeutschen Linken stark kritisierten – Rüstungswettlauf forcierte und Papst Johannes Paul II. die Freiheit und Selbstbestimmung des Einzelnen wie der Völker offensiv in seine Heimat Polen trug, war das Ende des Ostblocks gekommen und das Fenster zur deutschen Einheit einen Spalt weit geöffnet – Glasnost, Perestroika, die Distanzierung Gorbatschows von der DDR-Führung.

Auf westlicher Seite war die Voraussetzung für die deutsche Einheit die Unterstützung aus Washington, sprich der amerikanischen Regierung unter George Bush senior. Er half Helmut Kohl auf dem schwierigen Weg nach Kräften. Bush war es, der die westlichen Verbündeten, vor allem die britische Premierministerin Margaret Thatcher und den französischen Staatspräsidenten François Mitterrand, mit Nachdruck davon überzeugte, dass es keine Alternative zur deutschen Einheit gebe. Warum Bush so handelte, hat Helmut Kohl immer wieder hervorgehoben: weil er zu Beginn der 80er-Jahre den Nato-Doppelbeschluss an der Seite der Amerikaner durchgesetzt hatte.

Erschütternd dabei ist, dass viele unserer Gutmenschen auch heute noch nicht die Aufrichtigkeit aufbringen, diese Zusammenhänge einzugestehen. Ganz deutsch bleibt man im »Luftreich des Traums« und spinnt an historischen Legenden. Nun gut, Irrtümer einzugestehen verlangt Größe, und diese Größe fehlt leider den meisten, die seinerzeit mit glänzenden Augen und sehnsuchtsvollem Blick in die DDR hinübersahen. Stattdessen echauffieren sich die Kleingeister auch heute noch gebetsmühlenartig über die Ankündigung Helmut Kohls, aus der daniederliegenden DDR würden bald »blühende Landschaften« erwachsen. Diese

Schlechtredner hätten sich wohl mit den Birken und Sträuchern, die durch die fensterlosen, unsanierten DDR-Gemäuer wuchsen, zufriedengegeben. Vergessen wollen diese Gutmenschen, dass sie selbst es gewesen sind, die die bankrotte DDR noch kurz vor ihrem Untergang als die neuntgrößte Industrienation der Welt gefeiert haben!

Kein Wunder, denn persönliche Folgen haben all die früheren Irrtümer und fundamental falschen Urteile nicht gehabt. Die gleichen Personen, die damals die Wirtschaftskraft der DDR propagierten oder deren humanen Zuschnitt, machen weiter wie zuvor. Über Jahre hatten sie die Rechte der Ostdeutschen auf Freiheit und Selbstbestimmung für ein bisschen Entspannung, für einen kleinen kritischen Dialog verkauft und verraten. Alle ihre Prognosen waren gescheitert, alle Einschätzungen hatten sich als falsch erwiesen. Kein »Sozialismus mit menschlichem Antlitz« war in der DDR zu entdecken, sondern nur die Fratze eines bankrotten Staatswesens unter dekadent-korrupter Führung. Das sollte das Gegenmodell zur Bundesrepublik sein, noch dazu das »humane«? Statt sich selbst zu befragen, passierte: nichts. Kein Bruch, keine Abbitte gegenüber denen, die man früher mit Schmutz beworfen hatte. Gewerkschafter, Politiker, Editors-at-large, ARD-Senderchefs – alle blieben, als sei nichts geschehen. Wenn man zu Recht den bruchlosen Wechsel der Globkes und anderer Meinungsbildner des »Dritten Reichs« in die Bundesrepublik bedauert, sollte man auch diese glatten Übergänge ins wiedervereinigte Deutschland in sein Bedauern einbeziehen.

Die Blindheit bei der Beurteilung der wahren Verhältnisse in den sozialistischen Ländern findet ihre Entsprechung in einer unerträglichen moralischen Überheblichkeit gegenüber den Vereinigten Staaten von Amerika. Wenn es um die USA geht, erlebt man noch immer die alten Reflexe. Die Präsidenten der Vereinigten Staaten als gefährliche, kriegslüsterne Trottel zu brandmarken, hat Tradition in Deutschland. So wurde Ronald Reagan gern unter Anspielung auf dessen frühere Laufbahn als »schießwütiger Zelluloid-Cowboy« bezeichnet. Als Reagan vier Jahre später bei seinem Besuch in Berlin den Staats- und Parteichef der

UdSSR aufforderte, die Mauer niederzureißen, wurde er für seine Weltfremdheit belächelt; nicht weit entfernt tobte der Mob gegen »US-Imperialismus« und »U-SS-A«. Die sozialdemokratische Justizministerin Hertha Däubler-Gmelin verstieg sich dazu, Bush junior indirekt mit Hitler zu vergleichen (was sie, als dies nicht auf ungeteilte Zustimmung stieß, bestritt).

Manche und auch manchmal heftige Kritik an der amerikanischen Regierung ist berechtigt. Man kann an diesem Land leiden wie an Deutschland. An den skandalösen Ereignissen in Abu Ghraib, am rechtsfreien Raum von Guantánamo, an den Neokonservativen im Weißen Haus, an Rücksichtslosigkeiten gegenüber den Belangen selbst befreundeter Länder. Auch die Unwahrheiten bei der Vorbereitung des Irakkriegs müssen keinem gefallen, und gewiss sind die überaus engen Kontakte zwischen Industrie, Militär und Politik, vor denen schon Präsident Roosevelt zu seiner Amtszeit warnte, nicht unproblematisch. Aber sieht es irgendwo anders aus? Im Russland Putins? In China? In den europäischen NATO-Ländern? Gibt es dort keine Verbindungen zwischen Politik und Industrie, keine Skandale im Militär, keine geopolitischen Einflusszonen? Wo die Fremdenlegion überall zum Schutz ureigener französischer Interessen eingesetzt wird, wissen wir nicht einmal. Sehr wohl aber, dass Russland weder vor Erpressung zurückschreckt noch vor dem Einsatz militärischer Mittel, wenn es um seinen Machtbereich geht. Und Chinas ausgesprochen kommunistische Auffassung von geistigem Eigentum gefährdet mit seinen Billigplagiaten massiv die deutsche Wirtschaft, von der Besetzung Tibets und der Zerstörung von dessen Kultur ganz zu schweigen. Doch darüber regt sich kaum jemand aus den Reihen der Linksfraktion auf.

Amerika ist nicht sakrosankt. Aber die heuchlerische Einseitigkeit der Kritik macht sprachlos, genau wie der oftmals fehlende Blick für die innen- und außenpolitischen Handlungsmöglichkeiten der Amerikaner – und auch für das, was sie nicht leisten können. Zudem verblüfft einmal mehr die Bedenkenlosigkeit, mit der von hier aus über die amerikanische Politik geurteilt wird. Wer, wenn nicht die USA, soll Europa vor den Raketen der Mullahs oder dem immer ungenierteren Hegemonialanspruch

Russlands schützen? Deutschland selbst kann es nicht, dank der jahrzehntelangen Kaputtsparerei beim Militär. Großbritannien fühlt sich nicht unbedingt Europa zugehörig, und Frankreich verfolgt traditionell eigene Interessen, besonders im Nahen Osten und in Afrika. Jeder Hund weiß, dass er die Hand, die ihn versorgt und füttert, besser nicht beißt; nur der deutsche Dackel meint, er müsse besonders kräftig zuschnappen. Sollten die USA das Interesse an diesem doch eher undankbaren und wirren Land der Joschkas, Schröders, Nahles und Lafontaines verlieren, das keinen Sinn für das eigene realpolitische Interesse hat, wird schon wegen der deutschen Abhängigkeit von russischen Öl- und Gaslieferungen die Berliner Politik in Moskau gemacht. Das war für einen Teil Deutschlands schon einmal der Fall – aber war es ein Gewinn?

Die Vereinigten Staaten sind das Land der westlichen Gemeinschaft, das den größten Beitrag für die Erhaltung der freiheitlichen Kultur leistet. Sie sind, zusammen mit den Briten, eines der wenigen Länder, die dafür noch Soldaten in Kampfeinsätze schicken und deren Tod in Kauf nehmen. Es war die nackte Leiche eines GI, nicht die eines Bundeswehrsoldaten, die ein wütender Rebellen-Mob 1993 durch die Straßen von Mogadischu schleifte – unter dem Applaus der Gaffer. Das war der Dank für die Entsendung von 30 000 US-Soldaten, die den Bürgerkrieg in Somalia beenden sollten. Wir Deutschen und die meisten unserer europäischen Nachbarn sind zu einem solchen Engagement gar nicht willens und wohl auch nicht in der Lage. Wir diskutieren stattdessen lieber die Frage, ob die Entsendung einiger Aufklärungs-Tornados nach Afghanistan unter »Kampfeinsatz« zu verbuchen ist oder nicht. Unsere Vorstellung von der Bundeswehr ist eher die einer Heilsarmee oder eines Technischen Hilfswerks, das Wasser aufbereitet und Zelte für Obdachlose aufstellt. Wir Gutmenschen mögen uns nicht eingestehen, dass es manchmal – so bitter dies auch sein mag – zum Einsatz von Waffengewalt keine Alternative gibt.

Bei all dem übersehen viele gern, dass die Soldaten der oft gescholtenen USA, die im Irak, in Afghanistan oder sonst wo auf der Welt im Kampf für die Freiheit sterben, letztendlich auch für uns ihren Kopf hinhalten mussten. Der internationale Terrorismus geht auch uns etwas an. Auch wir sind nicht sicher vor ihm. Und wir können nur von Glück sagen, dass wir bislang von größeren Anschlägen verschont geblieben sind. Das fehlgeschlagene Attentat mit den Kofferbomben auf zwei Regionalzüge in Köln müsste uns eigentlich zu denken geben. Mehr noch die von Sicherheitskräften (mit Hilfe der CIA) vereitelten Terroranschläge, die Islamisten aus Ulm geplant hatten. Fässerweise hatten sie sich schon Sprengstoffmaterial beschafft: Die Bomben hätten Tausende töten können – und sollen. Aber manchmal scheint es, als hätten die Bomben explodieren müssen, damit die Bedrohung als solche ernst genommen würde.

Mit Blick auf die USA reden viele deutsche Intellektuelle immer noch, als habe es kein 1989 gegeben. Als sei nicht der Kommunismus, sondern die westliche Welt entzaubert worden. Dabei hat nicht ein einziges kommunistisches Land irgendeine Vision entwickelt, die sich lohnen würde zu leben. Überall herrschten Terror, Unterdrückung, Bespitzelung, in vielen Ländern zudem die pure Not. Die Opferzahlen waren gigantisch: Allein die Aushungerung der Ukraine unter Stalin kostete zwischen fünf und acht Millionen Menschen das Leben, die »Entkulakisierung«, also die Vernichtung der Kleinbauern, weitere zwei bis vier Millionen; hinzu kommen die Massenopfer der Deportationen, sei es der Wolga-Deutschen, Tataren oder Balten. Maos lange Märsche forderten 50 Millionen Leben, die Killing Fields der Roten Khmer rund zwei Millionen; Hunderttausende starben in Vietnam, Nordkorea, im GULag sowie den Umerziehungslagern und Gefängnissen von Securitate, Stasi, KGB oder MBP. Biografien wurden vorsätzlich zerstört, Familien beschädigt, Lieben kaputt getreten. Alles ist dokumentiert: In »Schwarzbüchern«, in den Arbeiten der Gauck- und Birthler-Behörde, in zahllosen Dokumentationen. Dennoch erscheint dies alles wie nicht geschrieben. Wer die Diskussionen verfolgt, glaubt mitunter, der wahre Feind und große Menschenverderber sitze in Washington. Es ist bezeichnend, dass sich die deutschen Links- und Rechtsradikalen immer nur in einem Punkt einig sind: In ihrer Ablehnung der USA und von Israel. Mit den radikalen Islamisten bekommt diese illustre Runde nun weiteren Zulauf.

Die verbreitete Antipathie gegenüber den USA, die rein sachliche Differenzen weit übersteigt, verwundert umso mehr, als Deutschland wie kein anderes Land von amerikanischer Politik profitiert hat. Die Befreiung vom Nationalsozialismus, der Wiederaufbau durch den Marshallplan, der Schutz im Kalten Krieg – Luftbrücke inklusive –, die Überwindung des Kommunismus und die Wiedervereinigung – ohne die Amerikaner wäre dies ein anderes, und zwar ein furchtbar anderes Land: entweder ein Großreich Germania oder ein russischer Satellit auf dem Wirtschaftsniveau von Kirgisien, also mit rund 400 US-Dollar Durchschnittseinkommen im Monat. Nur die linken Intellektuellen würde es in keinem Fall mehr geben.

Mich würde es auch nicht geben. Ob das ein Malus wäre oder Bonus, darf jeder selbst entscheiden. In jedem Fall wäre ich nicht hier. Wie jedes Jahr Tausende andere würde ich versuchen, irgendwie in die USA zu gelangen. Auch dieses Faktum hat nie ein Gutmensch erklären können: Warum das Ziel fast aller Emigranten immer die USA sind, wo doch das Leben dort so ungerecht ist und so beherrscht von Ausbeutung? Vor den Botschaften Russlands, Chinas oder Nordkoreas sieht man niemals Schlangen von Menschen, die Einreisevisa begehren; auch zu den Vertretungen von Kuba, Simbabwe oder dem halbsozialistischen Venezuela verirrt sich kein Mensch. Vor den Konsulaten Deutschlands hängen zwar zuweilen ein paar arme Gestalten herum. Aber der Unterschied ist: Wer in die USA möchte, erwartet dort sicher keine Sozialhilfe, sondern sucht die Freiheit.

Für den Zusammenhang, das symbiotische Verhältnis zwischen Freiheit und kapitalistischer Grundordnung, haben die meisten Linken nie einen Blick gehabt. Dabei zeigt die Abwesenheit von Meinungs-, Religions-, Berufs- oder Pressefreiheit in allen sozialistischen Staaten, dass die Freiheit des individuellen Wirtschaftens offenkundig Voraussetzung aller anderen Freiheiten ist. Nur wer wirtschaftlich nicht vom Staat abhängt, kann ihn auch kritisieren. Umgekehrt können Länder, die kein Wahlrecht kennen oder kaum Pressefreiheit, durchaus attraktiv und lebenswert sein, sofern sie nur kapitalistisch organisiert sind: Hongkong und Singapur sind dafür Beispiele. Nur der Kapitalismus schafft Freiheiten; ohne ihn geht es nie.

Die Gegnerschaft zum Kapitalismus dürfte auch der Grund sein, warum die Linke mit Israel keinen Frieden machen kann. Hier trifft man sich nun direkt mit den Nazis. Die Biografie von Horst Mahler, der vom RAF-Anhänger zum Neonazi wurde, zeigt die großen politischen Möglichkeiten dieser Haltung. Dabei tarnt sich die Kritik an Israel gern als universales Gerechtigkeitsempfinden, als Solidarität mit den Palästinensern. Es hängt eine oft widerliche Verlogenheit über diesen Diskussionen – weil es in Wirklichkeit nicht um palästinensische Belange geht, sondern allein um antiisraelische Ressentiments. Das ist an vielen Dingen festzumachen, beispielsweise an der Bezeichnung palästinensischer Terrorakte als »Guerilla-Krieg«. Dabei richten sich die Angriffe nie gegen bewaffnete Institutionen oder »Repräsentanten« des Staates, sondern ausschließlich gegen zivile Ziele: gegen Kinder, Jugendliche, alte Leute, heimtückisch ermordet in Bussen oder Cafés. Das aber ist nicht Kriegsführung, sondern Terrorismus. Der israelische Schutzwall hingegen wird gern in die Nähe der Berliner Mauer gerückt – als wäre Israel ein ähnlich repressives Unrechtsregime wie die DDR. Die DDR wollte ihre Einwohner kasernieren – Israel will seine Bürger vor Selbstmordattentaten, Feuerüberfällen und Sprengfallen schützen, die als Kinderspielzeug getarnt sind. Wer das für vergleichbar hält, sieht wohl auch die RAF als radikale Variante des Arbeiter-Samariter-Bundes. Verschwiegen wird meist, dass seit Errichtung des Zauns die Anschläge von Palästinensern in Israel massiv zurückgegangen sind.

Selbst wer die Geschichte ausblendet, also die historisch bedingte Verantwortung der Deutschen für Israel, kann kaum einen Grund finden, Partei für die Palästinenser zu ergreifen – aber viele zugunsten des jüdischen Staates. Israel ist in der gesamten arabischen Welt die einzige funktionierende Demokratie. Nur dort gibt es Presse- und Meinungsfreiheit, nur dort gibt es Wahlen, die diesen Namen verdienen. Nur in Israel herrscht ein zivilisiertes Recht, in arabischen Ländern dagegen oft mittelalterliche Sitten. Während Yassir Arafat und seine Nachfolger der Al Fatah ein durch und durch korruptes und autoritäres Regime errichteten, gibt es in Israel Wahl- und Abwahlrechte. Und auch Frauen werden in Israel nicht nur als hochentwickelte, aber weitgehend rechtlose Säugetiere betrachtet, sondern als Menschen. Doch nicht einmal das kann die Linke, die sonst vehement für die Rechte der Frauen eintritt, zu einer klaren Parteinahme pro Israel bringen.

Einmal mehr zeigt sich hier der Wille vieler Deutscher zum Realitätsverzicht. Wer gutmenschlich-doof ist, steht immer auf der richtigen Seite. Dabei hat gerade Blauäugigkeit häufig die furchtbarsten Konsequenzen. Oscar-Preisträger Arthur Cohn fasste das Grundproblem des Nahen Ostens einmal bündig zusammen: »Wenn die Palästinenser die Waffen niederlegen, gibt es Frieden. Wenn Israel die Waffen niederlegt, gibt es kein Israel mehr.« Nur viele Deutsche wissen es mal wieder besser.

Ob Asylrecht, Israel, die USA oder Ostblock – die grotesken Fehleinschätzungen sind konzeptionell der einzige rote Faden des linken Gutherzigkeits-Milieus. Man ist immer aufseiten der Minderheit, und zwar ganz gleich, ob diese Minderheit im Recht ist. In der Minderheit zu sein ist für Gutmenschen ein Wert an sich. In der Minderheit zu sein ist sauber. Wer dagegen die Meinung der Mehrheit vertritt, schwimmt »mit dem Strom« und macht sich gemein mit der Obrigkeit. Man ist immer Fürsprecher der Opfer. Aber wer ist denn eigentlich das Opfer?

Der Afrikaner, der sich vor der Chancenlosigkeit seines Kontinents zu uns durchschlägt, hier aber Drogen verkauft? Oder der nach Deutschland geflüchtete Palästinenser, der sein Kind in einem Sprengstoffgürtel-Kostüm auf eine Demo schickt? Sie alle sind irgendwie auch Opfer, wie all diejenigen, denen es merklich schlechter geht als uns.

Wer ein echter Gutmensch ist, dokumentiert das aber nicht nur gegenüber straffällig gewordenen Ausländern, sondern – ganz egalitär – auch gegenüber straffällig gewordenen Inländern. Sexualverbrecher, Mörder und Ex-Terroristen können so auf größtmögliches Verständnis hoffen. Der Fall des Wilfried S. ist geradezu exemplarisch für den Willen, bedingungslos an das

Gute im Menschen zu glauben. Über 30 Jahre saß S. wegen schwerster Sexualverbrechen in der Psychiatrie. Seine Ärzte waren sich einig: »Dieser Mann ist nicht therapierbar.« Und doch kam er frei. Warum? Ich weiß es nicht. Vermutlich glaubte der *Stern*, hier eine große Geschichte zu haben – und dass in einem repressiven System wie der Bundesrepublik viele Sexualstraftäter zu Unrecht einsitzen. Also schickte das Magazin den Gutachter Glatzel los, der mit S. sprach – ein einziges Mal, für 20 Minuten. Das reichte für einen Aufmacher, obwohl nach den Regeln der psychiatrischen Heilkunst jede halbwegs profunde Beurteilung mindestens fünf Interviews von jeweils drei Stunden erfordert. Doch dem *Stern* genügte die Einschätzung Glatzels, »von Herrn S. seien erhebliche rechtswidrige Taten nicht zu erwarten«. Dass S. alle Therapieangebote zurückgewiesen hatte, dass die Rückfälligkeit von Sexualstraftätern ohne Therapie noch höher ist als ohnehin schon, dass in Anbetracht der Gefährlichkeit von S. ein zweites Gutachten zwingend notwendig war – alles egal. Der *Stern* trommelte für das »Opfer« S., und S. kam frei. Das war im Mai 2002. Drei Monate später entführte Wilfried S. auf dem Marktplatz in Uetersen eine 20-jährige Frau. Er zwang die Auszubildende mit vorgehaltener Waffe, in den Wald zu fahren. Dort vergewaltigte er sie über Stunden.

Wie beklemmend einfach es sich der Gutmeinende in der Beurteilung tatsächlichen oder vermeintlichen Unrechts macht, zeigt der »Fall Daschner« in Frankfurt am Main. Der stellvertretende Polizeipräsident Wolfgang Daschner hatte einem kaltblütigen Kidnapper Gewalt androhen lassen, um das Leben eines kleinen Jungen zu retten. Ein Fehler. Juristisch gesehen. Unser Rechtsstaat lebt davon, dass niemandem im Polizeiverhör Gewalt angetan oder auch nur angedroht werden darf. Wenn es doch geschieht, urteilen Gerichte und Disziplinarkammern darüber. So war es auch bei Wolfgang Daschner. Der Gutmensch aber maßte sich an, sich moralisch – nicht juristisch – über die schwere Entscheidung eines Menschen zu empören, der das Leben eines Kindes retten wollte. Eines Menschen, der sich der Tragik, dass dieses Kind da schon ermordet worden war, gar nicht bewusst sein konnte. Das Gericht, das über Daschners Verhalten zu entscheiden hatte, erkannte die Masse an Strafmilderungsgründen an und beließ es bei einer Verwarnung. Eine richtige Entscheidung. Nicht so für die *Berliner Zeitung*. Sie schrieb: »Das ist wenig. Das ist sogar sehr wenig, bedenkt man die ungeheure Macht, die der Staat über die Menschen hat, die sich in seiner Gewalt befinden. Wer mit dieser Macht so falsch umgeht wie Daschner, hätte nicht ohne Strafe davonkommen dürfen.« So falsch umgeht? Ich glaube, auch die Gutmenschen in unserem Land würden sich einen Wolfgang Daschner wünschen, wenn das eigene Kind Opfer einer Entführung würde. Ich wünsche mir, dass es in Deutschland viele Menschen gibt, die ihrem Gewissen folgen und das Risiko einer Verurteilung und des Pensionsverlusts eingehen, um menschliches Leben zu retten.

Der seltsame Hang zur falschen Seite zeigt sich auch in der Sympathie für die Terroristen der Roten-Armee-Fraktion. Hier wird am eindrucksvollsten verfehlte Nachsicht geübt. Als hätten jene, die führende Repräsentanten des »Systems« ermordeten, gerade deshalb Anspruch auf eine privilegierte Behandlung gegenüber anderen Mördern. Christian Klar stellt ein Gnadengesuch – und eine ganze Nation diskutiert das Für und Wider. Der RAF-Aussteiger Peter-Jürgen Boock verbreitet ein paar unüberprüfbare Details zur Ermordung Siegfried Bubacks – schon wird getan, als sei damit die Mittäterschaft Klars an diesem Mord widerlegt und die Freilassung überfällig. Dass Klar an weiteren acht Morden und elf Mordversuchen beteiligt war, dass das Gericht auf sechsmal lebenslänglich plus 15 Jahre Haft erkannte, ist wie weggewischt.

Focus-Herausgeber Helmut Markwort nennt die Dinge beim Namen: »Die Propaganda der Mörder-Organisation funktioniert nahezu professionell. Punktgenau zur Kampagne für die Begnadigung von Christian Klar ertönt als Begleitmusik eine Kakofonie aus Gerüchten, Diffamierungen, Halbwahrheiten und Verdachtsgemurmel. Der Sinn der Störgeräusche ist leicht zu erkennen. Die Brutalität der Verbrechen soll übertönt werden von Relativierungsdebatten, wie sie die Sympathisanten der RAF schon zu Tatzeiten erfolgreich angezettelt haben. ›Klar hat nicht geschossen‹, heißt es da vom Hörensagen, ›der Staat hat überreagiert‹ und ›die Ermittlungsbehörden haben Fehler gemacht‹.«

Von den Opfern hingegen spricht fast niemand mehr. Andreas von Mirbach (†44), Heinz Hillegaart (†64), Siegfried Buback (†57), Jürgen Ponto (†53), Hanns Martin Schleyer (†62), Ernst Zimmermann (†55), Karl Heinz Beckurts (†56), Gerold von Braunmühl (†51), Alfred Herrhausen (†59), Detlev Karsten Rohwedder (†58) geraten allmählich in Vergessenheit. Oder wissen wir noch, dass das erste der 34 Mordopfer ein 33-jähriger Polizist namens Norbert Schmid war? Er wurde am Hamburger S-Bahnhof Poppenbüttel erschossen. Der RAF-Terrorist Gerhard Müller wurde dafür nie verurteilt, trat er doch als Kronzeuge beim Baader-Meinhof-Prozess auf. Oder erinnern wir uns noch an Jürgen Schumann, den 37-jährigen Flugkapitän der »Landshut«, der in Aden kaltblütig ermordet und in Mogadischu auf das Flugfeld geworfen wurde?

Wer denkt noch an die amerikanischen Soldaten, die von der RAF ermordet worden sind: Paul A. Bloomquist (†39), Clyde Bonner (†29), Ronald Woodward (†26), Charles Peck (†23), Edward Pimental (†20), Frank H. Scarton (†20) und Becky Bristol (†25)? Und wer hat die ermordeten Polizei- und Zollbeamten noch im Gedächtnis: Herbert Schoner (†32), Hans Eckardt (†50), Fritz Sippel (†22), Reinhold Brändle (†41), Helmut Ulmer (†24), Roland Pieler (†20), Arie Kranenburg (†46), Hans-Wilhelm Hansen (†26), Dionysius de Jong (†19), Johannes Goemans (†24) und Michael Newrzella (†25)? Oder die getöteten Fahrer: Wolfgang Göbel (†30), Georg Wurster (†33), Heinz Marcisz (†41) und Eckhard Groppler (†42)? Und was ist mit der Hausfrau Edith Kletzhändler (†56), die in einer Zürcher Einkaufspassage von einer RAF-Kugel tödlich in den Hals getroffen wurde, weil sie Christian Klar bei der Flucht im Weg stand? Was ist mit den Hinterbliebenen, den Ehepartnern und Kindern all dieser Opfer?

Die Täter sind nicht in Vergessenheit geraten. Der Mythos RAF ist allgegenwärtig. Eine ganze Industrie bastelte am Hokuspokus vom »deutschen Herbst«: Leander Scholz verarbeitete das mörderische Leben von Gudrun Ensslin und Andreas Baader zu einer anrührenden Liebesgeschichte mit Sex und Crime. Christopher Roth erzählt im Kinofilm »Baader« die pathetische Geschichte vom Autodieb, der als Revolutionär endet. Für Margarethe von Trotta war die angeblich »bleierne Zeit« der 70er-Jahre Grund für den Terrorismus, und Christoph Hein setzte mit dem Roman *In seiner frühen Kindheit ein Garten* dem Terroristen Wolfgang Grams ein literarisches Denkmal. Darin wird Grams, nachweislich an fünf Morden beteiligt, zum Opfer des Staates. Zuvor hatte der Journalist Hans Leyendecker das Gerücht verbreitet, Grams sei beim polizeilichen Zugriff auf dem Bahnhof von Bad Kleinen von einem GSG-9-Beamten regelrecht hingerichtet worden. Die Folge der Falschmeldung: etliche Rücktritte. Nur Leyendecker blieb, räumte aber im *Deutschlandfunk* ein: »Eigentlich hätte ich auch gefeuert werden müssen.« Auch? Doch wohl eher »ausschließlich«, denn in Wahrheit hatte Grams in Bad Kleinen den Polizisten Newrzella erschossen und dann sich selbst, um der Verhaftung zu entgehen. Als das endlich geklärt war, war Bundesinnenminister Rudolf Seiters bereits zurückgetreten und der Generalbundesanwalt Alexander von Stahl seines Amtes enthoben.

Vergangene Zeiten. Doch der Glaube an das prinzipiell Gute der RAF ist geblieben. Und so ergeht man sich in Verständnis. Auf die Niedertracht der Morde hinzuweisen gilt als unfein, ja unkorrekt. Lieber erörtert man literarische Neuerscheinungen, zum Beispiel die Memoiren der Ex-Terroristin Inge Viett. Über den Augenblick, in dem sie den Pariser Polizisten Francis Violot zum querschnittsgelähmten Krüppel schoss, schreibt die Angehörige der »Bewegung 2. Juni«: »Ungläubig, dümmlich ist sein Blick … Dann fällt der Schuss.« Schon dafür sollte man die Freilassung widerrufen. Stattdessen liest man in einer deutschen Tageszeitung, Inge Viett sei »eine eindrucksvolle Frau, deren Jugendschönheit, auf vielen Steckbrieffotos erscheinend, sich in den Ausdruck einer resoluten Vernünftigkeit, fern allem Hochfahrend-Romanesken, verwandelt hat«. Ausdruck der »resoluten Vernünftigkeit« ist nach dieser Lesart vermutlich auch der Kommentar von Inge Viett zu den Krawallen beim G8-Gipfel 2007 in Heiligendamm: »Endlich habe sie«, soll sie laut *Focus* auf einer

Veranstaltung in Luzern bemerkt haben, »mal wieder Polizisten rennen sehen.«

Dass die Ex-Terroristin Susanne Albrecht heute als Lehrerin in Bremen arbeitet, ist in linker Denkart sicherlich Resozialisierung par excellence. Eine erstaunliche Berufswahl für jemanden, der das »Schweinesystem« so verachtet hat. Zuvor hatte sie sechs Jahre im Gefängnis gesessen, wegen der Beteiligung an der besonders heimtückischen Ermordung Jürgen Pontos: Der Chef der Dresdner Bank hatte im Juli 1977 unangemeldeten Besuch von Susanne Albrecht bekommen, der Tochter eines alten Freundes. Sie brachte einen Blumenstrauß mit und gab vor, ihrem »Onkel« Jürgen nur mal wieder Hallo sagen zu wollen. Zwei Freunde, Christian Klar und Brigitte Mohnhaupt, begleiteten sie. Ponto bat die drei nichtsahnend herein. Mohnhaupt und Klar eröffneten das Feuer auf den wehrlosen Mann. Er starb, von fünf Kugeln getroffen.

Nach einem Sprengstoffanschlag auf den NATO-Oberbefehlshaber Alexander Haig setzte sich Albrecht 1980 in die DDR ab und bespitzelte dort laut Stasi-Unterlagen ihre Arbeitskollegen. Mit einer derartigen Biografie dürfte man in einem Staat, der nur ein wenig auf sich hält, nicht mal Kalfaktor werden – in Deutschland unterrichtet man Kinder. Sollte Christian Klar tatsächlich irgendwann freikommen, braucht auch er sich keine Sorgen um seine berufliche Zukunft zu machen. Der Intendant des Berliner Ensembles, Claus Peymann, hat ihm ein Praktikum als Bühnentechniker angeboten, sobald er »Freigang« erhält. Auch Klar wird dann, angesichts der Subventionen für die Berliner Bühnen, letztlich von Geldern gerade des Systems leben, das er zeitlebens bekämpfte.

Aber vielleicht kommt es ja noch dicker, wenn demnächst ein Gericht darüber zu urteilen hat, ob die Ex-RAF-Terroristin Brigitte Mohnhaupt noch »Mörderin« genannt werden darf. Die Rädelsführerin der Schleyer-Entführung war wegen ihrer Beteiligung an neun Morden zu fünfmal lebenslanger Haft verurteilt worden. Nun klagt sie gegen die Bezeichnung »Mörderin« und begründet das mit dem Schutz ihres Persönlichkeitsrechts. Helmut Schmidt sagte dazu in einem *Bild*-Interview: »Es ist etwas mehr als 2000 Jahre her, dass einige Leute gemeinsam Cäsar ermordet haben. Einer von ihnen war Brutus, der gilt heute noch als Mörder. Ich würde mich sehr wundern, wenn wir plötzlich eine Bürgerinitiative kriegten, den Brutus nicht mehr Mörder zu nennen, sondern nur noch Krankenpfleger.« Hätte Brigitte Mohnhaupt vor Gericht Erfolg, müssten wir sie wohl Ex-Mörderin, Mörderin a. D. oder Mörderin i. R. nennen. Nur die RAF-Opfer haben nicht das Glück, zu Ex-Opfern zu werden. Und ihre Hinterbliebenen werden niemals zu Ex-Hinterbliebenen. Dafür hat unter anderem auch Frau Mohnhaupt mit ihren Mordtaten gesorgt. Erfolg mit einer Klage hatte bereits Susanne Albrecht: Die Türöffnerin zur Entführung und Ermordung des Bankiers Jürgen Ponto ließ durch einen Beschluss des Oberlandesgerichts Hamburg den Abdruck eines Fotos, das sie beim Strafverfahren zeigt – also eines Dokuments der Zeitgeschichte – verbieten. Die Ex-Terroristin Eva Haule lässt ihren Anwalt sogar gegen Medien vorgehen, die ihr damaliges Fahndungsfoto veröffentlicht haben. In letzter Konsequenz darf man froh sein, dass die alten Nazi-Mörder mittlerweile tot sind. Sonst kämen vielleicht sogar sie in den Genuss einer analogen Rechtsprechung.

Beispiele über Beispiele – die Lust am gutmenschlichen Selbst-Betrug ist ungebrochen. Bei vielen mag das Festhalten an alten Vorurteilen auch biografisch bedingt sein, fürchtet man doch die Korrektur von Lebenslügen; aber bei etlichen ist es leider blanke Naivität, Unkenntnis und selbst verschuldete Blindheit. Das macht uns für andere Nationen, die ihren Interessen folgen, so unberechenbar; innen- wie gesellschaftspolitisch jedoch führt es zu absurden Fehlentscheidungen. Im Eifer unseres humanitären Gefechts schieben wir eine Erkenntnis beiseite: Uneigennütziges Handeln ist kein Wert an sich, »gut gemeint« allein eben nicht »gut«. Es kommt darauf an, wem der Altruismus dienen soll und wem er tatsächlich nützt. Oder schadet. Das sagt uns der gesunde Menschenverstand, wenn wir ihn nur lassen. Eine Antwort ist nicht deshalb falsch, weil sie auf der Hand liegt. Wenn wir überhöhte moralische Standards das politische und gesellschaftliche Handeln bestimmen lassen, machen wir uns etwas vor. Das sollte sich niemand leisten; auch die nicht, die keine Verantwortung tragen und die Folgen ihres Unterlassens nicht zu bedenken brauchen. Wenn wir das einmal so zweihundertprozentig berücksichtigen wie vieles andere in Deutschland, machen wir garantiert nichts verkehrt.

Nach der griechischen Mythologie sandte Zeus den Menschen einst die Büchse der Pandora, aus der Krankheiten, Hungersnöte, Streit und Zwietracht auf die Erde entwichen; nur die Hoffnung blieb gefangen. Das deutsche Pendant hierzu heißt Achtundsechzig. Doch war diese Büchse nur mit Hoffnungen gefüllt, mit Hoffnungen auf Gleichheit, Solidarität und die Liebe aller Brudervölker. Auch diese Büchse wurde geöffnet, und zurück blieb diesmal nur die Skepsis. Aber die Folgen sind ähnlich verheerend.

Michael Sauga

Wer arbeitet, ist der Dumme

Als die schwarz-rote Koalition im Herbst 2005 ihre Regierungsgeschäfte aufnahm, waren die Erwartungen riesig. Von einem »Kabinett der Fachleute« war die Rede und der Hoffnung, dass »eine Große Koalition auch große Probleme lösen« werde.

Heute ist die verbreitete Zuversicht allgemeiner Ernüchterung gewichen. So gekonnt sich Kanzlerin Angela Merkel über die roten Teppiche dieser Welt bewegt, so zäh und ideenlos quält sich ihr Regierungsbündnis durch das dürftige Restprogramm des Koalitionsvertrages. Gesundheitsreform, Pflege, Mindestlohn: mit beängstigender Regelmäßigkeit enden die wichtigsten Projekte der Großen Koalition als notdürftig zusammengezimmerte Minimalkompromisse, deren vordringlichster Zweck darin zu bestehen scheint, die Zeit bis zur nächsten Wahl zu überbrücken. So weit bleibt die Regierung Merkel hinter den eigenen Ansprüchen zurück, dass mittlerweile selbst glühende Verfechter des Bündnisses den Tag herbeisehnen, an dem die Tortur ein Ende findet.

Auch das Volk zeigt sich ratlos. Mitten im kräftigsten Konjunkturaufschwung seit Jahren fühlen sich die meisten Deutschen ungerecht behandelt und blicken mit Argwohn in die Zukunft, so melden die Meinungsforscher. Eine Mehrheit der Bundesbürger empfindet die Globalisierung als Bedrohung, fürchtet weitere Einschnitte ins soziale Netz und glaubt nicht mehr daran, dass der ökonomische Aufschwung auch ihnen zugutekommt. Nur noch ein Viertel der Bevölkerung stuft die Republik als »soziale Marktwirtschaft« ein.

Das Ausland feiert das Comeback der Konjunkturlokomotive Deutschland; die Bundesbürger aber debattieren fünf Jahre nach Hartz-Reform und Agenda 2010 vor allem über die sozialen Verhältnisse im Land. Die Linkspartei will mit ihrem Kampf gegen Rentenkürzungen und Hartz IV den Wohlfahrtsstaat der Siebzigerjahre wiederherstellen. Die SPD schwankt, ob sie sich zu ihren eigenen Sozialreformen bekennen oder sich besser von ihnen distanzieren soll. Und die CDU ersetzt ihre radikalen Reformrezepte aus dem zurückliegenden Bundestagswahlkampf durch den inflationären Gebrauch des Begriffs »Sicherheit«, den die Parteistrategen derzeit so zahlreich über ihre Programmpapiere streuen wie früher die Warnungen vor der roten Gefahr.

Sozial- wie Christdemokraten haben bei der Sanierung des Wohlfahrtsstaates erkennbar die Orientierung verloren – und stellen sich voller Selbstzweifel bange Fragen: Ging der Sozialumbau der zurückliegenden Jahre zu weit? Kann der hiesige Wohlfahrtsstaat auch im 21. Jahrhundert noch Wohlstand und Sicherheit gewährleisten? Wer hat von den jüngsten Reformen profitiert, wer muss als Verlierer gelten?

Die Antwort fällt für die Volksparteien bitter aus. Die Daten der Statistiker zeigen, dass im gesellschaftlichen Verteilungskampf ausgerechnet jene soziale Schicht ins Hintertreffen geraten ist, die Union und SPD gern als Stammklientel für sich reklamieren. Keine andere Bevölkerungsgruppe hat in den vergangenen Jahren stärkere Einbußen hinnehmen und größere Opfer bringen müssen als die breite Mittelschicht der normal verdienenden Arbeitnehmer.

Sie mussten die Lasten der Globalisierung, die Kosten der deutschen Einheit und die Folgen der Massenarbeitslosigkeit schultern. Ihre Jobs sind in ständiger Gefahr, nach Indien und China oder, wie jüngst bei der Telekom, in billige Tochterfirmen verlagert zu werden. Ihr Lebensstandard ist in den vergangenen Jahren kaum gestiegen; dafür werden sie stärker mit Steuern und Beiträgen belastet als andere Schichten.

Dass sich ein Großteil der Lohnempfänger heute mit guten Gründen als Verlierer der ökonomischen Entwicklung sehen muss, bringt mehr aus dem Gleichgewicht als nur die Verteilungsstatistik. In den Nachkriegsjahrzehnten gehörte es zum gesellschaftlichen Grundkonsens, dass der gemeinsam geschaffene Reichtum auch den Arbeitnehmern zugutekam. »Wohlstand für alle« hieß das Motto Ludwig Erhards, dessen Zugkraft gerade darin begründet war, dass es nicht nur ein Höchstmaß an wirtschaftlichem Fortschritt, sondern auch an gesellschaftlicher Gerechtigkeit versprach.

Heute dagegen erleben die Beschäftigten, dass sie gegenüber anderen gesellschaftlichen Gruppen anhaltend an Boden verlieren. Während die Renditen der Kapitalbesitzer neue Höchststände erreichen, wird die Ware Arbeitskraft schleichend entwertet. Wer auf den unteren Etagen der Gehaltsskala angesiedelt war, büßte in nicht wenigen Fällen innerhalb der vergangenen 15 Jahre entweder den Job oder Teile seines Lohns ein. Und unter den Besserverdienern grassiert die Angst, demnächst selbst davon betroffen zu sein. Die Gewissheit der Nachkriegsgesellschaft, dass jeder mit Fleiß und Einsatzbereitschaft sein Glück machen kann, ist für viele Arbeitnehmer zum leeren Versprechen geworden.

Auch der Sozialstaat, der einst im Interesse der abhängig Beschäftigten erfunden wurde, erscheint ihnen zunehmend als fragwürdige Veranstaltung. Früher hielten die großen Solidareinrichtungen von der Renten- bis zur Arbeitslosenkasse ein umfängliches Vollkaskoangebot für alle Wechselfälle des Lebens parat. Heute müssen die Beschäftigten registrieren, wie das Versicherungs- und Steuersystem Privilegien und Vergünstigungen vornehmlich anderen Bevölkerungsgruppen gewährt – und sich die Nachteile bei ihnen konzentrieren. »Wo ist bloß unser Geld geblieben?«, fragen sich heutzutage nicht wenige Arbeitnehmer entgeistert, wenn sie die jährliche Rentenprognose ihres Versicherungsträgers in den Händen halten.

Die Schieflage zulasten der Arbeitnehmer erscheint als neues Phänomen, aber sie hat eine lange Geschichte. Sie beginnt in den Gründerjahren der Industrialisierung, als der deutsche Sozialstaat jene besondere Organisationsform erhielt, die heute zugleich sein größtes Problem ausmacht. Sie setzte sich fort in der sozialpolitischen Blüte der Nachkriegszeit, in der die Volksparteien im Wettlauf um Wählerstimmen die Solidarkassen als politisches Instrument ausbeuteten. Und sie mündet schließlich in der Reformpolitik der vergangenen zwei Jahrzehnte, die allzu einseitig zulasten der Beschäftigten ging.

Nun steht die Frage nach der sozialen Gerechtigkeit erneut

ganz oben auf der Tagesordnung, und SPD wie Union reagieren hilflos bis panisch. Dass die Wähler die jüngsten Sanierungsarbeiten am Wohlfahrtssystem überwiegend als unfair empfinden, wird als Unwissenheit einer Bevölkerung abgetan, die noch immer nicht begriffen hat, dass der Sozialstaat radikal umgebaut werden muss. Entsprechend wurde auch das Ergebnis der jüngsten Bundestagswahl gewertet, aus der Christ- wie Sozialdemokraten gleichermaßen geschwächt hervorgingen.

Die Frage nach den Reformlasten der Arbeitnehmer wird in beiden Volksparteien dagegen konsequent verdrängt. Die SPD kümmert sich lieber um die Belange einer von ihr entdeckten neuen Unterschicht. Und die Union setzt darauf, dass sich mit dem aktuellen Konjunkturaufschwung schon alle Probleme von selbst erledigen werden.

Die Rechnung wird nicht aufgehen. Gleich aus mehreren Gründen wären die Volksparteien gut beraten, über die Unwucht im hiesigen Sozialstaat neu nachzudenken.

So ist die verbreitete Fruststimmung in der Arbeitnehmerschaft weitaus berechtigter, als die Strategen der Regierungsfraktionen zugeben mögen. In den vergangenen Jahren haben sich Union und SPD vornehmlich darauf konzentriert, die Sozialkosten der Betriebe zu senken. Dafür gab es gute Gründe; doch gerieten dabei die Interessen der Versicherten sowie das Verhältnis von Beiträgen und Leistungen aus dem Blick. Als Folge haben sich jene Gerechtigkeitsdefizite verstärkt, die im deutschen Wohlfahrtsstaat schon immer angelegt waren.

Zudem ist ungewiss, wie dauerhaft der aktuelle Beschäftigungsboom ist. Zum einen geht selbst der kräftigste Wirtschaftsaufschwung irgendwann zu Ende. Und zum anderen sind die hartnäckigsten Arbeitsmarktprobleme hierzulande weiter ungelöst. So kommt der Stellenzuwachs dieser Tage vor allem jenen Jobsuchenden zugute, die gut ausgebildet und leicht vermittelbar sind. Unter den Geringqualifizierten dagegen geht die Arbeitslosigkeit nur langsam zurück, und ihr Anteil an allen Erwerbslosen steigt weiter an.

Noch aus einem weiteren Grund würde es sich für Union und SPD empfehlen, der wirtschaftlichen Situation der Beschäftigten und ihrer Benachteiligung im Sozialstaat mehr Aufmerksamkeit zu widmen. Noch immer stellt die arbeitende Mittelschicht die Mehrheit der Wähler im Land. Wer es schafft, ihre Belange glaubwürdig zu seiner Sache zu machen, hätte gute Chancen, bei den anstehenden Wahlen zu profitieren.

Und schließlich wäre eine Politik, die sich an den Interessen der abhängig Beschäftigten orientiert, auch ökonomisch von Vorteil. Würde der überhöhte Arbeitnehmeranteil an der Sozialstaatsfinanzierung gesenkt, könnten die Gewerkschaften leichter jene Lohnpolitik fortsetzen, die eine der Hauptursachen für das jüngste Wiedererstarken der deutschen Wirtschaft war.

Am späten Vormittag wirkt die öde Plattenbausiedlung am Rand der Dresdner Altstadt wie ausgestorben. Kaum ein Passant überquert die Straße, kein Auto ist zu hören, viele Jalousien hinter den Fenstern der Hochhausfronten sind heruntergelassen. Auf dem winzigen Balkon eines grauen Wohnturms steht ein Mann. Er raucht. Matthias Rolle ist gerade von der Arbeit in einer nahe gelegenen Großmetzgerei nach Hause gekommen. Ein wenig hat er noch in der Zeitung geblättert, jetzt lehnt er an der Brüstung und pafft den Rauch seiner Zigarette in langen Zügen in die milde Spätsommerluft.

Der gelernte Fleischer hat sich mit vielem arrangiert in seinem langen Berufsleben: Die quälenden Nachtschichten von abends elf bis morgens um sieben, das stundenlange Stehen mit Wollpullover und Thermoweste in einer fünf Grad kalten Kühlhalle, der ständige Blutgeruch von frischem Fleisch. Auch dass er als Schichtarbeiter während der Woche Frau und Kind kaum sieht, hat er gelernt zu ertragen. »Das Familienleben«, sagt er, »findet eben am Wochenende statt.«

Man gewöhnt sich an alles, so lautet sein Wahlspruch. Doch mit einem mag er sich nicht abfinden. Er arbeitet nicht selten 40 Stunden die Woche und mehr, aber es kommt immer weniger dabei heraus.

Matthias Rolle legt einen dreifach gefalteten DIN-A4-Zettel auf den weißen Campingtisch. Es ist seine Verdienstbescheinigung. Brutto bekommt er im Monat rund 1600 Euro. Nach allen

Abzügen bleiben unter dem Strich gut 1200 Euro übrig. Das ist kaum mehr, als mancher Hartz-IV-Empfänger nach Hause bringt. Sein Gehalt ist schon seit Jahren nicht gestiegen, gleichzeitig werden Strom und Lebensmittel immer teurer. Er fährt einen elf Jahre alten Mazda, und wenn die Heizkostennachzahlung über 400 Euro ins Haus flattert, reißt das ein tiefes Loch in die Familienkasse. »Wohlstand ist ein Traum«, sagt er, »der mit ehrlicher Arbeit nicht mehr zu verwirklichen ist.«

Und so setzt sich Rolle mehrmals die Woche an den billigen Schulcomputer seines Sohnes und informiert die Welt in einem Internet-Tagebuch (www.hungerloehner.de) über die Nöte der arbeitenden Unterschicht in Deutschland: Wie sich mit dem Einbau von Energiesparlampen und Heizthermostaten Kosten sparen lassen, weshalb er einen Besuch in der Stammkneipe inzwischen als Luxus verbucht, warum der geplante Griechenlandurlaub mal wieder verschoben werden muss. »Man kann sich den Arsch aufreißen, wie man will«, sagt er, »es wird einfach nicht besser.«

Die triste Bilanz des Dresdner Metzgers deckt sich mit der Erfahrung von Millionen Menschen im Land. Sie arbeiten hart und kommen doch kaum über die Runden. Was sie verdienen, reicht immer weniger zum Leben. Wie nie zuvor in der Nachkriegsgeschichte haben die Arbeitnehmer in den vergangenen Jahren materielle Einbußen hinnehmen müssen.

Bei den meisten stagniert der Verdienst seit Jahren. Immer mehr müssen wieder 40 Stunden oder mehr die Woche arbeiten, immer weniger haben Anspruch auf betriebliche Sonderleistungen wie Urlaubs- oder Weihnachtsgeld. Seit 15 Jahren sind die realen Bruttoverdienste der Arbeitnehmer praktisch nicht mehr gewachsen.

Wie kaum eine andere Bevölkerungsgruppe haben die abhängig Beschäftigten das vergangene Jahrzehnt als Verlustphase erlebt. Einkommen, Jobs, Abgaben: überall stand ein dickes Minus vor der Bilanz.

Das galt besonders für jene Werktätigen, die als Bauhelfer, Bandarbeiter oder LKW-Fahrer auf den unteren Etagen der Verdienstskala angesiedelt waren. Sie mussten mitansehen, dass sie am Monatsende oft kaum mehr im Portemonnaie hatten als mancher Fürsorgebezieher. Sie mussten erleben, wie sich ihre einst mit Tarifverträgen und Betriebsvereinbarungen geregelte Arbeitswelt in eine partiell rechtsfreie Wildwest-Ökonomie verwandelte, in der es oft nur darum zu gehen schien, das Lohnniveau weiter zu drücken. Sie mussten hinnehmen, dass sie in vielen Berufen nur noch als Zeitarbeiter, Minijobber oder Scheinselbstständige gefragt waren.

Der Niedriglohnsektor, der lange Zeit als unterentwickelt galt, wächst seit Jahren. Mittlerweile arbeiten nach einer Studie der Nürnberger Bundesagentur für Arbeit fast vier Millionen Deutsche zu Löhnen, die weniger als zwei Drittel des Durchschnittsverdiensts erreichen. Das ist ein Zuwachs von zehn Prozent innerhalb weniger Jahre. Bei manchen Armutslöhnern reicht das Gehalt nicht mal mehr aus, wenigstens das Existenzminimum zu decken. Fast eine halbe Million Bundesbürger verdienen mit ihrer Vollzeitstelle so wenig Geld, dass sie zusätzliche finanzielle Unterstützung in Form von Arbeitslosengeld II benötigen.

Nicht nur, dass immer mehr Deutsche in die Zone materieller Bedrängnis abrutschen, sie finden auch immer seltener wieder heraus. Wer einmal in die Verliererregion aus Niedriglohnjobs und Hartz IV eingetaucht ist, bleibt ihr mit einiger Sicherheit dauerhaft erhalten, zeigt eine Studie des Instituts für Arbeitsmarkt- und Berufsforschung. Zwei Drittel aller Armutslöhner sind auch fünf Jahre später noch Armutslöhner, lediglich ein Drittel schafft den Sprung zu einem besser bezahlten Job. Der Exportweltmeister darf sich damit einer weiteren, eher fragwürdigen internationalen Spitzenstellung rühmen: In keinem anderen Land Europas finden Geringverdiener so schlechte Aufstiegschancen vor wie hierzulande.

Längst hat die Erosion der Arbeitnehmereinkommen das soziale Klima im Land verändert. In der Unterschicht breitet sich das Gefühl aus, dauerhaft von der wirtschaftlichen Entwicklung abgekoppelt zu sein. Von einem »abgehängten Prekariat« kündete vor Jahresfrist eine Studie der SPD-nahen Friedrich-Ebert-Stiftung: Mehr als acht Prozent der Bevölkerung, im Osten sogar

25 Prozent, sind danach geprägt von »sozialem Ausschluss und Abstiegserfahrungen«.

In der Mittelschicht wiederum fürchten viele, möglicherweise bald selbst in die gesellschaftliche Verliererregion abzusteigen. Von einem »Klima der Verunsicherung« sprechen Soziologen, seit die Entlassungswellen der großen Konzerne auch die Büroflure entvölkern und sich vermehrt Angestellte oder kleine Unternehmer in den Büros der Schuldnerberatungen drängen. 72 Prozent der Deutschen beunruhigt, dass selbst in Firmen, denen es gut geht, die Arbeitsplätze nicht mehr sicher sind.

Es geht um mehr als um ein paar Euro zusätzlich in der Lohntüte. Es geht um das Vertrauen in die ökonomische und gesellschaftliche Grundordnung der Republik. Noch vor wenigen Jahren galt die soziale Marktwirtschaft als Garant für ökonomisches Wachstum und gesellschaftlichen Ausgleich. Heute glauben nach Erkenntnissen der Meinungsforscher nur noch 28 Prozent der Bundesbürger, dass es gerecht zugeht im Land.

Wo die Ursachen für die verbreitete Unzufriedenheit zu suchen sind, verrät die amtliche Lohn- und Verteilungsstatistik. Mitten im stärksten weltwirtschaftlichen Aufschwung seit Jahrzehnten sind Deutschlands Arbeitnehmer einer Zangenbewegung ausgesetzt, die viele als Anschlag auf den eigenen Lebensstandard erleben. Zum einen nimmt der Staat den Arbeitnehmern erhebliche Teile ihres Einkommens in Form von Steuern und Beiträgen ab, um seine Sozialsysteme zu finanzieren. Das mindert den Nettoverdienst.

Zum anderen schwächt der globale Kapitalismus die wirtschaftliche Position der abhängig Beschäftigten. Was Karl Marx bereits vor 150 Jahren als »rasende Jagd der Bourgeoisie über die ganze Erdkugel« beschrieb, hat heute eine neue Etappe erreicht. Die Opfer sind die Arbeitnehmer in den alten Industrieländern, die ohnmächtig mitansehen müssen, wie sie die neue Weltwirtschaftsordnung einer bislang unbekannten Konkurrenz aussetzt – und ihre Bruttolöhne drückt.

So verteilen die weltweit operierenden Hedgefonds, Investmentbanken und Wertpapierbörsen ihr billionenschweres Anlagekapital heute strikt unter dem Gesichtspunkt der höchstmöglichen Rendite. Produzenten, die sich im weltweiten Vergleich der Standorte und Gewinnmargen als zu teuer erweisen, werden von der überlebenswichtigen Zufuhr an frischem Investitionskapital einfach abgeschnitten. Den Nachteil haben die Beschäftigten, deren Arbeitsplätze nicht mehr produktiv genug sind, um die gewohnten Lohnsteigerungen hervorzubringen.

Der wirtschaftliche Aufstieg Chinas und Indiens sowie der Fall des Eisernen Vorhangs führen dem Weltmarkt zudem ein Millionenreservoir billiger Arbeitskräfte zu. Konkurrenz belebt das Geschäft, aber sie drückt die Preise – auch diejenigen für die Ware Arbeitskraft. Wer bislang als einfacher Arbeiter in der Textil-, Elektronik- oder Gebrauchsgüterindustrie Europas oder Nordamerikas sein Auskommen fand, sieht sich nun oft vor eine höchst unangenehme Alternative gestellt: Entweder er akzeptiert einen niedrigeren Lohn – oder sein Job wandert ins Ausland.

Der rasante Fortschritt der Informations- und Kommunikationstechnologie ermöglicht es nicht nur, riesige Datenmengen zu minimalen Kosten um den ganzen Globus zu transferieren, sondern auch die dazugehörigen Arbeitsplätze. Selbst hoch qualifizierte Stellen in den Entwicklungs-, Marketing- oder Softwareabteilungen großer Konzerne, die bislang vor einem Job-Export vergleichsweise sicher schienen, geraten mittlerweile in den Sog eines weltweiten Verlagerungs- und Lohnsenkungswettlaufs.

In vielen der alten Industrienationen erwies sich die Globalisierung für die Arbeitnehmer so als »giftiges Gemisch aus Ungleichheit und niedrigen Löhnen«, wie der liberale Londoner *Economist* feststellt. Kaum irgendwo aber war der Anpassungsdruck so groß wie in der Bundesrepublik, wo die Arbeitskosten im Gefolge der deutschen Vereinigung auf ein weltweites Spitzenniveau geklettert waren.

Es begann jener Prozess, den Ökonomen auf den verniedlichenden Begriff der »Lohnzurückhaltung« getauft haben. Das klingt nach vornehmer Bescheidenheit und einsichtsvollem Verzicht. Tatsächlich büßten die Arbeitnehmer weit mehr von ihrem Lebensstandard ein, als die Formeln des ökonomischen Lehrbuchs vorgeben. Danach dürfen die Löhne in etwa demselben

Umfang wachsen wie die Produktivität der Wirtschaft. Steigen die Löhne schneller, könnten Arbeitsplätze verloren gehen. Legen sie mit geringerer Rate zu, fahren die Firmen Extragewinne ein.

Nach dieser Faustregel wäre im vergangenen Jahrzehnt ein Verdienstplus von 2,5 Prozent pro Jahr wirtschaftlich vertretbar gewesen. Um diesen Wert nämlich legte die Wirtschaftsleistung zu, die ein Beschäftigter im Schnitt erzeugte. Tatsächlich aber sanken die realen Nettoverdienste pro Arbeitnehmer im Schnitt um 0,5 Prozent jährlich. Die Differenz strichen die Unternehmen und der Staat ein. Ihr Gewinn addierte sich, über das gesamte zurückliegende Jahrzehnt gerechnet, auf die ansehnliche Summe von rund 250 Milliarden Euro.

Der erste Faktor, der zum Verdienstschwund der Arbeitnehmer beitrug, war dabei jener heimliche Reichtumsvernichter, mit dem das Volk schon seit alters her um die Früchte seiner Arbeit betrogen wird: die Geldentwertung. Rund 1,4 Prozentpunkte betrug sie im jährlichen Durchschnitt. Daran war nicht zuletzt der Staat beteiligt, der sich mit höheren Steuern und Gebühren als einer der verlässlichsten Preistreiber der vergangenen Jahre erwies. Den zweiten Rückschlag auf dem Weg vom Plus zum Minus mussten die Arbeitnehmer während der Tarifverhandlungen hinnehmen. Obwohl die Gewerkschaften im letzten Jahrzehnt ähnlich kämpferisch auftraten wie früher und teils wochenlange Streiks in der Bau- und Metallindustrie sowie im öffentlichen Dienst anzettelten, blieben die Ergebnisse weit hinter den Forderungen zurück. In den zwölf Jahren seit 1995 schlossen IG Metall und Co. fünfmal oberhalb des sogenannten Verteilungsspielraums ab, siebenmal blieben sie darunter – im Schnitt aber lagen sie jährlich um einen halben Prozentpunkt niedriger.

Den dritten Schwundfaktor schließlich bezeichnen die Experten als Lohndrift. Sie gibt die Spanne an zwischen dem Tarifabschluss und dem, was die Beschäftigten unter der Zeile »Gehaltsbrutto« tatsächlich auf ihrer Verdienstbescheinigung finden. Die Differenz wurde in den vergangenen Jahren immer größer. In manchen Branchen schlossen die Arbeitgeber erst gar keine

Tarifverträge mehr ab, in anderen handelten sie spezielle Firmenabkommen aus, in wieder anderen kehrten sie reihenweise den Unternehmerverbänden den Rücken.

Viele Firmen drückten ihre Personalkosten zudem durch den Einsatz billiger Leihkräfte. Je nach Bedarf wurden feste Zeitarbeiterbrigaden in die Stammbelegschaften integriert oder wieder nach Hause geschickt.

Eine weitere Möglichkeit, sich von den lästigen Tarifen zu befreien, bot das sogenannte Outsourcing. Das ging so: War einem Unternehmer das Lohnniveau in einem Teil seiner Firma zu hoch, so gliederte er die entsprechende Abteilung aus und verkaufte sie an ein externes Unternehmen, das keinem oder einem anderen Arbeitgeberverband angehörte. Die Löhne neu eingestellter Mitarbeiter konnten dann sofort gedrückt werden. Für die Altbelegschaft dauerte es etwas länger, weil die bisherigen Tarife noch eine Zeit lang weiter galten.

Zu welch tiefen Abstürzen das führen kann, weiß niemand besser als Christian Sellmann, der als LKW-Fahrer für eine private Entsorgungsfirma im Berliner Norden arbeitet. Noch vor wenigen Jahren gehörte er mit seiner Kolonne zum größten Müllkonzern der Stadt. Gezahlt wurde nach Tarif, es gab Weihnachts- und Urlaubsgeld, und auf den Betriebshöfen ging es fast so gemütlich zu wie im öffentlichen Dienst.

Dann wurde die Abteilung verkauft, und der neue Eigentümer drückte die Bedingungen Schritt für Schritt auf Tagelöhnerniveau. Heute verdient Sellmann 30 Prozent weniger als damals, arbeitet acht Stunden pro Woche länger und liegt mit seinem Monatsnetto nur 250 Euro über Hartz IV. Der Chef nennt seine Angestellten »Kulis«, und wenn sich einer von ihnen über die miese Bezahlung beschwert, antwortet er nur: »Sie müssen hier ja nicht arbeiten.«

Die Auslagerung ganzer Betriebsteile wurde in den vergangenen Jahren nicht zuletzt im öffentlichen Dienst zum Mittel der Wahl, um große Teile des Personals aus dem bisherigen Tarifgefüge herauszulösen. In jenen Wirtschaftszweigen hingegen, in denen die Tarife weiterhin galten, sorgten Ausnahmeregeln und Öffnungsklauseln dafür, dass die Abweichung von der Norm bald zur Regel wurde. Quer durch die Branchen machte in den zurückliegenden Jahren über die Hälfte aller Betriebe von den Möglichkeiten der Tarifsenkung Gebrauch, ergab eine Studie des Wirtschafts- und Sozialwissenschaftlichen Instituts der gewerkschaftsnahen Hans-Böckler-Stiftung. Von einer »Auflockerung des Flächentarifs« spricht Institutsforscher Reinhard Bispinck. Viele Beschäftigte dagegen fühlten sich eher an Radio Eriwan erinnert: Im Prinzip gilt der Tarifvertrag, in der Praxis wird weniger gezahlt.

Wie kein anderer Vorgang in den vergangenen Jahren machte die sogenannte Lohndrift offenbar, wie schwach die Arbeitnehmer und ihre Interessenvertreter geworden waren. Welchen Einfluss hatten die Gewerkschaften noch, wenn nicht einmal die mächtige IG Metall ihre Abschlüsse für alle verbindlich durchsetzen konnte? Wie sollten sich Betriebsräte wehren, wenn ihnen der Chef den nächsten Lohnverzicht mit Verweis auf die frisch vereinbarte Öffnungsklausel aus dem Tarifvertrag abverlangte? Warum streiken, wenn der Unternehmer am Ende doch zahlte, was er wollte?

Nicht nur der Gesichtsverlust wog schwer. Auch die materiellen Einbußen waren erheblich. Die Differenz zwischen dem Wachstum von Tarif- und tatsächlichen Bruttolöhnen machte im letzten Jahrzehnt einen vollen Prozentpunkt aus, ein jährliches Verdienstminus von rund neun Milliarden Euro.

Immerhin: Was die Beschäftigten einbüßten, nutzte der Wirtschaft insgesamt. So gering war der Lohnanstieg in den vergangenen Jahren, dass er dauerhaft hinter dem Wachstum der Produktivität zurückblieb; ganz anders als in Ländern wie Frankreich, Italien oder den USA.

Entsprechend wurden die deutschen Unternehmen auf den Weltmärkten immer wettbewerbsfähiger. Maschinenbau, Chemie, Autoindustrie: die Vorzeigebranchen der Republik nutzten die günstige Entwicklung der heimischen Arbeitskosten, um von einem Exportrekord zum nächsten zu eilen. Erst wuchsen die Umsätze im Auslandsgeschäft, dann legten die Investitionen im Inland zu, und mittlerweile zeigt auch der notorisch erstarrte Arbeitsmarkt ungewohnte Lebenszeichen. Vom Mittelstand bis zur Großindustrie kündigen die Unternehmen mittlerweile an, wieder neues Personal einstellen zu wollen.

Von einem »Lohnkostenwunder« sprechen mittlerweile die Ökonomen und signalisieren damit zweierlei: Erstens, die jüngste wirtschaftliche Erholung kommt kaum weniger überraschend als der mirakulöse Wiederaufstieg Deutschlands nach dem Weltkrieg. Zweitens, die Belebung ist vor allem jenen zu verdanken, die mit ihrem Konsum- und Wohlstandsopfer die Kostenseite der heimischen Unternehmensbilanzen wieder in Ordnung gebracht haben. Ausgerechnet die deutschen Arbeitnehmer, die jahrelang als zu bequem, zu unflexibel und zu teuer verspottet wurden, gelten plötzlich wieder als Standortvorteil.

Ein Trost ist das nicht – zu ungleich sind die Früchte des Aufschwungs verteilt. Während Aktienkurse, Gewinne und Managergehälter explodieren, haben die Lohnzuwächse in den vergangenen Jahren vielfach nicht einmal die Preissteigerung ausgeglichen. »Wenn wir es klassenkämpferisch ausdrücken, haben wir in den letzten Jahren eine Umverteilung von Arbeit zu Kapital gesehen«, sagt der Frankfurter Commerzbank-Volkswirt Ralph Solveen.

Was die Arbeitnehmer nicht weniger erboste: Die sogenannte Deregulierung der Wirtschaft fand vor allem bei ihnen statt. Mehr Zeitarbeit, mehr befristete Beschäftigung, weniger Kündigungsschutz: die Regeln für das abhängige Beschäftigungsverhältnis wurden in den vergangenen Jahren auf vielerlei Weise gelockert. Bei Freiberuflern wie Architekten oder Anwälten dagegen gelang es nicht einmal, die staatlichen Preis- und Honorarordnungen abzuschaffen. Nirgends herrsche so wenig Wettbewerb wie in den privilegierten Schutzzonen akademischer Berufe, pflegte etwa der frühere Wirtschaftsminister Wolfgang Clement zu klagen.

Kein Wunder, dass sich selbst in den Vorzeigeunternehmen der Republik viele Arbeitnehmer betrogen fühlen. Der Informationselektroniker Andreas Millert zum Beispiel arbeitet seit vielen Jahren bei Siemens in Berlin, zuletzt als Systembetreuer im Spandauer Messgerätewerk. Die Fabrik gilt als hochprofitabel, nur die Löhne hinken hinterher. Inklusive Überstunden verdient Millert gerade mal 1800 Euro netto, kaum mehr als vor fünf Jahren.

Dass sein Lohn stagniert, während alles teurer wird, nimmt er inzwischen achselzuckend hin. Das ist er seit Jahren gewöhnt. Aufgebracht aber hat ihn, dass der frühere Siemens-Boss Klaus Kleinfeld im letzten Jahr die eigenen Bezüge sowie die seiner Vorstandskollegen um volle 30 Prozent nach oben schrauben wollte – zur gleichen Zeit erfuhren die Mitarbeiter des ehemaligen Siemens-Handy-Werks in Kamp-Lintfort, dass ihr Betrieb dichtgemacht werden sollte.

»Früher saßen alle in einem Boot«, sagt Millert. »Heute fordern die Vorstände Managergehälter wie in Amerika, aber die Arbeitnehmer sollen sich an den Löhnen in China orientieren.«

Kürzlich fuhr der Facharbeiter mit dem Nachtzug nach München zur Siemens-Hauptversammlung. Er wollte hören, wie Kleinfeld die Forderung nach höheren Managergehältern rechtfertigt. Aber der frühere Chef sagte kein Wort dazu. »Die da oben verlieren die Bodenhaftung«, sagt Millert, »und die Schere in der Gesellschaft geht immer weiter auseinander.«

Niedrige Lohnabschlüsse, Inflation, Tarifflucht: Die Einbußen der Arbeitnehmer waren zu einem guten Teil der schlechten Konjunktur und der Globalisierung geschuldet. Für den vierten Schwundfaktor aber sorgte der Staat.

Um das ausgedehnte Netz der sozialen Sicherung zu finanzieren, erhöhte er die Beiträge für die Renten-, Kranken- und Pflegeversicherung und bat die Bevölkerung zusätzlich durch höhere Umsatz- und Mineralölsteuern zur Kasse. Wie ein Keil schoben sich die staatlichen Abgaben zwischen die Brutto- und Nettoverdienste und sorgten dafür, die ohnehin geringen Lohnzuwächse weiter einzudampfen. So legten in den vergangenen 15 Jahren die Bruttolöhne um 0,1 Prozent pro Jahr zu – die Nettolöhne dagegen gingen um 0,4 Prozent zurück. Aus dem ansehnlichen Plus, das die Arbeitnehmer in den zurückliegenden Jahren erwirtschaftet hatten, war nach dem Eingriff des Staates endgültig ein Minus geworden.

Schlimmer noch, die staatliche Umverteilungsmaschine benachteiligte die Arbeitnehmer zusätzlich. Die Beschäftigten trugen zur Finanzierung des Wohlfahrtsstaates mehr bei als andere

Bevölkerungsgruppen – und schnitten finanziell oft schlechter ab als diejenigen, die von ihren Beiträgen lebten.

In der Arbeitswelt mussten die abhängig Beschäftigten die Kosten der Globalisierung tragen. Noch bitterer aber war für sie die Erkenntnis, dass sie auch im Sozialstaat über den Tisch gezogen wurden.

ERKENNTNISSE

Aus den Naturwissenschaften

Robert B. Laughlin

Abschied von der Weltformel

Im menschlichen Geist gibt es zwei einander widersprechende Urimpulse – der eine will etwas auf seine wesentlichen Grundlagen reduzieren, der andere will durch die wesentlichen Grundlagen hindurch auf die umfassenderen Zusammenhänge blicken. Wir alle leben mit diesem Konflikt und sehen, dass wir gelegentlich darüber nachdenken. Am Ufer des Meeres beispielsweise verfallen die meisten von uns angesichts der Erhabenheit der Welt in Nachdenklichkeit, obwohl das Meer im Grunde ein mit Wasser gefülltes Loch ist. Die umfangreiche, zum Teil sehr alte Literatur zu diesem Thema stellt den Konflikt häufig als einen moralischen dar oder als Spannung zwischen dem Heiligen und dem Profanen. Demnach ist es animistisch und primitiv, das Meer als schlicht und endlich (etwa wie ein Ingenieur) anzusehen, während es fortschrittlicher und menschlicher ist, es als Quelle nicht endender Möglichkeiten zu betrachten.

Der Konflikt hat jedoch nicht nur mit der Wahrnehmung zu tun – er ist auch von physischer Art. Die Welt der Natur wird sowohl von den wesentlichen Grundlagen als auch von – aus ihnen entspringenden – starken Ordnungsprinzipien reguliert. Diese Prinzipien sind insofern grenzüberschreitend, als sie auch dann aufrechterhalten blieben, wenn die wesentlichen Grundlagen geringfügig verändert würden. Unsere widersprüchliche Ansicht der Natur spiegelt einen Widerspruch der Natur selbst wider: Sie besteht zugleich aus grundlegenden Elementen und aus festen, komplexen Organisationsstrukturen, die – nicht unähnlich dem Meer – aus ihnen hervorgehen.

Das Ufer des Meeres ist selbstverständlich auch ein Ort, an dem man sich vergnügen kann, was man tunlichst im Kopf behalten sollte, wenn man sich da unten an der Uferpromenade in tiefschürfenden Gedanken ergeht. Zum Glück wissen wir Physiker um unsere Neigung zu salbungsvollen Tönen und geben uns große Mühe, sie unter Kontrolle zu halten. Mein Kollege Dan

Arovas, Mitglied der Physik-Fakultät an der University of California in San Diego, hat diese Einstellung in einem Brief an Dave Barry, Autor einer humoristischen Kolumne, sehr schön ausgedrückt:

> Lieber Dave, ich bin ein leidenschaftlicher Fan von Ihnen und lese täglich Ihre Kolumne. Ich würde alles dafür geben, so wie Sie schreiben zu können. Ich habe Ihnen zu Ehren ein Baumhaus gebaut und lebe darin.
> Mit freundlichen Grüßen, Dan

Laut Dan schrieb Dave zurück:

> Lieber Dan, danke für den Fanbrief. Ach ja, übrigens, lässt man Sie eigentlich in die Nähe von Atomwaffen?
> Mit besten Grüßen, Dave

Vor ein paar Jahren hatte ich Gelegenheit, meinen Schwiegervater, einen Akademiker im Ruhestand, in ein Gespräch über die kollektive Natur physikalischer Gesetze zu verwickeln. Am Ende eines Nachmittags hatten wir unser Bridgespiel beendet und befassten uns, um einer Diskussion mit unseren Frauen über emotional ergreifende Filme zu entgehen, mit der Vernichtung einiger Gin Tonics. Ich behauptete, die verlässlichen Zusammenhänge von Ursache und Wirkung in der natürlichen Welt würden insofern etwas über uns selbst aussagen, als diese Verlässlichkeit eher Ordnungsprinzipien geschuldet sei als Regeln im mikroskopischen Maßstab. Die uns interessierenden Naturgesetze würden, anders gesagt, aus kollektiver Selbstorganisation hervorgehen, und um sie zu verstehen und zu nutzen, seien keine Kenntnisse darüber notwendig, aus welchen Teilen sie sich zusammensetzen. Nachdem er aufmerksam zugehört hatte, erklärte mein Schwiegervater, er verstehe das nicht. Er habe immer geglaubt, Gesetze seien die Ursache von Ordnung und nicht umgekehrt. Er sei sich nicht einmal sicher, ob die Umkehrung überhaupt einen Sinn ergebe. Daraufhin fragte ich ihn, ob Gesetzgeber und Firmenvorstände die Gesetze hervorbrächten oder ob sie deren Folgen seien, und da erkannte er das Problem sofort. Er dachte eine Weile darüber nach und bekannte dann, er sei jetzt im Hinblick auf die Frage, warum etwas geschieht, tief verunsichert und müsse das weiter überdenken. Ich erinnere mich noch genau an seine Worte.

Es ist schrecklich, dass die Wissenschaft sich so weit von unserem übrigen Geistesleben entfernt hat, denn das ist nicht immer so gewesen. So sind beispielsweise die Schriften des Aristoteles trotz ihrer berüchtigten Ungenauigkeiten wunderbar klar, bedeutungsvoll und leicht zugänglich. Das gilt auch für Darwins *Die Entstehung der Arten*. Ein unerfreulicher Nebeneffekt der Professionalisierung moderner Wissenschaft ist ihre Undurchsichtigkeit, für die man uns Wissenschaftler oft anprangert – und das zu Recht. Wer auf der Fahrt von der Arbeit nach Hause das Radio einschaltet, empfindet eine boshafte Freude, wenn er die grotesken Antworten des Dr. Science auf telefonische Anfragen von der Art hört, warum beispielsweise Kühe beim Grasen alle in einer Richtung stehen (sie müssen sich mehrmals täglich Wisconsin zuwenden), worauf etwas in der Art folgt wie: »Und immer daran denken, ich weiß mehr als ihr. Ich habe einen Mastergrad in Naturwissenschaften.« Bei anderer Gelegenheit merkte mein Schwiegervater an, die Lehre von der Wirtschaft sei prima gewesen, bevor man aus ihr eine Wissenschaft gemacht habe. Da hatte er möglicherweise recht.

Angeregt durch die Unterhaltung über physikalische Gesetze dachte ich darüber nach, was die Wissenschaft zu dem offenkundig sehr unwissenschaftlichen Henne-Ei-Problem von Gesetzen, gesetzlichen Ordnungen und Gesetzen, die aus Organisation hervorgehen, zu sagen hatte. Mir wurde klar, dass viele Menschen ausgeprägte Ansichten zu diesem Gegenstand haben, aber nicht ausdrücken können, weshalb sie diese Überzeugungen hegen. Das Thema kam wieder hoch, als mir kürzlich auffiel, dass ich immer wieder diese gleiche Unterhaltung führte, wenn ich mit Kollegen über Brian Greenes Buch *Das elegante Universum* diskutierte – das populärwissenschaftliche Werk schildert einige spekulative Gedanken über die Quantenmechanik des Raums. Das Gespräch konzentrierte sich jedes Mal auf die Frage, ob die

Physik eine logische Schöpfung des Geistes oder eine auf Beobachtung aufbauende Synthese sei. Anstoß für die Diskussion war selbstverständlich nie ein existenzielles Problem, sondern Geld, dessen Fehlen weltweit der gemeinsame Nenner von Wissenschaft ist. Wie es schien, verlagerte sich der Schwerpunkt jedoch stets zu der Sinnlosigkeit, Modelle der Welt zu entwerfen, die zwar schön waren, aber keine Experimente vorhersagten, und weiter zu der Frage, was Wissenschaft überhaupt sei. Nachdem sich das einige Male an so unterschiedlichen Orten wie Seattle, Taipeh und Helsinki zugetragen hatte, ging mir plötzlich auf, dass die durch Greenes Buch ausgelöste Uneinigkeit im Grunde dasselbe Problem war, das uns an jenem Tag nach dem Bridgespiel beschäftigt hatte. Außerdem handelte es sich um einen ideologischen Disput: Er hatte nichts mit der Frage zu tun, was wahr ist, sondern ging allein darum, was »wahr« bedeutet.

In der Physik heißt es allgemein, gute Notationssysteme würden sich durchsetzen, während die schlechten auf dem Rückzug seien. Das ist sicherlich wahr. Ein phonetisches Alphabet ist schneller zu beherrschen als eine Bilderschrift, da es das Schreiben leichter zugänglich macht. Dezimalzahlen sind leichter zu verwenden als römische Ziffern. Dieser Gedanke lässt sich auch auf Ideologien anwenden. Sieht man unser Verständnis der Natur als mathematisches Konstrukt an, so bedeutet das etwas völlig anderes, als wenn man es als empirische Synthese betrachtet. Die eine Sichtweise stellt uns als Herrscher des Universums heraus, die andere macht das Universum zum Herrscher über uns. Da ist es kaum verwunderlich, dass meine Kollegen in den Schützengräben der experimentellen Wissenschaft sich von dieser Frage so anregen ließen. Hier geht es letztlich keineswegs um ein wissenschaftliches Thema, sondern darum, welchen Sinn und welchen Platz jemand in der Welt für sich sieht.

Die Wurzeln dieser beiden Weltanschauungen reichen sehr tief. Als ich ein Kind war, fuhren meine Eltern mit mir nach Yosemite, wo wir uns mit meiner Tante und meinem Onkel treffen wollten, die von Chicago angereist waren. Mein Onkel war ein glänzender und höchst erfolgreicher Patentanwalt, der scheinbar alles wusste und keine Hemmungen hatte, dies auch deutlich mitzuteilen. Beispielsweise hielt er mir einmal einen langen Vortrag darüber, wie Laser funktionieren, nachdem er erfahren hatte, dass ich gerade eine Vorlesung von Charles Townes, dem Erfinder des Lasers, über das Thema besucht hatte. Offenbar wusste er mehr darüber als Professor Townes. Damals wohnten er und meine Tante im »Ahwahnee«, dem edelsten Hotel der Gegend, wo sie in unserer Anwesenheit Hof hielten, ein paarmal vom Büfett frühstückten und dann abreisten, um über den Tuolumne-Pass in die Wüste und anschließend nach Hause zu fahren. Ich glaube nicht, dass sie da oben auch nur einen einzigen Wasserfall aus der Nähe sahen. Das brachte ihnen nichts, da sie schon vorher Wasserfälle gesehen und die Idee begriffen hatten. Nach ihrer Abreise wanderten wir inmitten donnernder Urgewalten den Merced River hinauf zu den Nevada Falls und picknickten auf einem mächtigen Granitblock neben einer Wiese voller Wildblumen. Auch wir begriffen die Idee, waren aber weise genug, dieses Verständnis nicht allzu ernst zu nehmen.

Die der Einstellung meines Onkels gegenüber Yosemite zugrunde liegende Weltsicht, die man mit einiger Berechtigung auch als Ursprung von Brian Greenes Haltung gegenüber der Physik ansehen kann, kommt in John Horgans *The End of Science* sehr deutlich zum Ausdruck. Darin äußert Horgan die Ansicht, alle grundlegenden Tatsachen seien jetzt bekannt und wir hätten lediglich noch Details beizubringen. Das treibt meine Kollegen von der Experimentalwissenschaft über die Grenzen ihrer ohnehin schon strapazierten Geduld, weil es sowohl falsch ist als auch komplett unter die Gürtellinie zielt. Die Suche nach Neuem sieht immer wie ein hoffnungsloser Fall aus, bis einer eine Entdeckung macht. Wenn offenkundig gewesen wäre, was da war, hätte man nicht danach zu suchen brauchen!

Leider ist diese Anschauung weit verbreitet. Einmal sprach ich mit David Schramm, dem inzwischen verstorbenen berühmten Kosmologen an der University of Chicago, über galaktische Jets. Dabei handelt es sich um dünne Plasmaströme, die aus dem Kern mancher Galaxien bis in unglaubliche Entfernungen (bei einigen sind es mehrere galaktische Radien) reichen und auf irgendeine Weise von mechanischer Rotation im Kern angetrieben werden.

Wie sie über so ungeheure Entfernungen so dünn bleiben können, versteht man nicht, und ich finde das Phänomen äußerst interessant. David dagegen tat den ganzen Effekt als bloßes »Wetter« ab. Er interessierte sich nur für das frühe Universum und für astronomische Beobachtungen, die es erhellen konnten, selbst wenn es nur marginal war. Die Jets stufte er als störende Ablenkung ein, weil sie ihm nichts Besonderes über fundamentale Tatsachen sagen konnten. Ich dagegen bin vom Wetter fasziniert und glaube, dass jeder, dem das angeblich nicht so geht, flunkert.

Ich glaube, Phänomene primitiver Ordnung wie das Wetter können uns über komplexere Phänomene einschließlich uns selbst etwas mitteilen, was Bestand hat: ihre Ursprünglichkeit ermöglicht uns, zuverlässig zu demonstrieren, dass sie Gesetzen mikroskopischen Maßstabs gehorchen, aber paradoxerweise auch, dass einige ihrer komplexeren Aspekte gegenüber Details dieser Gesetze unempfindlich sind. Anders gesagt, in diesen einfachen Fällen können wir *beweisen*, dass die Ordnung von sich aus Bedeutung und Leben erlangen und beginnen kann, über die Teile hinauszuwachsen, aus denen sie besteht. Die Aussage, das Ganze sei mehr als die Summe seiner Teile, bezeichnet also – das jedenfalls hat uns die wissenschaftliche Physik mitzuteilen – nicht nur eine bloße Vorstellung, sondern ein physikalisches Phänomen. Die Natur wird nicht allein durch eine Grundlage von Gesetzen auf mikroskopischer Ebene gesteuert, sondern durch starke und allgemeine Ordnungsprinzipien. Manche dieser Prinzipien sind bekannt, doch die große Mehrheit kennen wir bislang nicht – weshalb ständig neue gefunden werden.

Auf der Ebene höherer Komplexitätsgrade sind die Zusammenhänge von Ursache und Wirkung schwieriger zu belegen, doch nichts deutet darauf hin, dass die in der Welt des Einfachen vorgefundene hierarchische Herleitung von Gesetzen von etwas anderem abgelöst wird. Wenn also ein einfaches physikalisches Phänomen wirklich unabhängig von den grundlegenderen Gesetzen werden kann, aus denen es sich herleitet, so sind auch wir dazu imstande. Ich bin aus Kohlenstoff, hätte es aber nicht sein müssen. Meine Bedeutung geht über die Atome, aus denen ich bestehe, hinaus.

Die wesentlichen Elemente dieser Aussage sind in den ausführlichen Schriften Ilya Prigogines und vielleicht noch grundlegender in einem berühmten, vor mehr als dreißig Jahren veröffentlichten Aufsatz von P. W. Anderson mit dem Titel »More is Different« deutlich ausgedrückt worden. Der Aufsatz liest sich heute noch genauso erfrischend und anregend wie damals und ist nach wie vor Pflichtlektüre für jeden Studenten, der mit mir arbeiten will.

Meine Ansichten sind jedoch erheblich radikaler als jene all meiner Vorgänger, weil sie durch Ereignisse der letzten Zeit zugespitzt worden sind. Ich bin zunehmend davon überzeugt, dass *alle* und nicht nur einige der uns bekannten physikalischen Gesetze aus kollektivem Geschehen hervorgehen. Anders gesagt, die Unterscheidung zwischen grundlegenden Gesetzen und den aus ihnen hervorgehenden Gesetzen ist ebenso ein Mythos wie die Vorstellung, das Universum allein durch die Mathematik beherrschen zu können. Physikalische Gesetzmäßigkeit kann nicht allgemein durch bloßes Denken antizipiert, sondern muss experimentell entdeckt werden, weil eine Kontrolle der Natur nur dann zu erlangen ist, wenn die Natur dies aufgrund eines Ordnungsprinzips zulässt. Diese These könnte auch den Untertitel »Ende des Reduktionismus« (also der Überzeugung, die Dinge würden zwangsläufig klar werden, wenn man sie in immer kleinere Bestandteile zerlegt) tragen, doch das wäre nicht ganz korrekt. Alle Physiker sind im Grunde Reduktionisten, auch ich gehöre dazu. Insofern will ich den Reduktionismus weniger in Zweifel ziehen als ihm im großen Plan der Dinge einen angemessenen Platz zuweisen.

Um meine Behauptung zu verteidigen, muss ich offen einige schockierende Vorstellungen erörtern: das Vakuum der Raumzeit als »Materie«, die Möglichkeit, dass die Relativität nicht grundlegend ist, den kollektiven Charakter rekursiver Berechenbarkeit, erkenntnistheoretische Schranken theoretischen Wissens, ähnliche Schranken experimenteller Falsifikation und die mythologische Natur bedeutender Teile der modernen theoretischen Physik. Selbstverständlich ist die radikale Pose zum Teil ein Bühnenrequisit, weil die Physik als experimentelles Unternehmen nicht radikal oder konservativ sein, sondern nur den Fakten vertrauen kann. Diese umfassenderen begrifflichen Fragen, die in keiner Weise der Wissenschaft, sondern der Philosophie zugehören, interessieren uns jedoch häufig am meisten, weil wir uns auf sie beziehen, wenn wir Verdienste abwägen, Gesetze formulieren und im Leben Entscheidungen treffen.

Es geht also nicht darum, eine Kontroverse um ihrer selbst willen zu führen – vielmehr soll sie dazu beitragen, uns klar erkennen zu lassen, wozu Wissenschaft geworden ist. Um das zu erreichen, müssen wir die Funktion der Wissenschaft als Mittel zur Erleichterung technologischer Fortschritte zwangsweise von ihrer Funktion als Mittel zum Verständnis von Dingen – uns selbst eingeschlossen – abtrennen. Die Welt, die wir – im Gegensatz zur fröhlichen Idealisierung der modernen wissenschaftlichen Mythologie – tatsächlich bewohnen, ist voller wunderbarer und bedeutender Dinge, die wir noch nicht gesehen haben, weil wir nicht hingeschaut haben, oder nach denen wir aufgrund technischer Beschränkungen nicht schauen konnten. Die große Stärke der Wissenschaft liegt in ihrer Fähigkeit, uns durch brutale Objektivität Wahrheit zu enthüllen, die wir nicht antizipiert hatten. In dieser Hinsicht bleibt sie von unschätzbarem Wert und eine der großartigsten Schöpfungen des Menschen.

Als ich vor vielen Jahren in der Nähe von New York lebte, besuchte ich eine Retrospektive des großen Naturfotografen Ansel Adams im Museum of Modern Art. Wie viele, die im amerikanischen Westen geboren sind, habe ich Adams' Arbeit immer geschätzt und hatte den Eindruck, ihn besser würdigen zu können, als das ein New Yorker je vermöchte, und so nutzte ich die Chance, ihn mir im Original anzusehen. Die Mühe lohnte sich in der Tat. Wer diese Fotografien aus der Nähe sieht, bemerkt sofort, dass es nicht einfach sterile Bilder von Felsen und Bäumen, sondern gedankenvolle Kommentare zur Bedeutung der Dinge, zum ungeheuren Alter der Erde und zur Unbeständigkeit menschlicher Angelegenheiten sind. Bei mir hinterließ die Ausstellung einen weit stärkeren Eindruck, als ich erwartet hatte, und sie blitzt selbst jetzt, wenn ich mich mit einem zähen Problem herumschlage oder nur schwer unterscheiden kann, was wichtig ist und was nicht, vor meinem inneren Auge auf.

Amerikanische Fernsehzuschauer wurden kürzlich durch Ric Burns' herausragenden Dokumentarfilm *American Experience* daran erinnert, dass Adams' Werk wie jede Kunst in vieler Hinsicht ebenso sehr die Schöpfung einer bestimmten Zeit und eines bestimmten Orts wie die des Künstlers selbst ist. Im frühen 20. Jahrhundert, als Adams ein Kind war und man »the frontier«, die Grenze zwischen Zivilisation und Wildnis, für offen erklärt hatte, debattierten die Amerikaner heftig darüber, was deren Verlust für ihre Zukunft bedeuten könnte. Am Ende entschied man, dass man nicht wie Europa sein wolle, sondern dass ein Teil der eigenen Identität wie auch die Verwirklichung eines sinnvollen Lebens ganz allgemein in großer Nähe zur Wildnis lägen. So wurde die Grenze als jener metaphorische Ort geboren – der Mythos vom Cowboy, die weite Landschaft des Möglichen, das Ideal des stolzen, unverwüstlichen Individuums –, der die Kultur Amerikas bis auf den heutigen Tag definiert. Adams' Arbeit gelangte in Anlehnung an diese Metapher zur Reife, und sie bezieht ihre Kraft daraus, dass sie die Sehnsucht nach ungezähmter Wildnis in ihrem Kern heraufbeschwört.

Die Idee der Grenze ist nicht einfach nur ein kurioser Provinzialismus. Allerdings wird sie häufig so hingestellt, vor allem in Europa, wo man den mythologischen Charakter des amerikanischen Westens stets leichter erkennen konnte als hier bei uns und wo man ihn oft mit Misstrauen betrachtet. Mit diesem Gedanken wurde ich erstmals durch einen ausführlichen Artikel über Amerika in der deutschen Illustrierten *Stern* konfrontiert, als ich Anfang der Siebziger als Soldat in Deutschland stationiert war. Heutzutage, wo der Kalte Krieg in die Geschichte eingeht, erscheinen Artikel dieser Art mit zunehmender Häufigkeit. Diese Auffassung ist jedoch nicht richtig. Zwar ist der Zusammenfluss kultureller Kräfte, der Adams' Bilder hervorbrachte, spezifisch amerikanisch, aber die Bilder selbst sind es nicht. Das Verlangen nach einer Auseinandersetzung mit der Grenze scheint tief in der menschlichen Seele zu liegen, und Menschen aus verschiedenen Teilen der Welt und mit unterschiedlichem kulturellen Hintergrund verstehen das rasch und intuitiv. Man muss in keinem Land sehr tief graben, um auf eine Wertschätzung der Wildnis und eine Identifikation mit ihr zu stoßen. Aus diesem Grund werden Adams' Arbeiten in vielen Teilen der Welt mit Interesse gesehen und besitzen eine universelle Anziehungskraft.

Ähnlich zeitlos ist die Vorstellung von der Wissenschaft als großer Grenze. Auch wenn es eindeutig nach wie vor viele nichtwissenschaftliche Quellen des Abenteuers gibt, ist doch die Wissenschaft der einzige Ort, wo wirklich noch ursprüngliche Wildnis zu finden sein dürfte. Die hier gemeinte Wildnis betrifft nicht den grellen technologischen Opportunismus, nach dem moderne Gesellschaften so hoffnungslos süchtig zu sein scheinen, sondern eher die unberührte Welt der vor dem Auftreten des Menschen vorhandenen Natur – die offene Weite des einsamen Reiters, der unter den Blicken mächtiger Gipfel mit drei Packpferden durch den aufspritzenden Fluss reitet. Es ist die Choreografie der ökologischen Zusammenhänge, der statischen Evolution der Mineralien in der Erde, der Bewegungen des Himmels und von Geburt und Tod der Sterne. Gerüchte von ihrem Tod, um Mark Twain abzuwandeln, sind stark übertrieben.

Mein spezieller Wissenschaftszweig, die theoretische Physik, befasst sich mit den ersten Ursachen der Dinge. Selbstverständlich haben Physiker kein Monopol auf erste Ursachen, da jedermann in gewissem Umfang damit zu tun hat. Ich habe den Verdacht, es handelt sich hier um ein atavistisches, vor langer Zeit in Afrika erworbenes Merkmal, das dem Überleben in einer physischen Welt diente, in der es tatsächlich Ursachen und Wirkungen gibt – so zum Beispiel zwischen der Nähe von Löwen und dem Gefressenwerden. Wir sind dazu konstruiert, nach kausalen Zusammenhängen zwischen den Dingen zu suchen und tiefe Befriedigung dabei zu empfinden, wenn wir eine Regel mit einer Reihe daraus entspringender Implikationen entdecken. Außerdem ist uns die Ungeduld angesichts des Gegenteils – der Berge von Fakten, aus denen wir keine Bedeutung ableiten können – eingebaut. Insgeheim wünschen wir uns alle eine ultimative Theorie, einen übergeordneten Satz von Regeln, aus denen alle Wahrheiten fließen und die uns für immer von der Frustration befreien würden, uns mit Fakten herumschlagen zu müssen. Dass die theoretische Physik, auch wenn sie nach fast allen Kriterien fachspezifisch verschlüsselt und abstrus ist, sich mit ersten Ursachen beschäftigt, verleiht ihr sogar für Nichtwissenschaftler einen besonderen Reiz.

Zudem ist diese Physik eine Mischung aus guten und schlechten Nachrichten. Zunächst lässt sich feststellen, dass der Wunsch nach einer grundlegenden Theorie auf der Ebene der Phänomene menschlicher Größenordnung erfüllt worden ist. Wir sind stolze Besitzer einer Zusammenstellung mathematischer Beziehungen, die, soweit wir wissen, alles in der Welt der Natur erklären, was größer ist als ein Atomkern. Sie sind sehr einfach und schön und lassen sich in zwei oder drei Zeilen niederschreiben. Dann aber erkennt man, dass diese Einfachheit äußerst irreführend ist und eher jenen billigen Armbanduhren mit nur einem oder zwei Einstellknöpfen gleicht. Die Gleichungen sind teuflisch schwer zu handhaben und außer für eine kleine Handvoll von Fällen nicht zu lösen. Zu beweisen, dass sie korrekt sind, erfordert langatmige, spitzfindige und quantitative Argumentationsfolgen. Außerdem verlangen sie, dass man sich mit einem gewaltigen Korpus von Arbeiten vertraut macht, der nach dem Zweiten Weltkrieg entstanden ist. Obwohl die grundlegenden Ideen von Schrödinger, Bohr und Heisenberg in den 1920ern entwickelt wurden, mussten erst leistungsstarke elektronische Rechenmaschinen gebaut und durch staatliche Maßnahmen Armeen technisch kompetenter Arbeitskräfte hervorgebracht werden, ehe diese Vorstellungen quantitativ über eine weite Spanne von Ausgangsbedingungen experimentell überprüft werden konnten. Wichtig war auch die Entwicklung technischer Möglichkeiten wie die Herstellung hochreinen Siliziums sowie die Perfektionierung der Atomstrahl-Apparaturen. Und ohne den Kalten Krieg und die wirtschaftliche Bedeutung von Elektronik, Radar und präziser Zeitmessung, welche die entsprechende Forschungsfinanzierung aus verschiedenen, angeblich praktischen Gründen erleichterten, hätten wir vielleicht niemals sicher sein können, dass das alles korrekt ist.

Somit befinden wir uns achtzig Jahre nach der Entdeckung der grundlegenden Theorie in Schwierigkeiten. Durch die wiederholte, detaillierte experimentelle Bestätigung dieser Zusammenhänge ist die Grenze des Reduktionismus auf der Ebene der Alltagsgegenstände mittlerweile offiziell geschlossen worden. Wie die Auflassung der amerikanischen Grenze ist dies ein bedeutsames kulturelles Ereignis, das allerorts nachdenkliche Menschen darüber diskutieren lässt, was das für die Zukunft des Wissens bedeutet. Es gibt sogar einen Bestseller, der die Annahme untersucht, die Wissenschaft sei an einem Endpunkt angekommen und bedeutende grundlegende Entdeckungen seien nicht mehr möglich. Gleichzeitig wird die Liste von sehr simplen Sachverhalten, die man für »zu schwierig« hält, als dass man sie mit diesen Gleichungen beschreiben könnte, in erschreckender Weise immer länger.

Diejenigen unter uns, die draußen an der wirklichen Grenze nachts die Kojoten heulen hören, finden all das eher belustigend. Nur wenig kann einen richtigen Mann der Grenze mehr erheitern als Erkenntnisse über die Wildnis bei Leuten daheim in der Zivilisation, die kaum den Weg zum Supermarkt finden können. Für mich ähnelt dieser Augenblick der Geschichte in amüsanter Weise der Überwinterung von Lewis und Clark im Mündungsdelta des Columbia River. Mit Mut und Entschlossenheit hatte ihre Expedition sich den Weg quer über einen Kontinent erkämpft, nur um entdecken zu müssen, dass der Wert nicht im Erreichen des Meeres, sondern in der Reise selbst gelegen hatte. Die offizielle Grenze jener Zeit war eine Gesetzesfiktion, die mehr den Eigentumsrechten und der Siedlungspolitik geschuldet war als einer Konfrontation mit der Natur. Genau das gilt auch heute. Die wahre, ihrer Natur nach wilde Grenze kann man vielleicht direkt vor der Haustür finden, wenn man sich nur die Mühe macht, dort nachzusehen.

Obwohl jene Grenze ein wilder Ort ist, wird sie durch Gesetze geregelt. Im mythischen alten Westen bedeutete Gesetz die Macht der Zivilisation in einem Landstrich, wo es keine gab, und es wurde oft von heroischen Figuren durchgesetzt, welche die Wildheit der menschlichen Natur durch einen starken Willen im

Zaum hielten. Ein Mann konnte sich aussuchen, ob er diesem Gesetz gehorchte oder nicht, aber wenn er es nicht tat, hatte er eine gute Chance, niedergeschossen zu werden. Doch es gibt auch Naturgesetze, Beziehungen zwischen den Dingen, die unabhängig davon, ob es Menschen gibt, die sie beobachten, immer wahr sind. Die Sonne geht jeden Morgen auf. Wärme fließt von heißen zu kalten Gegenständen. Rotwild, das einen Luchs entdeckt, jagt stets davon. Hier handelt es sich insofern um das genaue Gegenteil der Gesetze aus dem Mythos, weil sie aus der Wildheit hervorgehen und eher deren Wesenskern bilden, als dass sie dazu dienten, sie einzudämmen. Allerdings führt es in gewisser Hinsicht in die Irre, solche Zusammenhänge als Gesetze darzustellen, weil das eine Art Satzung unterstellt, der sich ansonsten eigensinnige Naturgegenstände willentlich unterwerfen. Dies ist falsch. Es handelt sich hier um die Kodifizierung dessen, was Naturgegenstände ausmacht.

Die wichtigen Gesetze, von denen wir wissen, sind ausnahmslos eher glückliche Entdeckungen als Ableitungen. Das stimmt vollkommen mit unserer Alltagserfahrung überein. Die Welt ist voller hochkomplexer Regelmäßigkeiten und kausaler Zusammenhänge, die quantifizierbar sind, denn auf genau diese Weise sind wir imstande, den Dingen einen Sinn zu geben und die Natur für unsere Zwecke zu nutzen. Die Entdeckung dieser Zusammenhänge ist jedoch aufreizend schlecht vorherzusagen und wird ganz sicher nicht von wissenschaftlichen Experten vorhergesehen. Diese vernünftige Ansicht gilt auch dann noch, wenn man die Materie sorgfältiger und stärker in quantitativer Hinsicht untersucht. Wie sich herausstellt, ist unsere Beherrschung des Universums weitgehend ein Bluff – große Klappe und nichts dahinter. Die Behauptung, alle wichtigen Naturgesetze seien bekannt, ist schlicht und einfach ein Teil dieser Täuschung. Die Grenze ist immer noch in unserer Nähe, und hier geht es nach wie vor ziemlich ungesetzlich zu.

Der logische Widerspruch zwischen einer offenen Grenze einerseits und einer Sammlung von übergeordneten Regeln lässt sich durch das Phänomen der Emergenz auflösen. Leider sind dem Ausdruck *Emergenz* einige Bedeutungen zugewachsen, die für unterschiedliche Dinge stehen, darunter übernatürliche Erscheinungen, die physikalischen Gesetzen nicht unterworfen sind. So etwas meine ich nicht. Ich verstehe darunter ein physikalisches Ordnungsprinzip. Menschliche Gesellschaften verfügen offenkundig über Regeln, die über das Individuum hinausgehen. Beispielsweise verschwindet ein Automobilhersteller nicht aus der Welt, wenn einer seiner Ingenieure von einem Lastwagen überfahren wird. Die Regierung Japans verändert sich nach einer Wahl nicht sehr stark. Doch auch die unbelebte Welt hat Regeln der Organisation, und diese sind in vergleichbarer Weise für vieles verantwortlich, was für uns wichtig ist – einschließlich der meisten physikalischen Gesetze höherer Komplexität, die wir im Alltag anwenden. Einfache Beispiele dafür sind so triviale Dinge wie die Kohäsion von Wasser oder die Härte von Stahl, doch es gibt noch zahllose andere. Die Natur ist voll von höchst verlässlichen Zusammenhängen, die sich als primitive Versionen impressionistischer Gemälde darstellen. Eine von Renoir oder Monet gemalte Blumenwiese fesselt unser Interesse, weil sie ein perfektes Ganzes bildet, während die Farbpunkte, aus denen sie sich zusammensetzt, nach dem Zufallsprinzip geformt und unvollkommen sind. Die Unvollkommenheit der einzelnen Pinselstriche sagt uns, dass der Wesenskern der Malerei in ihrer Ordnung liegt. Die Fähigkeit bestimmter Metalle, magnetische Felder genau dann abzustoßen, wenn man sie auf sehr tiefe Temperaturen abkühlt, fesselt in ähnlicher Weise unser Interesse, weil die einzelnen Atome, aus denen das Metall besteht, dazu nicht imstande sind.

Weil Prinzipien der Organisation – oder genauer gesagt deren Auswirkungen – Gesetze sein können, sind sie in der Lage, sich ihrerseits zu neuen Gesetzen zu organisieren, die sich wiederum zu weiteren Gesetzen organisieren und so weiter. Die Gesetze der Bewegung von Elektronen zeugen die Gesetze der Thermodynamik und der Chemie, welche die Gesetze der Kristallisation zeugen, die wiederum die Gesetze hervorbringen, von denen Härte und Formbarkeit gesteuert werden, woraus die Gesetze der Technik hervorgehen. Demnach stellt die Welt der Natur eine interdependente Hierarchie der Abstammung dar, wie sie ähnlich in Jonathan Swifts Gesellschaft der Flöhe geschildert wird:

> Die Forschung sieht, dass auf dem Floh
> schmarotzen kleinere frisch und froh.
> Noch kleinere beißen die, und heiter
> ad infinitum immer weiter.

Diese Tendenz zur Organisation ist so stark, dass es schwierig sein kann, ein grundlegendes Gesetz von einem Gesetz zu unterscheiden, das von ihm abstammt. So können wir beispielsweise nur deswegen wissen, dass das Verhalten der Katzen nicht grundlegend ist, weil Katzen nicht mehr funktionieren, wenn man sie über die Grenzen ihrer Funktionsfähigkeit drängt. Ähnlich können wir nur deswegen wissen, dass Atome nicht grundlegend sind, weil sie zerlegt werden, wenn man sie mit hoher Geschwindigkeit aufeinanderprallen lässt. Dieses Prinzip setzt sich in immer kleineren Maßstäben fort: Die Kerne, aus denen Atome bestehen, zerbrechen, wenn sie mit noch höheren Geschwindigkeiten zusammenstoßen. Die aus den Kernen freigesetzten Teile zerlegen sich bei noch einmal gesteigerten Geschwindigkeiten und so weiter. Demnach ist die Tendenz der Natur, eine hierarchische Gesellschaft physikalischer Gesetze zu bilden, weit mehr als ein Thema für akademische Debatten. Sie ist der Grund, weshalb die Welt erkennbar ist. Sie macht die grundlegenden Gesetze erster Ordnung, welche das auch sein mögen, bedeutungslos und bewahrt uns davor, von ihnen tyrannisiert zu werden. Aufgrund dieser Tendenz können wir leben, ohne die ultimativen Geheimnisse des Universums zu verstehen.

Folglich ist das Ende des Wissens und dessen Symbol, die Auflassung der Grenze, gar keine heraufziehende Krise, sondern lediglich eine der vielen peinlichen Formen von Hybris in der langen Geschichte der Kultur. Am Ende wird sie dahinschwinden und vergessen sein. Wir sind nicht die erste Generation, die sich bemüht, die Organisationsgesetze jener Grenze zu begreifen, und sich vormacht, sie hätte damit Erfolg gehabt, und ins Grab sinkt, nachdem sie gescheitert ist. Es wäre weise, sich in

Bescheidenheit zu üben wie der irische Fischer, der ruhig anmerkt, dass das Meer so riesig und sein Boot so klein ist. Die Wildnis, die wir alle selbst in uns tragen, die wir hegen und definieren müssen, ist lebendig und wohlauf, und ihre ruhmreichen Gesetze sind überall.

Obwohl Poincaré ein hervorragender Ingenieur war, war die Mathematik seine große Liebe. Der Lehrplan an der École Polytechnique mit den Vorlesungen in Mathematik und Physik kam seinem Geschmack entgegen. An der École des Mines waren die Kurse auf technische Spezialgebiete zugeschnitten, und die Studenten wurden auf künftige Führungsaufgaben vorbereitet. Aber Poincarés Interesse an der »Königin der Wissenschaften« erlahmte nie. Ihm verdankte er, dass er schon als Schüler hochrangige Preise gewonnen hatte.

Während er an der École des Mines Mineralogie, Bergbau und andere praktische Fächer studierte, beschäftigte sich Poincaré privat mit Problemen der höheren Mathematik. Nach dem ersten Jahr seines Ingenieursstudiums hatte er einen Aufsatz über partielle Differenzialgleichungen beendet, der später vom *Journal de l'École Polytechnique* veröffentlicht wurde. Einer der Leser, der weltberühmte Mathematiker Charles Hermite von der Sorbonne, war beindruckt, aber gespalten: Einerseits war Poincarés Arbeit von erstaunlicher intellektueller Tiefe, andererseits schien der Verfasser nicht in der Lage zu sein, seine Gedanken klar auszudrücken; sein Stil war etwas wirr, auch fehlten Details. Wie schon als Kind kamen ihm auch jetzt seine Ideen in so schneller Folge, dass er nicht immer die Zeit hatte, sie in allen Einzelheiten auszuarbeiten. Als er Jean Darboux, dem nachmaligen Sekretär der Académie des Sciences, der auf Poincarés Beerdigung die Grabrede halten würde, eine weitere Arbeit über Differentialgleichungen vorlegte, rühmte der Sorbonne-Professor die Vorzüge der Abhandlung, kritisierte aber zugleich deren fehlende Präzision. Poincaré beseitigte prompt die Unklarheiten, und die Arbeit wurde der Pariser Universität als seine Doktorarbeit vorgelegt. Als Poincaré seinen Abschluss an der École des Mines machte, sah es so aus, als sei er bereits für eine wissenschaftliche Laufbahn bestimmt.

Im Dezember 1879 entband der Minister für Öffentliche Arbeiten Poincaré von seinen Ingenieurspflichten und stellte ihn der höheren Bildung zur Verfügung. In mathematischen Kreisen inzwischen allgemein bekannt, erhielt Poincaré einen Lehrauftrag für Mathematik an der Universität von Caen in Nordwestfrankreich. Sein etwas unorganisierter Unterrichtsstil wurde von den Studenten nicht durchweg geschätzt, aber seine Kollegen, vor allem sein früherer Lehrer Hermite, waren voll des Lobes. Zwei Jahre später wurde Poincaré auf den Lehrstuhl für mathematische Physik und Wahrscheinlichkeit an der Sorbonne berufen. Gleichzeitig erhielt er einen Lehrauftrag an seiner Alma mater, der École Polytechnique. Im selben Jahr heiratete er Louise Poulain d'Andecy. Das Paar bekam drei Töchter und einen Sohn. Dann musste er sich einer Herausforderung stellen, die seinen Namen in ganz Europa bekannt machte. Doch die Abfolge der Ereignisse vollzog sich nicht ohne einige Schwierigkeiten.

Seit Johannes Keplers Berechnungen der Umlaufbahnen der Himmelskörper und Isaac Newtons Entdeckung der Schwerkraft hatte niemand darüber nachgedacht, ob Erde, Mars oder Venus eines Tages von ihren Umlaufbahnen um die Sonne abweichen und plötzlich einen anderen Kurs einschlagen könnten. Selbst heute noch halten wir es für selbstverständlich, dass unser Planetensystem stabil bleibt. Aber muss das so sein? Könnte ein vorbeifliegender Komet eines Tages das Planetensystem aus dem Gleichgewicht bringen?

Als Kepler die elliptische Umlaufbahn des Mars berechnete, hat er nicht gesondert erwähnt, dass der Himmelskörper auf seinem Weg um die Sonne nicht genau eine Ellipse beschrieb. Die Beobachtungen, die er von seinem Vorgänger in Prag, dem kaiserlichen Mathematiker und Astronom am Hofe Rudolfs II., Tycho Brahe, erhalten oder vielmehr diesem gestohlen hatte, waren die genauesten Daten, die zur damaligen Zeit verfügbar waren. Aber dennoch enthielten sie winzige Ungenauigkeiten. Die Umlaufbahn ist nur fast periodisch oder, wie Mathematiker gern sagen, quasiperiodisch. Sie weicht von einer exakten Ellipse ab, weil die Umlaufbahn eines Planeten nicht allein von der Schwerkraft der Sonne, sondern auch von der Schwerkraft aller anderen in dem System vorhandenen Körper beeinflusst wird. Also machten Wissenschaftler – Mathematiker, Astronomen, Physiker – sich daran, die Umlaufbahnen von mehr als zwei Körpern zu berechnen, deren Anziehungskräfte aufeinander wirken. Da das Zweikörperproblem von Newton gelöst worden war, fuhren die Wissenschaftler mit drei Körpern fort, weil sie annahmen, dass dies weniger schwer zu berechnen war. Man müsste dem System lediglich, so dachten sie, noch ein paar Gleichungen hinzufügen und diese lösen. Aber bald erkannten sie, dass die Sache nicht ganz so einfach war: Das sogenannte Dreikörperproblem konnte nicht exakt gelöst werden.

Als er 55 Jahre alt war, überlegte König Oskar II. von Schweden und Norwegen, ein großer Anhänger der Wissenschaft, wie er seinen 60. Geburtstag feiern sollte, der am 21. Januar 1889 stattfinden würde. Gösta Mittag-Leffler, ein schwedischer Mathematiker, der das Angebot einer außerordentlichen Professur in Berlin abgelehnt hatte, um in seiner Heimat zu bleiben, und der nun ein aufstrebendes Mitglied der wissenschaftlichen Elite Schwedens war, hatte eine Idee: In seiner Jugend hatte der König Kurse an der Universität belegt und sich in Mathematik ganz wacker geschlagen. Später gründete er die mathematische Zeitschrift *Acta Mathematica*, deren Chefredakteur Mittag-Leffler wurde. Also schlug Mittag-Leffler als angemessene Möglichkeit zur Feier des runden königlichen Geburtstages die Auslobung eines Preises für einen Aufsatz über das n-Körper-Problem vor (n meint hier jede Zahl einschließlich der 3). Mit seinem Vorschlag hoffte er drei Fliegen mit einer Klappe zu schlagen: Der Preis würde die königliche Wertschätzung der Wissenschaft zum Ausdruck bringen, er würde Skandinavien bekannt machen, und der Wirbel um den Preis würde Mittag-Lefflers eigenes Prestige in der Welt der Mathematik steigern.

König Oskar gefiel die Idee. Wenn schon keine bedeutende mathematische Theorie oder ein physikalisches Grundgesetz mit seinem Namen verbunden würde, dann könnte er wenigstens jemand anderem einen Oscar für dessen Arbeit verleihen. Der Monarch beauftragte Mittag-Leffler mit den Einzelheiten der Organisation des Preises. Er sollte die Statuten ausarbeiten, die

Jury auswählen, den Preis bekannt geben und schließlich den Gewinner aussuchen.

Mittag-Leffler, der noch nicht ahnte, wie viel Kopfzerbrechen ihm das Projekt bereiten würde, machte sich mit Schwung an die Arbeit. Zuerst schien alles gut zu laufen. Er konnte zwei der wichtigsten europäischen Mathematiker, seine früheren Lehrer Charles Hermite in Paris und Karl Weierstraß in Berlin, überreden, zusammen mit ihm als Jurymitglieder zu fungieren. Aber nun traten Probleme auf. Die Wahl von Weierstraß kränkte den jähzornigen Leopold Kronecker, Weierstraß' ewigen Rivalen an der Berliner Universität, zutiefst. Mittag-Leffler wies ihn darauf hin, dass Weierstraß bloß ausgewählt worden sei, weil er der ältere war. Dies beruhigte Kronecker vorübergehend, dennoch ging er Mittag-Leffler während des gesamten Wettbewerbs und in der Zeit danach weiter auf die Nerven, bis er 1891 starb. Ein weiteres Problem war, dass Hermite und Weierstraß, obwohl beide fließend Deutsch und Französisch sprachen, darauf bestanden, in ihrer jeweiligen Muttersprache miteinander zu korrespondieren. Man bat Mittag-Leffler, den Vermittler zu machen und die hin- und hergehende Korrespondenz zu übersetzen und weiterzuleiten. Aber dies sollte die geringste seiner Sorgen sein.

Um den Wettbewerb zu erweitern, nahmen die Jurymitglieder drei Problemstellungen auf. Die interessanteste war natürlich das *n*-Körper-Problem. Die von Weierstraß gestellte Frage lautete, leicht umformuliert: »Für ein gegebenes System von *n* sich untereinander anziehenden Teilchen, die den Newton'schen Bewegungsgesetzen folgen, soll, unter der Annahme, dass es zu keinem Zweierstoß kommt, eine allgemeine Lösung gefunden werden in Form einer Potenzreihe in den Zeit- und Raum-Koordinaten, die für alle Werte der Zeit- und Raum-Koordinaten gleichförmig konvergiert.«

Die Fragen und die Statuten des Wettbewerbs wurden rechtzeitig im Jahr 1885 in den *Acta Mathematica* und in anderen Publikationen veröffentlicht. Die Einsendungen hatten anonym bis zum 1. Juni 1888 im Redaktionsbüro der *Acta Mathematica* einzugehen. Kronecker ergriff sofort die Gelegenheit, zuerst eine, dann noch eine der Fragen zu kritisieren. Aber seine kritischen

Anmerkungen wurden als die Bedenken eines Nörglers erkannt und nicht ernst genommen. In ganz Europa machten sich Mathematiker an die Arbeit.

Als drei Jahre später der Abgabetermin näher rückte, hatte man zwölf Einsendungen erhalten. Wie in den Statuten vorgeschrieben, waren sie anonym eingereicht worden und nur durch ein Epigraf auf dem Umschlag gekennzeichnet. Ein weiterer Umschlag mit demselben Epigrafen enthielt den Namen und die Adresse des Verfassers und würde bis zum Tag der Preisverleihung verschlossen bleiben. Bis heute ist lediglich die Identität von vier Einsendern bekannt, die anderen Autoren sind nach wie vor anonym. Fünf Aufsätze befassten sich mit dem Dreikörperproblem. Keiner von ihnen enthielt seine Lösung. Aber das 150-seitige Manuskript mit dem Epigrafen *nunquam praesciptos transibunt sidera fines* (»nichts überschreitet die Grenzen der Sterne«) hatte gewaltige Fortschritte in der Erforschung der Dynamik sich bewegender Körper erzielt. Also entschieden die Mitglieder der Jury, dass der Autor dieses Aufsatzes der Gewinner des Wettbewerbs wäre.

Am Vorabend des königlichen Geburtstages erfolgte im Stockholmer Schloss die Bekanntgabe des Gewinners. Der Umschlag, der den Namen enthielt, wurde mit banger Erwartung vor einer gespannten Menge geladener Gäste geöffnet. »Und der Gewinner des Oscars für das beste Drehbuch heißt … Henri Poincaré für ›Das Problem der drei Körper‹.« Im Gegensatz zu der heutigen Zeremonie dieses Namens gab es kein frenetisches Gekreische und Hurrageschrei, keine Tränen, auch rief niemand mit vor Rührung erstickter Stimme »Danke, Mom!« – es gab bloß höflichen Applaus, während der König das Protokoll unterzeichnete.

Poincaré hatte sich mit dem Problem befasst, indem er es zunächst einmal eingrenzte: Er ging von einem System aus, das aus einem großen Körper (wie der Sonne), einem kleineren Körper (wie der Erde) und einem sehr kleinen Körper (in unserem Sonnensystem symbolisiert durch den Mond) besteht. Aber selbst das »begrenzte Problem«, wie es fortan genannt wurde, erwies sich als verdammt schwierig. Poincaré gelang es, die Umlaufbahnen der drei Körper nur ungefähr als Summen von Zahlenreihen zu beschreiben. Als Antwort auf die Preisfrage, wie sie von Weierstraß gestellt worden war, genügte das. Aber Poincaré ging noch darüber hinaus. Er bewies ganz genau, dass keine analytische Lösung (das heißt keine eleganten Formeln) existiere, welche die Position der Körper zu allen Zeiten beschreiben würde. Überraschend an diesem Ergebnis ist, dass die Positionen der Planeten in unserem Sonnensystem nicht mit absoluter Genauigkeit vorhergesagt werden können.

Trotz dieser schlechten Nachricht erkannte der Graf von Löwenhaupt, Schwedens Botschafter in Paris, Poincaré am 23. März 1889 eine Goldmedaille mit dem Bildnis des Königs und das Preisgeld von 2500 Kronen zu. (Um das Preisgeld ins richtige Verhältnis zu setzen: Mittag-Lefflers Jahresgehalt als Professor in Stockholm betrug 7000 Kronen.) Hermite, der in seiner Eigenschaft als Preisrichter eine Kopie der Medaille, wenngleich in Silber, erhielt, erzählte später, seine Medaille sei bei einer Sitzung der Akademie der Wissenschaften von Hand zu Hand gegangen, und alle seien von ihrer Schönheit beeindruckt gewesen.

Poincaré erkundigte sich, wie er König Oskar angemessen danken könne. Mittag-Leffler, der eine Gelegenheit sah, sein eigenes Prestige zu fördern, riet Poincaré, ein Dankesschreiben zu verfassen, das er persönlich dem König überreichen würde. Er schloss einen deutlichen Hinweis ein, dass Seine Königliche Hoheit hocherfreut wäre, etwas Nettes über den Nutzen der *Acta Mathematica* für die Wissenschaft und die Arbeit der Chefredaktion zu hören. Poincaré tat wie ihm geheißen, vergaß in der Eile allerdings, einen Umschlag für seinen Brief beizulegen. Ein paar Tage später sandte er das fehlende Stück nach.

Die Nachricht von dem Preis sorgte in ganz Europa für Schlagzeilen, und die wissenschaftliche Elite in Frankreich war begeistert. Nicht genug damit, dass Poincaré den Oscar erhielt, ging ein lobende Erwähnung – und eine weitere Goldmedaille – an Paul Appell, ebenfalls Franzose und Professor für Maschinenbau an der Sorbonne. Welch ein Triumph für die Franzosen, nachdem sie den Deutsch-Französischen Krieg verloren hatten! Der

Dekan der naturwissenschaftlichen Fakultät schilderte dem *Conseil général des universités* die Großtat und schloss seinen Vortrag mit den Worten, die Entscheidung der Jury, die Preise zwei Franzosen zuzusprechen, sei ein »neuerlicher Beweis für das hohe Ansehen, das die Arbeit unserer französischen Schule bei den berühmtesten ausländischen Mathematikern genießt«. Die beiden Professoren wurden unverzüglich zu Rittern der Légion d'Honneur gemacht. Sicherheitshalber ließ die französische Regierung Mittag-Leffler die gleiche Ehre zuteil werden.

Das hätte das Ende der Geschichte sein können, und alle Beteiligten hätten sich wieder ihren normalen Geschäften widmen können. Aber die Schwierigkeiten sollten erst anfangen. Ein verärgerter Wissenschaftler, der Astronom Hugo Gyldén, behauptete auf einer Sitzung der Schwedischen Akademie der Wissenschaften, dass er zwei Jahre zuvor dieselben Ergebnisse veröffentlicht habe, die Poincaré nun in seiner Preisschrift vorgelegt habe. Ein anderer Stockholmer Mathematiker, Anders Lindstedt, schaltete sich mit einer ähnlichen Behauptung in den Streit ein. Als König Oskar Wind von dem Vorwurf bekam, verlangte er eine Erklärung. Mittag-Leffler hatte gehofft, bis zu diesem Zeitpunkt einen Bericht von Weierstraß über Poincarés Arbeit in Händen zu halten. Er wäre ihm bei der Verteidigung von Poincarés Arbeit eine große Hilfe gewesen, aber der alte und kränkliche Mann in Berlin war in Verzug. (Auf einer anderen Ebene sei das vielleicht auch ganz gut so gewesen, wie Mittag-Leffler in einem Brief gestand. Der »schreckliche« Kronecker warte doch bloß darauf, den Bericht zu sehen, damit er ihn kritisieren könnte.) Weil er irgendwie nicht mehr weiterwusste, bat Mittag-Leffler Poincaré, ihm eine Antwort zu geben. Poincaré erfüllte die Bitte postwendend.

Poincaré hatte in der Tat großen Respekt vor Gyldéns Arbeit und behauptete, bei ihrer Meinungsverschiedenheit gehe es darum, wie die Konvergenz einer Zahlenreihe definiert werde. Eine Zahlenreihe ist eine unendliche Zahlenfolge wie $1+2+3+\ldots$ Es heißt, sie konvergiert, wenn ihre Einträge eine endliche Summe ergeben. Zum Beispiel $1+1/2+1/4+1/8+\ldots=2{,}0$, folglich konvergiert die Reihe. Wenn die Summe gegen unendlich tendiert, da die Anzahl der Glieder zunimmt, heißt es, die Reihe divergiert.

Aber Mathematiker hatten eine andere Vorstellung von Konvergenz als Astronomen. Letztere behaupteten, dass eine Zahlenfolge, deren Einträge schnell an Wert abnähmen, im Endeffekt eine endliche Summe habe. Für Mathematiker war das längst nicht genug. Die Glieder der sogenannten harmonischen Reihe beispielsweise, die als $1 + 1/2 + 1/3 + 1/4 + 1/5 + \ldots$ anfängt, werden sehr schnell kleiner. Trotzdem kann bewiesen werden, dass die Summe gegen unendlich tendiert. Und das sehr langsam: Nicht weniger als 178 Millionen Einträge müssen hinzugefügt werden, um die Summe von 20 zu erreichen, aber irgendwann wächst die Summe über alle Grenzen hinaus. Folglich divergiert die harmonische Reihe. Also muss, selbst wenn die Glieder der Reihe so schnell kleiner werden, dass eine Planetenumlaufbahn für sehr, sehr lange Zeiträume – wir sprechen hier von vielen Millionen und Milliarden Jahren – bis zu einer Genauigkeit von mehreren Stellen hinter dem Komma berechnet werden kann, die Konvergenz der Reihe mathematisch bewiesen werden, gerade wenn die Anzahl der Glieder der Reihe gegen unendlich tendiert.

Gyldén und Lindstedt hatten in ihrer Arbeit Zahlenreihen verwendet, um sich den Umlaufbahnen der Körper, die sich umeinander bewegen, anzunähern. Um die Stabilität eines Systems von drei oder mehr Körpern – beispielsweise unseres Sonnensystems – nachzuweisen, ist es entscheidend, herauszufinden, ob die Reihe konvergiert. Wenn sie divergiert, könnte das System explodieren. Gyldén räumte ein, dass die Reihe gelegentlich divergiere, behauptete aber, dass dies nur für eine unendlich kleine Menge an Parametern erfolge. Daher wäre es äußerst unwahrscheinlich, dass die Planeten jemals von ihren elliptischen Umlaufbahnen abkämen. Poincaré andererseits behauptete, dass die Menge an Parametern, die zu Explosionen führten, auch wenn sie klein sei, nicht vernachlässigt werden dürfe. Eine kleine Störung, vielleicht sogar ein Komet, der uns einen Besuch abstatte, könne alles kippen und die Erde aus ihrer regelmäßigen Umlaufbahn um die Sonne entweder in den Weltraum oder in ein schwarzes Loch irgendwo in den Weiten des Universums katapultieren.

Trotz dieses Horrorszenarios stieß Mittag-Leffler einen Seufzer der Erleichterung aus. Zumindest konnte er Poincarés Arbeit in dieser Richtung verteidigen, selbst wenn es bedeutete, dass die Stabilität des Sonnensystems nicht für alle Ewigkeit garantiert war. Aber auch diese Episode war nichts im Vergleich zu dem, was noch kommen sollte.

Wie die Statuten des Preises verlangten, sollte der prämierte Aufsatz in einer der kommenden Ausgaben der *Acta Mathematica* veröffentlicht werden. Mittag-Leffler beauftragte seinen Assistenten Edvard Phragmén mit der Vorbereitung des Manuskripts für die Publikation. Phragmén war ein ernster junger Mann, und er machte sich mit religiösem Eifer an seine Aufgabe. Er überprüfte jede Gleichung, stellte jede Berechnung noch einmal an. Im Juli 1889, ein halbes Jahr nachdem der Preis verliehen worden war, stieß Phragmén auf einen Punkt, der ihm unklar war. Er berichtete Mittag-Leffler davon und bat Poincaré in einem Brief um Klärung.

Diesmal war Poincaré am Zug. Nicht allzu besorgt, begann er auf die Bitte des Redakteurs hin der Sache nachzugehen. Er war in mathematischen Kreisen bereits als jemand bekannt, der sich nicht immer an die strengen Regeln der Zunft hielt. Wie schon in seiner Kindheit, als ihm Einfälle schneller kamen, als er sie aussprechen konnte, verwandte er auch in seiner mathematischen Arbeit nicht immer ausreichend Zeit auf die Ausarbeitung der Details. Zur Bestürzung seiner Leser übersprang er in einem Beweis manchmal ein paar Schritte.

Um Phragmén zufriedenzustellen, fügte Poincaré erklärende Anmerkungen hinzu, die an den Schluss der Preisschrift angehängt werden sollten. Er führte sie alphabetisch auf, Anmerkung A, Anmerkung B, Anmerkung C etc. Sehr bald schon hatte er Anmerkung I erreicht. Aber während er die umfangreichen Anmerkungen schrieb, wurde ihm nach und nach etwas viel Schlimmeres deutlich. Bei dem Versuch, die schwer verständlichen Punkte zu klären, erkannte er zu seiner größten Bestürzung, dass sein Aufsatz noch einen weiteren Fehler enthielt – allerdings keinen unbedeutenden Schnitzer, sondern einen ernsthaften Defekt. Er hatte nachgewiesen, dass drei Körper in einem Gravitationssystem entweder zu einem Gleichgewicht, zu periodischen Umlaufbahnen oder zu quasiperiodischen Umlaufbahnen tendieren können. Aber eine weitere Möglichkeit hatte er übersehen: chaotische Umlaufbahnen.

Poincaré war am Boden zerstört. Hier stand er, Oscar-Preisträger, Ritter der Ehrenlegion, Liebling der wissenschaftlichen Gemeinschaft, und das alles beruhte auf einem fehlerhaften Aufsatz? Die in seiner Abhandlung enthaltenen bedeutenden Fortschritte, die trotz der Fehler gültig blieben, wären für immer vergessen, die neuen Methoden, die er erfunden hatte, würden nicht beachtet. Alles, was seinen Wissenschaftskollegen und den nachfolgenden Generationen im Gedächtnis bliebe, wären seine Irrtümer und Fehler.

Poincaré machte sich daran, den Aufsatz zu überarbeiten. Monatelang suchte er hektisch, aber erfolglos nach einem einfachen Weg unter Umgehung der fehlerhaften Abschnitte. Allmählich dämmerte ihm das Ausmaß seiner Irrtümer, die er ohne Zweifel begangen hatte. Am 1. Dezember 1889 traf Poincaré eine der wohl schmerzhaftesten Entscheidungen seines Lebens. Er setzte ein Telegramm an Phragmén auf und bat ihn, den Druck zu stoppen. Am selben Tag schickte er einen Brief an Mittag-Leffler, in dem er seine große Not eingestand. *Je ne vous dissimulerai pas le chagrin que me cause cette découverte,* schrieb er (»Ich will Ihnen den Kummer nicht verhehlen, den diese Entdeckung mir bereitet«).

Es war zu spät. Am 4. Dezember, drei Tage nachdem Poincaré den Brief aufgegeben hatte, informierte Mittag-Leffler ihn postwendend, dass bereits Vorabexemplare an einige ausgewählte Persönlichkeiten verschickt worden seien. Er versuchte zunächst, die schlimme Situation herunterzuspielen, indem er Poincaré zur Geburt seiner Tochter Yvonne nur ein paar Wochen zuvor gratulierte. Er bedauere die ganze Angelegenheit sowohl um Poincarés als auch auch um seiner selbst willen, schrieb er. Das Aufsehen um den Preis hatte Mittag-Leffler viele Feinde beschert, die überaus zufrieden wären, aus der jüngsten Wendung der Ereignisse einen Skandal zu machen. Ein wenig unaufrichtig fuhr er fort, er halte es »ausschließlich für meinen eigenen Fehler, die Schwachstelle in der Beweisführung nicht entdeckt zu haben«.

Eigentlich hatte er nicht die Absicht, die Schuld auf sich zu nehmen. Ganz im Gegenteil, seine salbungsvolle Bemerkung sollte das genaue Gegenteil andeuten. Natürlich konnte niemand ihn dafür kritisieren, dass ihm ein so verstecktes Detail entgangen war. Aber es war ein bisschen zu offensichtlich. Er strich den Satz wieder aus und schrieb stattdessen, dass er es nicht für schmachvoll erachte, geirrt zu haben, wo jemand von Poincarés Format sich getäuscht habe. Außerdem, so schrieb er, sei er sich sicher, dass Poincaré dieses schwierige Problem eines Tages lösen könne. Vielleicht sollten die freundlichen Bemerkungen die Wirkung der schlechten Neuigkeit abschwächen, vielleicht sollten sie Poincaré ermutigen, weiter an einer verbesserten Fassung zu arbeiten. Denn als Mittag-Leffler es kurz darauf nicht für nötig befand, einen der wichtigsten Beiträger der *Acta Mathematica* bei Laune zu halten, wurde er sehr viel direkter. In einem Brief an Hermite zwei Tage später äußerte er sich ganz unverblümt: »Der Fehler, den Poincaré gemacht hat, ist schlimm und entscheidend für den ganzen Aufsatz. Es gibt nur wenige Seiten, auf denen er die fehlerhaften Ergebnisse nicht verwendet.«

Sobald der Brief an Poincaré abgegangen war, machte Mittag-Leffler sich an den Versuch der Schadensbegrenzung. Nicht nur sein eigenes Ansehen stand auf dem Spiel. Sowohl Hermite als auch Weierstraß war der Fehler entgangen. Wenn das bekannt würde, wäre ihrer beider Ruf irreparabel beschädigt. Gyldén, einer der Empfänger der Vorabexemplare, würde die Kunde von dem Scheitern nur zu gerne in die Welt hinausposaunen. Kronecker lauerte ebenfalls auf eine solche Gelegenheit. Und was war mit dem König? Solcherart zur Zielscheibe des Spotts gemacht, wäre sein Zorn unerbittlich. Die gesamte Zukunft der *Acta Mathematica* stand auf dem Spiel. Während er wider alle Vernunft hoffte, dass Poincaré die Sache irgendwie korrigieren könnte, scheute Mittag-Leffler keine Mühe, samtliche Spuren des Fehlers zu vertuschen.

Er telegrafierte sofort nach Berlin und Paris, um sicherzustellen, dass nicht ein einziges Exemplar der *Acta Mathematica* den

Subskribenten zugestellt würde. Dann überlegte er sich, wie er die Vorabexemplare, die bereits verteilt worden waren, wieder in die Finger bekommen könnte. Es waren nur eine Handvoll Vorabdrucke verschickt worden. Selbstverständlich hatten Hermite und Weierstraß jeder einen bekommen, ein weiterer war bei dem Mathematiker Camille Jordan in Paris. Der Herausgeber der renommierten *Mathematischen Annalen* hatte ein Exemplar erhalten, ebenso Sophus Lie in Norwegen, der Astronom George Hill in New York, zwei Mathematiker in Italien und ein paar Kollegen in Stockholm. Die problematischsten Empfänger der Vorabdrucke waren Hugo Gyldén und Anders Lindstedt.

Mittag-Leffler beschrieb Poincaré kurz, wie er beabsichtigte, die Vorabexemplare zurückzuholen. Die Operation verlangte viel Geschick. Abgesehen von Hermite, der bereits wusste, was im Gange war, sollte niemandem etwas erzählt werden, außer dass sich ein unbedeutender Fehler in die Druckfassung des Aufsatzes eingeschlichen habe. Mit einiger Erleichterung gestand Mittag-Leffler Poincaré: »Ich bin sehr froh, dass kein Exemplar an Kronecker geschickt wurde. Was die Exemplare betrifft, die Gyldén und Lindstedt erhalten haben, werde ich mein Bestes tun, sie zurückzubekommen, ohne Verdacht zu erregen.« Er schloss seinen Brief mit einem Rat: »Ich denke, diese ganze Geschichte muss unter uns bleiben, bis Ihre Neufassung des Aufsatzes veröffentlicht ist. So werden weder die Wissenschaft noch Sie Schaden nehmen durch diese Angelegenheit, die, davon bin ich überzeugt, auf völlig ehrenwerte Art behandelt worden sein wird.« Nicht alle waren Mittag-Lefflers Meinung.

Anscheinend gaben alle Empfänger ihre Exemplare ohne großes Theater ab, und niemand hatte etwas gemerkt. Das heißt niemand außer Weierstraß. Ihn hatte man über die peinliche Angelegenheit im Dunkeln gelassen. Es mag Mittag-Lefflers aufrichtige Sorge um die Gesundheit des alten Mannes gewesen sein, die ihn davon abgehalten hatte, ihm die Neuigkeit zu erzählen. Aber die Gerüchte erreichten Berlin. Hugo Gyldén war zu Besuch gekommen und erzählte nur zu gern allen, die es hören wollten, was er vermutete. Und Kronecker war ganz Ohr. Als Weierstraß nun von seinen Kollegen auf einen möglichen Fehler in Poincarés Preisschrift angesprochen wurde, befand er sich in einer äußerst misslichen Lage. Niemand wollte seiner Versicherung glauben, dass er nichts davon wisse. Weierstraß war nicht nur frustriert, dass irgendwo ein verborgener Fehler existierte, den er in seiner Funktion als Preisrichter eigentlich hätte entdecken sollen, sondern er hatte auch das Gefühl, dass man ihm Sand in die Augen streute. In dem Telegramm, in dem er gebeten wurde, das Vorabexemplar zurückzuschicken, wurde nur ein kleiner Fehler erwähnt, dessen Korrektur eine kleine Verzögerung im Publikationsplan nach sich zöge. Jetzt wurde ihm klar, dass an der Sache viel mehr dran war, als man ihm verraten hatte.

Weierstraß war verständlicherweise verärgert und schrieb Mittag-Leffler einen ungehaltenen Brief. In seiner aufrechten deutschen Gesinnung sei er bereits voller böser Ahnungen gewesen, als er hörte, dass die veröffentlichte Fassung des Aufsatzes nachträgliche, im Anschluss an die Preisverleihung vorgenommene Änderungen enthalten würde. Jetzt stelle sich heraus, dass, um einen Fehler zu korrigieren, nicht nur erklärende Anmerkungen hinzugefügt werden sollten, sondern eine ganz neue Fassung geschrieben werde. Mittag-Leffler versuchte ihn zu beruhigen. Der Fehler sei bei Weitem nicht so schwerwiegend, wie Gyldén ihn hinzustellen versuche, schrieb er. Genau genommen fände der Astronom aus Stockholm es wahrscheinlich aus purem Eigeninteresse zweckdienlich, das Ausmaß des Fehlers zu übertreiben. Außerdem würde Poincaré seinen Aufsatz, wenn er ihn umschriebe, verständlicher machen, und der Text würde viel gewinnen. Sobald er im Druck erschienen sei, würden nur noch Leute wie Gyldén – der eine Vorliebe für divergierende Reihen entwickelt habe – oder wie Kronecker – der nichts akzeptierte, was nicht aus seiner eigenen Feder stammte – nicht zu seinen Bewunderern zählen.

Weierstraß war keinesfalls beruhigt. Weil nicht gewillt, die Angelegenheit so nachsichtig zu behandeln, wie Mittag-Leffler, Hermite und Poincaré es vorhatten, schickte er ausführliche Beschwerdebriefe nach Stockholm. In Deutschland, so schrieb er, komme es nicht infrage, Änderungen an einer Preisschrift zuzulassen, sobald eine Entscheidung getroffen worden sei.

Schließlich sollten spätere Leser die Möglichkeit haben, sich auf der Grundlage exakt desselben Aufsatzes, welcher der Preiskommission vorgelegt worden war, eine eigene Meinung zu bilden. Natürlich sei es sehr schmerzlich für ihn, dass er den Fehler nicht selbst bemerkt habe, fuhr er fort, bevor er sich ein wenig in die eigene Schadensbegrenzung vertiefte. Er wolle nicht davon sprechen, dass er die ganze Zeit krank gewesen sei, schrieb er, erwähnte es dann aber doch. Wichtiger sei, dass niemand von einem Preisrichter verlangen könne, sich für die Wahrheit jeder Aussage in einem so umfangreichen Manuskript zu verbürgen, vor allem, wenn viele Berechnungen gar nicht tatsächlich durchgeführt, sondern nur angedeutet würden. Diese letzte Bemerkung war ein kaum verhüllter Schlag gegen Poincarés ärgerliche Angewohnheit, ganze Teilstücke eines Beweises auszulassen, weil sie ihm selbst klar erschienen. Überdies, schrieb Weierstraß, dürfe niemand es einem Leser verübeln, dass er sich auf die mathematische Kompetenz des Autors verlasse. Außerdem sei das schwierige Ergebnis, das sich nun als unrichtig herausgestellt habe, so verlockend gewesen, dass er, Weierstraß, sich habe aufs Glatteis führen lassen. Am ärgerlichsten sei jedoch, dass der Bericht an den König nun zurückgezogen werden müsse. Und so ging es immer weiter und weiter.

Mittag-Leffler hatte wenig Zeit für den mürrischen alten Mann; die wichtigere Säuberungsaktion war in vollem Gange. Bislang hatte jeder seine Erklärung akzeptiert, dass ein kleiner Fehler in den Druckfahnen übersehen worden sei und Poincaré darauf bestehe, ihn zu korrigieren. Aber Gyldéns Exemplar machte ihm Kopfzerbrechen. Zu guter Letzt beschloss er, es persönlich abzuholen. Er war erfolgreich, ließ aber dann in einem Brief an Hermite seiner Enttäuschung freien Lauf. Der Fehler sei schlimm, schrieb er, und Poincaré müsse weit über eine simple Überarbeitung hinaus umfangreiche Änderungen an dem Text vornehmen. Aber das wäre ihm eine gute Lehre. Vielleicht würde er am Ende von seiner Unsitte ablassen, Ergebnisse zu verkünden, deren Beweise er selbst nur sehr unvollständig kenne. Vielleicht würde der Vorfall, sobald er öffentlich bekannt werde, andere veranlassen, seine früheren Arbeiten kritischer unter die

Lupe zu nehmen. Poincaré sei gewiss ein Genie, aber diesmal habe er allen zu viel zugemutet. Er sei noch jung – Poincaré war damals 32 Jahre alt –, und er würde sich ändern. Die Mathematik würde davon profitieren, schloss Mittag-Leffler.

Der Erfolg der verdeckten Operation übertraf Mittag-Lefflers Erwartungen. Sämtliche ausstehenden Vorabdrucke, die den fehlerhaften Aufsatz enthielten, waren zurückgegeben worden, und die gesamte Auflage von Band 13 der *Acta Mathematica* wurde eingestampft. Die einzigen noch vorhandenen Exemplare der Originalauflage sind im Mittag-Leffler-Institut in Djursholm außerhalb Stockholms untergebracht.

Jetzt hing alles von Poincaré ab. Die Arbeit, die zu leisten war, ging weit über eine einfache Revision des Aufsatzes hinaus. Ohne zu wissen, ob er Erfolg haben würde, machte Poincaré sich daran, die neuen Mittel und Methoden zu ersinnen, die erforderlich waren. Nach mehrmonatiger intensiver Arbeit war er fertig. Das neue Manuskript war wirklich bahnbrechend. Es lieferte die ersten Spuren der Chaostheorie, die nur hundert Jahre später so populär werden sollte. Die Möglichkeit der chaotischen Bewegung von Körpern war genau das, was er in der fehlerhaften ersten Fassung des Aufsatzes übersehen hatte. Tatsächlich wurde sie zu einem schicksalhaften Fingerzeig. So ist sie zum Beispiel die Grundlage für den sogenannten Schmetterlingseffekt, demzufolge kleine Ursachen weitreichende Folgen haben können: Ein Schmetterling, der in Texas mit den Flügeln schlägt, könnte in Australien ein Unwetter auslösen.

Das neue Manuskript enthält auch Poincarés berühmtes »Theorem der Wiederkehr«, demzufolge ein energiesparendes System von sich selbst überlassenen Körpern am Ende immer in seine Ursprungsposition (oder eine arbiträr nahe Position) zurückkehrt. Dies bedeutet – zur großen Erleichterung der Menschheit –, dass die Planeten unseres Sonnensystems, selbst wenn sie sich sehr, sehr weit voneinander entfernen, am Ende wieder in ihre ursprüngliche Position zurückkehren, obwohl das extrem lange dauern kann. Im Januar 1890 schickte Poincaré die neue Fassung seines Aufsatzes an Mittag-Leffler. Sie war hundert Seiten länger als die ursprüngliche Abhandlung.

Auf Mittag-Lefflers Drängen hin hatte Poincaré nur eine bissige Bemerkung angefügt: In der Einleitung dankte er Edvard Phragmén, der seine Aufmerksamkeit auf einen *point délicat* (einen delikaten Punkt) gelenkt habe, wodurch er einen wichtigen Fehler habe entdecken und verbessern können. Damit hatte sich's. Niemand, der den Aufsatz las, würde irgendetwas Verkehrtes bemerken, und jene, die Bescheid wussten, würden über das wahre Ausmaß der Beinahe-Katastrophe den Mund halten. Wie verlangt, übernahm Poincaré die Druckkosten für den neuen Band 13. Am 1. Juni 1890 schickte er eine Zahlungsanweisung über 3585 Kronen und 65 Öre an Mittag-Leffler. Das waren 1085 Kronen und 65 Öre mehr als das Preisgeld, das er erhalten hatte, aber Poincaré war nur zu gern gefällig.

Insgesamt hatte Mittag-Lefflers Plan wirklich gut funktioniert. Als Band 13 der *Acta Mathematica* im April 1890 nach über einjähriger Verzögerung gedruckt wurde, erinnerte sich niemand mehr an die Gerüchte über eine fehlerhafte frühe Fassung von Poincarés Aufsatz. Was blieb, war einzig der meisterhafte Aufsatz. Erst viele Jahre später, als Wissenschaftshistoriker das Archiv des Mittag-Leffler-Instituts durchforsteten und die ursprüngliche Fassung mit dem veröffentlichten Aufsatz verglichen, wurde das wahre Ausmaß der Unterschiede entdeckt.

Für Mittag-Leffler war es an der Zeit, eine wohlverdiente Pause einzulegen. Ursprünglich war geplant gewesen, alle vier Jahre eine neue Preisschrift anzukündigen, aber erwartungsgemäß wurden nach diesem Fiasko nie wieder irgendwelche mathematischen Oscars verliehen. Phragmén, der Assistent, der den Stein ins Rollen gebracht hatte, wurde mit tatkräftiger Unterstützung von Mittag-Leffler und Poincaré als Professor an die Stockholmer Universität berufen. Er forschte später über Versicherungsmathematik, wurde Direktor einer Versicherungsgesellschaft und amtierte zehn Jahre lang als Präsident der schwedischen Gesellschaft der Versicherungsmathematiker. Poincaré erarbeitete während der folgenden Jahre weitere Einzelheiten über die Stabilität des Sonnensystems. Die drei Bände seines 1200-Seiten-Werkes *Les méthodes nouvelles de la mécanique céleste* (»Neue Methoden der Himmelsmechanik«) erschienen nacheinander 1892,

1893 und 1899. Im Jahr 1967 wurde von der NASA eine englische Übersetzung des grundlegenden Werkes veröffentlicht, und das American Institute of Physics gab ein Jahrhundert nach dem Erscheinen des ersten Bandes in Paris einen Neudruck heraus.

Wir wollen in der Aufregung über den Preis und das damit verbundene Trara unser armes Sonnensystem nicht vergessen. Gibt es irgendetwas, worum man sich Sorgen machen müsste? Beide Fassungen von Poincarés Preisschrift ließen die eigentliche Frage, ob das n-Körper-System explodieren könne, offen. Was Poincaré jedoch tatsächlich entdeckte, war der bedenkliche Schmetterlingseffekt, wonach winzige Störungen in einem System gewaltige Konsequenzen haben können. Folglich war es immerhin denkbar, dass die von einem so kleinen Objekt wie einem Raumschiff erzeugten Störungen Planeten in Stücke reißen konnten. Die Frage der ewigen Stabilität des Sonnensystems war nach wie vor offen.

Im Jahr 1912 fand Karl Sundman, ein skandinavischer Mathematiker, eine unendliche Reihe, welche die Umlaufbahn der Körper in einem System beschreibt und doch konvergiert – wenn auch unendlich langsam. Im Jahr 1954 hielt der Russe Andrei Nikolajewitsch Kolmogorow auf dem Kongress der Internationalen Mathematiker-Vereinigung in Amsterdam einen Plenarvortrag über das n-Körper-Problem. Thema war die knifflige Frage, was mit periodischen Umlaufbahnen von Körpern passiert, wenn kleine Perturbationen ihren Kurs stören. Seine Antwort lautete, dass viele gestörte Umlaufbahnen quasiperiodisch werden, dass sie aber nicht explodieren würden. Folglich werde das Sonnensystem, von geringfügigen Schwankungen abgesehen, stabil bleiben. Also kein Grund zur Sorge, wir können ruhig schlafen.

Können wir wirklich? Nun ja, nicht ganz. Am Courant Institute in New York wurde der deutsche Fulbright-Stipendiat Jürgen Moser von einem Redakteur des *Mathematical Reviews* gebeten, einen Bericht über Kolmogorows Referat zu schreiben. Und genau wie Phragmén 65 Jahre früher wurde auch Moser misstrauisch, als er über eine Passage stolperte, die ihm unklar war. Als er sich genauer mit ihr beschäftigte, hatte er den Eindruck, als sei Kolmogorows zentrale These nicht vollständig bewiesen. Er machte sich daran, die Lücke zu füllen. Sechs lange Jahre beschäftigte Moser sich mit dem Problem, bevor er die Lücke in Kolmogorows Beweis endgültig schließen konnte. Er löste ein Problem der »kleinen Nenner«, mit dem sich schon Poincaré herumgeschlagen hatte, indem er zeigte, dass die Zähler in der Reihe schneller kleiner wurden als die Nenner, und die Reihe folglich konvergiere. Übrigens ist bis heute umstritten, ob Mosers Beitrag tatsächlich nötig war. Es gibt Mathematiker, die behaupten, dass an Kolmogorows Beweis überhaupt nichts gefehlt habe.

Zur selben Zeit, als Moser nach dem fehlenden Teil des Puzzles suchte, nahm einer von Kolmogorows Studenten, Wladimir Igorewitsch Arnold, das *n*-Körper-Problem aus einem anderen Blickwinkel in Angriff. Während Moser Perturbationen von Umlaufbahnen in Betracht zog, die hinlänglich gleichmäßig waren, untersuchte Arnold Perturbationen, die als Zahlenreihen ausgedrückt werden konnten. Er kam zu dem gleichen Schluss wie Moser. So konnte die Frage bezüglich der Stabilität des Sonnensystem endlich beantwortet werden: Zu unseren Lebzeiten und denen unserer Kinder und Enkel braucht sich niemand Sorgen zu machen. In der nächsten Zeit zumindest werden die Planeten nicht von ihren Umlaufbahnen abweichen. Zu Ehren der drei Mathematiker – Kolmogorow, Arnold und Moser – wurde die neue Theorie nach ihren Initialen benannt: KAM-Theorie. Trotz ihrer beruhigenden Resultate bleibt ein mulmiges Gefühl: Die Stabilität unseres Sonnensystems, das aus neun Planeten besteht, nicht bloß aus dreien, wird von der Wissenschaft nicht gerade garantiert.

Ausgerüstet mit dem Oscar, trat Poincaré aus dem Rampenlicht zurück, um sich wieder der Lehre und Forschung zu widmen. Seine Produktivität war ungeheuer. In nur 35 Jahren veröffentlichte er nicht weniger als 500 Aufsätze, Abhandlungen und Bücher. (Nach allem, was man hört, war Poinacré ein produktiver Schreiber ... und ein guter Sohn. Während seiner Studienzeit in Paris schrieb er mehr als 300 Briefe an seine Mutter.) Aber sein Lebenswerk war nicht nur zahlenmäßig gewaltig, sondern auch hinsichtlich der Bereiche, die es umspannte. Poincaré war einer der beiden letzten Mathematiker auf der Welt, die ein umfassendes Verständnis aller existierenden Zweige der Mathematik hatten. Der andere war David Hilbert in Göttingen. Nach dem Ableben dieser beiden Giganten Anfang des 20. Jahrhunderts zersplitterte das Fach in so viele Disziplinen und Unterdisziplinen, dass kein einzelner Mathematiker jemals wieder hoffen konnte, mehr als gerade mal den Stoff seines oder ihres unmittelbaren Spezialgebietes zu begreifen.

An der Wende vom 19. zum 20. Jahrhundert war es noch möglich, Universalist zu sein, vorausgesetzt, man war ein Genie vom Format Poincarés. Dessen grundlegende Schriften umfassten viele Zweige der Mathematik, Physik und Wissenschaftsphilosophie. Ideen kamen ihm intuitiv. Lösungen für die Probleme, über die er nachdachte, tauchten manchmal aus heiterem Himmel auf, während einer schlaflosen Nacht, nach zu viel schwarzem Kaffee, wenn er Flure abschritt oder in den Bus stieg. Sobald etwas in seinem Kopf halbwegs berechnet war, brachte er es zu Papier. Folglich mangelte es seinem Schreibstil an Genauigkeit. Seine Aufsätze sprudelten vor Hinweisen und Ideen, die nicht immer ausreichend bewiesen waren. Jedes Mal, wenn er eine Abhandlung beendet hatte, war er mit Inhalt und Stil unzufrieden.

Dennoch hat er unzählige Beiträge verfasst. Zu den Arbeiten, die den größten Einfluss auf das Fach hatten, gehören Poincarés sechs Abhandlungen über *Analysis situs* (»Analysis der Lage«), jenes Fachgebiet, das heute als Topologie bekannt ist. Der Versuch eines geometrischen Ansatzes zur Beschreibung und Klassifizierung der Lösungen algebraischer Gleichungen brachte Poincaré vom Umgang mit Zahlen und Formeln ab und führte ihn zur Visualisierung von Kurven und Strömen. Die Algebraische Topologie sollte das Teilgebiet werden, dem er so den Weg ebnete. Ihr wird unser Hauptinteresse gelten.

In der Physik befasste Poincaré sich mit Himmels- und Strömungsmechanik, mit Optik, Elektrizität, Kapillarität, Elastizität, Thermodynamik, Theorien des Lichts und elektromagnetischer Wellen, der Quantentheorie und der speziellen Relativitätstheorie. Poincarés Arbeiten zu letzterem Thema sind von besonderem Interesse. Zur selben Zeit, als der technische Experte dritter Klasse beim Patentamt der schweizerischen Stadt Bern, Albert Einstein, an der speziellen Relativitätstheorie arbeitete, kam Poincaré selbst der Entdeckung dieser Theorie sehr nahe. Wie vielleicht nicht anders zu erwarten, gab und gibt es noch immer einige nationalistisch inspirierte Versuche, die Theorie für Frankreich zu reklamieren. Es besteht jedoch Einigkeit darüber, dass Poincaré es nicht schaffte. Obwohl ihm das erforderliche mathematische Instrumentarium zur Verfügung stand, war er nicht kühn genug, so revolutionär davon Gebrauch zu machen, wie Einstein es tat.

Sein Lehrstil fand nicht überall Anklang. Sein Verstand arbeitete zu schnell, und seine Vorlesungen waren manchmal schlecht vorbereitet, auch mangelte es ihnen an Brillanz. Dass er sich mit einem Kurs anscheinend langweilte, nachdem er ihn einmal gegeben hatte, war auch nicht hilfreich. Weil er dasselbe Thema niemals zweimal anbot und niemals zurückblickte, fehlte seinen Vorträgen der letzte Schliff. Es blieb den Studenten überlassen, seine Vorlesungsskripte zu redigieren und sie als Lehrbücher drucken zu lassen, die sich als sehr erfolgreich erwiesen. Erstaunlicherweise hatte Poincaré nur einen einzigen Doktoranden, Louis Jean-Baptiste Bachelier, dessen Doktorarbeit *Théorie de la speculation* (»Theorie der Spekulation«) als eines der Grundlagenwerke der Finanztheorie gilt.

Poincaré starb am 17. Juli 1912. Ein erstes Anzeichen, dass mit seiner Gesundheit nicht alles zum Besten stand, war bereits auf dem Internationalen Mathematikerkongress in Rom im Jahr 1908 aufgetaucht. Kurz bevor er seinen Vortrag über die »Zukunft der Mathematik« halten sollte, bekam er plötzlich Prostataprobleme. Der Vortrag wurde von einem Kollegen gehalten, während Poincaré im örtlichen Krankenhaus behandelt wurde. Madame Poincaré eilte nach Rom, um ihren Mann nach Hause zu bringen. Zurück in Paris, nahm Poincaré sein altes Programm bald wieder auf, und weitere vier Jahre war alles normal. Am 9. Juli 1912 jedoch musste er sich einer Operation unterziehen. Danach schien er sich gut zu erholen, aber acht Tage später führte anscheinend eine Embolie zu seinem plötzlichen Tod. Er war erst 58 Jahre alt.

Poincaré wurden zu Lebzeiten viele Ehrungen zuteil. Der Oscar war bloß die erste und die Ritterschaft in der Légion d'honneur die zweite. Im Jahr 1887 wurde er in die Académie des sciences gewählt, 1906 wurde er ihr Präsident. Zwei Jahre später, 1908, wurde Poincaré Mitglied der Académie française, dem Forum der berühmtesten französischen Schriftsteller und Dichter. Seine Mitgliedschaft in dieser erhabenen Gesellschaft mag man mit einem kleinen Fragezeichen versehen. Obwohl Poincarés Leistungen in der Wissenschaft über jeden Zweifel erhaben sind, ist sein Status als Großliterat, vergleichbar mit einem Racine und Voltaire, fragwürdig. Seine drei bekanntesten philosophischen Werke, *La Science et l'hypothèse* (1901, dt. *Wissenschaft und Hypothese*, 1914), *La Valeur de la science* (1905, dt. *Der Wert der Wissenschaft*, 1910) und *Science et méthode* (1908, dt. *Wissenschaft und Methode*, 1914) mögen, obschon von großem Interesse – angeblich wurden sie sogar von Sekretärinnen und anderen Frauen gelesen –, in erster Linie als Vorwand für seine Wahl gedient haben.

Gerüchten zufolge gab es noch einen anderen Grund für seine Wahl in ihre illustren Reihen. Raymond Poincaré, Henris Cousin und von 1912–13 Ministerpräsident und Außenminister sowie von 1913–20 Präsident der französischen Republik, war Kandidat für die Aufnahme in die Akademie. Seine politischen Gegner wollten das verhindern. Überzeugt davon, dass die Statuten der Akademie es nicht zuließen, dass zwei Angehörige derselben Familie Mitglieder wären, schlugen sie vor, Henri zu wählen. Aber sie irrten sich. Solche Statuten existierten nicht, und ein Jahr nach seinem Cousin wurde Raymond ordnungsgemäß gewählt. Einem anderen Gerücht zufolge brauchte die berühmte Wörterbuch-Kommission der Akademie jemanden, der all die neuen Wörter in der Physik und Mathematik ordnete. Da wir gerade von Familie sprechen, Henris Schwager, der Philosoph Émile Boutroux, wurde ebenfalls in die Académie française gewählt, wenn auch erst drei Monate nach Henris Tod.

Abgesehen von den zahlreichen Auszeichnungen, Medaillen und Preisen, die Poincaré zu Lebzeiten verliehen wurden, gibt es in Frankreich und sogar im Weltraum viele Wahrzeichen, die uns an ihn erinnern. Die Universität in seiner Heimatstadt Nancy beispielsweise ist ebenso nach ihm benannt wie eines der bekanntesten *Lycées* der Stadt. In Paris ehrt die Rue Henri Poincaré im schicken 20. Arrondissement den großen Mathematiker – zugegeben, nach Cousin Raymond wurde eine dreispurige, viermal so lange Avenue benannt, aber er war schließlich Staatspräsident –, sowie der Krater Poincaré in einem zur Zeit noch nicht so angesagten Teil des Mondes. (Der Präsidenten-Cousin hat keinen Krater, immerhin.) Wo wir gerade dabei sind, es gibt auch die Avenue du Recteur Poincaré, zur Erinnerung an Henris anderen Cousin, Lucien, einen bedeutenden Universitäts-Verwaltungsbeamten, und im 13. Arrondissement trägt eine Avenue den Namen seines Schwagers, Émile Boutroux.

Alan Weisman

Die Welt ohne uns

Vor noch nicht allzu langer Zeit sind die Menschen nur knapp der atomaren Katastrophe entgangen. Mit etwas Glück wird es uns vielleicht gelingen, diese und andere Gefahren der Massenvernichtung auch in Zukunft zu vermeiden. Heute müssen wir uns jedoch fragen, ob wir den Planeten – uns eingeschlossen – nicht unbeabsichtigt vergiftet oder überhitzt haben. Wasser und Boden sind belastet und verschwendet, sodass es von beidem weit weniger gibt als früher. Tausende von Arten haben wir ausgelöscht, die wahrscheinlich auf immer verloren sind. Unser ganzer Planet könnte eines Tages, so warnen die Experten, einem verwahrlosten Brachland ähneln, wo neben dem Unkraut nur noch Ratten und Krähen gedeihen. Wann ist, wenn es zu dieser Entwicklung kommen sollte, der Punkt erreicht, wo auch wir trotz unserer viel gerühmten Intelligenz nicht mehr zu den überlebenden Arten zählen?

Wir wissen es nicht. Jede Hypothese leidet unter unserem hartnäckigen Widerstand, den schlimmsten Fall ins Auge zu fassen. Unser natürlicher Selbsterhaltungstrieb lässt uns die Vorboten von Katastrophen leugnen, verdrängen und ignorieren, falls sie uns nicht vor Angst lähmen.

Wenn uns dieser Trieb so täuscht, dass wir warten, bis es zu spät ist, sieht es schlecht für uns aus. Stärkt er unseren Widerstandswillen angesichts sich mehrender Zeichen, wäre es von Vorteil. Mehr als einmal hat eine töricht scheinende Hoffnung in schier aussichtsloser Lage kreative Kräfte entfesselt und die Betroffenen vor dem Verderben gerettet.

Lassen wir uns also auf ein kreatives Experiment ein: Nehmen wir an, der schlimmste Fall sei eingetreten. Die Vernichtung der Menschheit wäre eine vollendete Tatsache. Kein atomares Desaster, kein Asteroideneinschlag oder irgendein anderes Ereignis, das katastrophal genug ist, um uns Menschen auszulöschen und das, was bleibt, vollkommen zu verändern. Auch kein düsteres Umweltszenario, das uns – und mit uns viele andere Arten – in den schleichenden Untergang treibt.

Vielmehr das Bild einer Welt, in der wir alle plötzlich verschwinden. Morgen zum Beispiel.

Unwahrscheinlich vielleicht, aber in einem Gedankenexperiment durchaus möglich.

Schauen Sie sich die Welt von heute an. Ihr Haus, Ihre Stadt. Die Umgebung, das Pflaster auf dem Sie stehen, der Erdboden darunter. Lassen Sie alles, wie es ist, aber nehmen Sie die Menschen aus diesem Bild heraus. Löschen Sie uns einfach aus. Was bleibt? Wie würde die Natur reagieren, wenn sie plötzlich vom Einfluss der Menschen befreit wäre? Wie schnell würde oder könnte sie in den Zustand zurückkehren, in dem sie sich befand, bevor wir unsere Maschinen in Gang setzten?

Wie lange würde es dauern, bis die Erde wieder so aussähe wie sie war, bevor Adam und Eva auf der Bildfläche erschienen? Könnte die Natur jemals all unsere Spuren auslöschen? Wie würde sie unsere riesigen Städte und Straßen verschwinden lassen? Oder gibt es Dinge, die sich nie wieder rückgängig machen lassen?

Was ist mit unseren erhabensten Schöpfungen – unserer Architektur, unserer Kunst, den Manifestationen unseres Geistes? Sind sie wirklich zeitlos, zumindest zeitlos genug, um fortzubestehen, bis sich die Sonne ausdehnt und unsere Erde zu Asche verbrennt?

Und könnten wir selbst *danach* irgendeine schwache, überdauernde Spur im Universum hinterlassen, ein letztes Nachglühen, ein Echo der irdischen Menschheit, ein interplanetarisches Zeichen, dass wir hier waren?

An dem Tag, an dem die Menschheit verschwindet, beginnt die Natur augenblicklich mit dem Hausputz. Sie putzt unsere Häuser vom Antlitz der Erde. Alle werden sie verschwinden.

Wenn Sie ein Haus besitzen, wissen Sie längst, dass das auch bei Ihrem Heim nur eine Frage der Zeit ist. Auch wenn Sie es sich nicht eingestehen, hat die unerbittliche Erosion bereits eingesetzt, angefangen bei Ihren Ersparnissen. Als Sie das Haus kauften, hat niemand erwähnt, was Sie darüber hinaus würden ausgeben müssen, um zu verhindern, dass die Natur es sich lange vor der Bank zurückholt.

Selbst wenn Sie in einer Siedlung leben, wo schwere Maschinen die Landschaft mit roher Gewalt ihrem Willen unterwarfen, wo die wildwuchernde natürliche Pflanzenwelt durch gefügige Rasenflächen und gesichtslose Bäumchen ersetzt und Feuchtgebiete einfach zubetoniert wurden – selbst dann wird Ihnen klar sein, dass die Natur nicht kleinzukriegen ist. Sie können Ihr bestens geheiztes Zuhause noch so gut gegen Wettereinflüsse isolieren, unsichtbare Sporen dringen trotzdem ein und machen sich irgendwann als Schimmelpilzbefall bemerkbar: Erschreckend, wenn Sie ihn entdecken, schlimmer noch, wenn nicht, weil er sich hinter der gestrichenen Wand verbirgt, wo er Rigipsplatten anfrisst, Stützpfeiler aufweicht und Fußbodenbretter zerstört. Oder Sie müssen hilflos die Invasion von Ameisen, Kellerasseln, Schaben, Hornissen oder sogar kleinen Säugetieren mitansehen.

Vor allem aber fürchten Sie, was in anderen Situationen unser Lebenselixier ist: Wasser; denn das versucht, sich überall Zugang zu verschaffen.

Der Regen holt sich zurück, was wir der Natur genommen haben. Zunächst nimmt er sich das hölzerne Rahmenwerk vor, bei Wohnhäusern der nördlichen Hemisphäre die häufigste Bauweise. Der Prozess beginnt am Dach, wo er es vermutlich mit Bitumen-, Schiefer- oder Tondachziegeln zu tun bekommt, deren Garantiezeit von zwanzig bis dreißig Jahren das erste Leck in der unmittelbaren Umgebung des Schornsteins allerdings nicht mehr verhindern kann. Wenn sich das Kehlblech an den nach innen geneigten Dachflächen, wo der Regen zusammenströmt, unter der unablässigen Einwirkung löst, läuft Wasser unter die Schindeln und breitet sich auf den darunterliegenden Schalplatten oder Holzfasern aus.

Die heutige Bauweise setzt auf leichte Materialien. Einerseits ist nichts dagegen einzuwenden: Wenn wir so kostengünstig und leicht bauen, verbrauchen wir weniger natürliche Ressourcen. Andererseits sind die dicken Bäume, denen die Gebäude aus dem europäischen und japanischen Mittelalter und der amerikanischen Frühzeit ihre Stützstreben und Tragbalken verdanken, selten und kostspielig geworden, sodass uns heute gar nichts anderes übrig bleibt, als kleinere Bretter und Späne zusammenzuleimen.

Das Kunstharz in Ihrem kostenbewusst gewählten Spanplattendach, ein wasserfester Mix aus Formaldehyd und Phenolpolymeren, wurde auch auf die frei liegenden Kanten der Platten aufgetragen, was gar nichts nützt, weil die Feuchtigkeit in der Umgebung der Nägel eindringt. Schon bald beginnen sie zu rosten und ihren Halt zu verlieren. Das führt nicht nur augenblicklich zu Lecks, sondern auch zu einer fatalen Beeinträchtigung der Stabilität. Abgesehen davon, dass die Platten die Unterlage der Deckung bilden, geben sie sich auch gegenseitig Halt. Die Versteifungen – vorfabrizierte Hölzer, die von Metallverbindungen zusammengehalten werden – haben die Aufgabe, eine Spreizung des Dachstuhls zu verhindern. Doch wenn sich die Verschalung auflöst, geht auch die Stabilität der Konstruktion verloren.

Da die Schwerkraft auf die Verschalung einwirkt, reißen die Stifte, die die Metallverbindungen halten, aus dem nassen Holz, das jetzt mit einer flaumigen Schicht von grünlichem Schimmelpilz bedeckt ist. Unter dem Schimmel sondern dünne Fäden, sogenannte Hyphen, Enzyme ab, welche Zellulose und Lignin, also das Holz, zu Pilznahrung abbauen.

Das Gleiche geschieht mit dem Fußboden im Inneren. Wenn die Heizung ausgeht, platzen die Rohre, wenn es im Winter friert, und der Regen weht ins Haus, wo unter dem Aufprall von Vögeln oder dem Druck absackender Mauern die Fenster zersprungen sind. Selbst dort, wo das Glas noch heil ist, finden Regen und Schnee unaufhaltsam ihren Weg unter den Türschwellen ins Haus. Mit fortschreitender Fäulnis brechen die Tragebalken in sich zusammen. Schließlich lehnen sich die Wände zur Seite, und das Dach stürzt ein. Ein Scheunendach mit einem 50 Zentimeter großen Loch ist innerhalb von zehn Jahren hin. Ihr Haus hält vielleicht fünfzig, bestenfalls hundert Jahre.

Während das Unheil seinen Lauf nimmt, treiben Eichhörnchen, Marder und Eidechsen im Inneren des Hauses ihr Unwesen und nagen Nisthöhlen in das Ständerwerk, ohne sich um die Spechte zu kümmern, die der Wand von der anderen Seite zu Leibe rücken. Auch wenn ihnen anfangs die angeblich unverwüstlichen Fassadenverkleidungen aus Aluminium, Vinyl oder den wartungsfreien Zementfaserprofilen das Leben schwer machen, brauchen sie nur ein Jahrhundert zu warten, bis die meisten dieser Werkstoffe am Ende sind. Die ursprüngliche Farbimprägnierung ist fast verschwunden. Während das Wasser sich unaufhaltsam seinen Weg in Schnittkanten hineinsucht und durch die Löcher sickert, die einst Nägel füllten, machen sich Bakterien über die organischen Bestandteile der Baustoffe her und lassen nur die Mineralien zurück. Abgefallene Vinylverkleidungen, deren Farben schon früh verblassten, sind jetzt spröde und brüchig, da ihre Weichmacher abgebaut sind. Das Aluminium hat sich besser gehalten, doch dort, wo sich auf seiner Oberfläche salzhaltiges Wasser sammelt, frisst dieses langsam kleine Löcher, in denen eine körnige weiße Schicht zurückbleibt.

Jahrzehntelang sind Ihre stählernen Heizungszüge und Kühlschächte, auch als sie den Elementen ausgesetzt waren, durch die Verzinkung geschützt gewesen. Doch in gemeinsamer Anstrengung ist es Feuchtigkeit und Luft gelungen, sie in Zinkoxid zu verwandeln. Sobald die Verzinkung zerfressen ist, zerfällt das ungeschützte dünne Stahlblech in wenigen Jahren. Schon lange zuvor sind die wasserlöslichen Bestandteile des Rigips im Erdreich versickert. Bleibt nur noch der Schornstein, wo der ganze Ärger begann. Nach einem Jahrhundert steht er zwar noch immer, doch seine Ziegel fallen nach und nach herab und zerbrechen, weil der Kalkmörtel unter dem Einfluss der Temperaturschwankungen bröckelig wird und zu Staub zerfällt.

Wenn Sie stolzer Besitzer eines Swimmingpools waren, so hat er sich jetzt in einen Blumenkasten verwandelt, wo entweder die Aussaat jener Ziersträucher und Bäume wächst, die einst nur Ihren Garten schmückten, oder heimische Laubhölzer, an den Rand der Siedlung abgedrängt, die dort auf ihre Chance zur Rückeroberung des Terrains lauerten. Wenn das Haus über einen Keller verfügt, so füllt sich auch dieser mit Erde und Pflanzenleben. Brombeersträucher und Wilder Wein ranken an stählernen Gasleitungen empor, die zu Rost zerfallen sein werden, bevor ein weiteres Jahrhundert verstrichen ist. Die weißen PVC-Rohre in Bad und Küche haben eine gelbliche Färbung angenommen und sind an der lichtzugekehrten Seite dünn geworden. Dort ist das Chlorid zu Salzsäure verwittert, die nun sich selbst und das Polyvinyl in ihrer Nähe auflöst. Nur die Kacheln im Badezimmer sind relativ unverändert, da gebrannte Keramik ähnliche chemische Eigenschaften hat wie Fossilien – auch wenn die Kacheln nun, mit faulendem Laub vermischt, am Boden liegen.

Was nach 500 Jahren noch vorhanden ist, hängt davon ab, an welchem Ort der Welt Sie leben. War das Klima gemäßigt, befindet sich ein Wald an der Stelle der Vorstadt; von einigen Hügeln abgesehen, ähnelt er allmählich wieder dem Ort, der er war, bevor sich die Stadtplaner darüber hermachten. Zwischen den Bäumen, halb verborgen unter dem sprießenden Unterholz, liegen die Aluminiumteile von Geschirrspülern und Kochtöpfe aus Edelstahl, deren Kunststoffgriffe rissig geworden, aber noch stabil sind. Im Laufe der kommenden Jahrhunderte wird sich – obwohl es kein Werkstoffprüfer mehr erfahren wird – endlich erweisen, wie lange es dauert, bis Aluminium korrodiert und zerfällt: Aluminium ist ein relativ neues Material, das den Frühmenschen unbekannt war – sein Grundstoff muss elektrochemisch bearbeitet werden, um das Metall zu gewinnen.

Die Chromlegierungen, die dem Edelstahl seine Elastizität verleihen, werden diese Aufgabe wahrscheinlich noch einige Jahrtausende lang erfüllen, vor allem wenn die Töpfe, Pfannen und Bestecke aus Kohlenstoff-Stahl unter Sauerstoffabschluss begraben liegen. Sollte irgendwer in hunderttausend Jahren diese Dinge ausgraben, wird ihn die Entdeckung so gebrauchsfertiger Werkzeuge unvermittelt auf eine höhere Evolutionsstufe katapultieren. Die Erkenntnis, diese wunderbaren Objekte nicht nachbauen zu können, wird sicherlich eine niederschmetternde Enttäuschung sein – oder in ihrer Rätselhaftigkeit der Ansatzpunkt einer neuen Religion.

In den Gegenden der Erde mit trockenem und heißem Klima

werden die Kunststoffbestandteile des modernen Lebens rascher zerbröckeln, da die Polymerketten unter dem fortwährenden Beschuss von Ultraviolettstrahlung zerfallen. Angesichts geringerer Feuchtigkeit ist Holz dort haltbarer, während alle Metallteile, die mit den salzigen Wüstenböden in Berührung kommen, schneller rosten. Nun lassen römische Ruinen aber vermuten, dass dickes Gusseisen noch in den archäologischen Funden einer fernen Zukunft vertreten sein könnte, daher dürfte eines Tages der seltsame Anblick von Hydranten, die zwischen Kakteen aus dem Boden ragen, zu den wenigen Hinweisen gehören, dass es hier einmal Menschen gab. Wenn Backsteine und Rigipswände längst der Erosion zum Opfer gefallen sind, werden die schmiedeeisernen Balkon- und Fenstergitter, die sie einst schmückten, immer noch erkennbar sein, wenn auch löchrig wie Tüll: Der Rost, der sich durch das Eisen frisst, lässt nur dessen kristallines Gerüst zurück.

Früher errichteten wir unsere Gebäude oft auch aus den dauerhaftesten Stoffen, die wir kannten: Granitblöcken zum Beispiel. Die Ergebnisse sind noch heute Gegenstand unserer Bewunderung, doch wir machen inzwischen nur noch selten von dieser Technik Gebrauch, weil Abbau, Zuschneiden, Transport und Einpassen der Steine eine Geduld verlangen, die wir nicht mehr besitzen. Baumeister wie Antonio Gaudí, der in Barcelona im Jahr 1882 mit der Errichtung der noch immer unvollendeten Basilika *Sagrada Familia* begann, gibt es nicht mehr – niemand ist bereit, in Bauwerke zu investieren, die unsere Ururenkel in 150 Jahren vollenden werden. Ganz zu schweigen von den Kosten, die, da wir nicht mehr auf Tausende von Sklaven zurückgreifen können, sehr beträchtlich sind, vor allem im Vergleich mit einer anderen römischen Erfindung: dem Beton.

Heute verfestigt sich dieses Gemisch aus Kalkstein, Ton, Wasser und Zusatzstoffen während des Aushärtens zu künstlichem Gestein und wird mehr und mehr zur erschwinglichsten Option des *Homo sapiens urbanus*. Was wird also mit den Betonstädten geschehen, die heute mehr als die Hälfte der Menschheit beherbergen?

Bevor wir uns dieser Frage zuwenden können, müssen wir uns mit einer anderen beschäftigen, die das Klima betrifft. Wenn wir morgen verschwinden, wird die Eigendynamik bestimmter Kräfte, die wir bereits in Gang gesetzt haben, noch so lange fortwirken, bis Jahrhunderte später der Einfluss von Schwerkraft, Chemie und Entropie ein neues Gleichgewicht herstellt, das nur noch teilweise dem ähneln wird, das vor unserer Zeit herrschte. Dieses frühere Gleichgewicht beruhte darauf, dass ein erheblicher Teil des Kohlenstoffs, den wir inzwischen wieder in die Atmosphäre befördert haben, unter der Erdkruste eingeschlossen war. Statt zu verfaulen, könnten die Balkenkonstruktionen unserer Häuser konserviert werden wie die Planken der spanischen Galeonen, die dem steigenden Salzgehalt des Meerwassers ihre Erhaltung verdanken.

In einer wärmeren Welt würden die Wüsten möglicherweise noch trockener werden, während die Gegenden, in denen Menschen lebten, wahrscheinlich wieder von dem Element in Besitz genommen würden, das die Menschen ursprünglich angelockt hatte: fließendes Wasser. Von Kairo bis Phoenix entstanden Wüstenstädte dort, wo Flüsse Trockengebiete bewohnbar machten. Als ihre Zahl anstieg, unterwarfen die Menschen diese Wasseradern ihrer Kontrolle und leiteten sie in einer Weise um, die ein weiteres Bevölkerungswachstum ermöglichte. Doch mit den Menschen werden auch diese Veränderungen am natürlichen Lauf der Flüsse verschwinden. Den trockeneren, heißeren Wüstenklimata stehen dann feuchtere, stürmischere Großwetterlagen in den Gebirgen gegenüber, die reißende Wassermassen in die Ebenen schicken, Dämme überfluten, sich in die ehemaligen Überschwemmungsgebiete ergießen und alles begraben, was auf ihren alljährlich abgelagerten Schlammschichten erbaut wurde. Unter dieser Schicht könnten Hydranten, Lkw-Reifen, zertrümmertes Flachglas, Apartment- und Bürohochhäuser unbefristet fortbestehen, den Blicken allerdings ebenso gründlich entzogen wie einst unsere fossilen Brennstoffe.

Kein Denkmal wird ihr Grab kennzeichnen, nur die Wurzeln der Pappeln, Weiden und Palmen werden ihre Anwesenheit gelegentlich zur Kenntnis nehmen. Erst Ewigkeiten später, wenn die alten Gebirge abgetragen und neue aufgeworfen sind, werden junge Ströme neue Felsschluchten durch Sedimentschichten graben und dabei offenbaren, wer hier kurze Zeit weilte.

Harald Lesch und das Quot-Team

Quantenmechanik für die Westentasche

Die Quantenmechanik ist eine mathematisch-physikalische Theorie zur Beschreibung der grundlegenden Eigenschaften von Licht und den Bausteinen der Materie. Sie befasst sich also mit den Vorgängen in der Welt der Atome und mit deren Wechselwirkung mit elektromagnetischer Strahlung. Jenseits jedes menschlichen Erfahrungsbereiches behandelt die Quantenmechanik die materiellen Wurzeln der Natur, das heißt, sie ist eine fundamentale Theorie, die mit keinem anderen mathematischen Modell der Physik zu vergleichen ist. Sie ist völlig unanschaulich, es gibt keine Möglichkeit, Quantenmechanik bildhaft, also mit Beispielen aus dem Alltag, zu erklären, denn sie beschäftigt sich mit Teilchen, deren Massen und Ausdehnungen aberwitzig klein sind, nämlich nur 10^{-30} kg beziehungsweise 10^{-19} m. Im Grunde stellt die Quantenmechanik zunächst nur einen rein mathematischen Formalismus dar; ihre Vorhersagen wurden allerdings bis heute in jedem Experiment quantitativ und qualitativ beeindruckend bestätigt. Gemäß der Definition von Physik als einem sich im ständigen Wettbewerb von Experiment und Theorie befindlichen, selbstkritischen Beschreibungsversuch der Natur ist die Quantenmechanik heute die beste bekannte Theorie des Lichts und der Materie.

Wir formulieren hier drei grundlegende Prinzipien – wir nennen sie »Gebote« –, deren Auswirkungen in den nachfolgenden Anwendungen immer wieder thematisiert werden: der Welle-Teilchen-Dualismus, die Heisenberg'sche Unschärferelation und das Pauli-Prinzip. Die besondere Bedeutung dieser Postulate liegt in ihrem grandiosen Erfolg. »Der Erfolg heiligt die Mittel«, so überschrieb Werner Heisenberg einen seiner ersten Artikel. Dieser Satz ist vielleicht der Schlüssel zu einem ganz pragmatischen Umgang mit dieser so abstrakten Theorie.

Alle drei Gebote wurden experimentell mit der höchstmöglichen Genauigkeit bestätigt; sie machen grundsätzliche Aussagen über die physikalische Wirklichkeit. Nur dank dieser Prinzipien verstehen wir, warum es überhaupt stabile Materie gibt, worin die Unterschiede der chemischen Elemente im Periodensystem bestehen und wie die Sonne Energie freisetzt, um nur einige Fragestellungen zu nennen. Alle drei haben zu technischen Revolutionen geführt. Mehr als ein Drittel des Weltbruttosozialprodukts wird mit Quantenmechanik erwirtschaftet, beispielsweise durch Digitalkameras, Laser, Computer, Fotozellen, Halbleiterelektronik, medizinische Bildgebungsverfahren, Röntgenapparate und vieles mehr.

Zugrunde gelegt ist die Vorstellung, dass sich energetische Prozesse auf der Ebene der Materiebausteine nie kontinuierlich, sondern immer in diskreten, nicht weiter teilbaren Paketen, den Quanten, abspielen – daher auch der Name »Quantenmechanik«. Dabei ist die nahe Verwandtschaft von Strahlung und Materie von zentraler Bedeutung. Zusammengefasst könnte man formulieren: Materie ist »geronnene« Strahlung, und Strahlung ist »verdünnte« Materie.

Diese Eigenschaften von Materie und Strahlung bleiben unserer normalen Anschauung allerdings verborgen. Erst nach und nach konnten die Gemeinsamkeiten von Licht und Materie durch ausgeklügelte Experimente offengelegt werden. Dass sich Licht wie materielle Teilchen verhält, tritt experimentell zum Beispiel im Fotoeffekt in Erscheinung, bei dem Elektronen aus einer metallischen Oberfläche durch Licht herausgelöst werden. Zur Erklärung dieses Phänomens benutzte Albert Einstein im Jahre 1905 die von Max Planck bereits 1900 entwickelte Theorie, dass Strahlung aus einzelnen Paketen, den Lichtquanten (Photonen), besteht. Die Energie eines Photons steigt mit seiner Frequenz. Nur ein Lichtquant, das eine bestimmte Mindestenergie hat, ist in der Lage, den Fotoeffekt auszulösen, das heißt, ein Elektron aus einer Metalloberfläche »herauszuschlagen«. Damit war klar: Licht hat Teilcheneigenschaften.

Die Vorstellung, dass Licht aus einzelnen Quanten besteht, steht im Widerspruch zu den aus vielen Experimenten bekannten Welleneigenschaften des Lichts. Lichtwellen können sich überlagern, dabei entstehen helle und dunkle Streifen, die man Interferenzmuster nennt. Zudem lässt sich leicht zeigen, wie Licht an Hindernissen oder Blenden gebeugt wird. Licht besitzt also ganz offenbar zwei auf den ersten Blick widersprüchliche »Naturen«, es ist zugleich Welle und Teilchen.

Die Teilchennatur der Materie war schon seit dem Ende des 19. Jahrhunderts bekannt. Materie besteht aus Atomen, die ihrerseits aus positiv geladenen Atomkernen und negativ geladenen Elektronen aufgebaut sind. 1923 aber formulierte Louis de Broglie die Hypothese, dass sich Teilchen auch wie Wellen verhalten können. 1927 konnte die Wellennatur der Materie in voller Übereinstimmung mit de Broglies Hypothese bestätigt werden. Man lässt Elektronen durch einen engen Doppelspalt auf einen empfindlichen Beobachtungsschirm prallen. Dabei zeigt sich ein Interferenzmuster aus hellen und dunklen Streifen, genau wie bei einem Beugungsexperiment mit Wellen. Dieses Muster entsteht durch die Überlagerung von Elektronenwellen aus den beiden Blendenöffnungen. Mit anderen Worten: Auch materielle Teilchen verhalten sich unter bestimmten Bedingungen wie Wellen – Materie hat Welleneigenschaften. Dieser Nachweis brachte der Quantenmechanik ihre ersten Erfolge, da sie Licht wie Materie und Materie wie Licht behandelt.

In einem nächsten Schritt musste dieser neu erkundeten Ambivalenz mit einer quantitativen Beschreibung im Rahmen einer physikalischen Theorie Rechnung getragen werden. Selbige musste in ihrem mathematischen Formalismus Wellen und Teilchen als gleichberechtigte mögliche Zustände enthalten. Die Grundlagen dieser Theorie, der Quantentheorie, wurden in den Jahren 1925 bis 1927 erarbeitet. Wesentlich daran beteiligt waren Erwin Schrödinger, Werner Heisenberg, Max Born, Wolfgang Pauli und Paul Dirac. Die Quantentheorie ist etwas völlig anderes als die bloße Vorstellung von einem Welle-Teilchen-Dualismus; sie ist darüber hinaus viel abstrakter. Der Wellenaspekt wird durch eine Wellenfunktion beschrieben, die allerdings mit Wellen unseres Verständnisses gar nichts zu tun hat. Vielmehr gibt sie nur die Wahrscheinlichkeit für den Zustand eines Teilchens an, so zum Beispiel, ob sich ein Teilchen an einem bestimmten Ort befindet, welchen Impuls, Drehimpuls oder welche Energie es besitzt. Teilchen sind in ihren Zuständen nie genau lokalisierbar; Wellenfunktionen mehrerer Teilchen können sich überlagern, und so kommt es in der atomaren Welt zu Ereignissen, die nur die Quantenmechanik anhand des Welle-Teilchen-Bildes von Licht und Materie erklären kann. Von diesen Effekten handelt unser Buch.

Kommen wir nun zu den drei Geboten, den Grundgesetzen der Quantenmechanik:

Das erste Gebot lautet: *Licht kann sich materieähnlich verhalten, und Materie kann sich lichtähnlich verhalten. Der Charakter von Strahlung und Materie ist beides: Welle und Teilchen. Welche Eigenschaft auftritt, hängt von den experimentellen Bedingungen ab.*

Dieser Welle-Teilchen-Dualismus hat zur Folge, dass der Zustand eines Teilchens nur noch in Form von Wahrscheinlichkeiten angegeben werden kann. Dies gilt für solche Zustandsgrößen wie den Ort, den Impuls oder die Energie. Mathematisch wird eine Wellenfunktion benutzt, die angibt, mit welcher Wahrscheinlichkeit ein Teilchen einen bestimmten Ort oder Impuls oder eine bestimmte Energie annimmt. Aus dem Wahrscheinlichkeitscharakter der Wellenfunktion ergibt sich ein zweites grundlegendes Gebot der Quantenmechanik: die Heisenberg'sche Unbestimmtheitsrelation, die wir hier für Ort und Impuls angeben.

Das zweite Gebot lautet: *Es ist prinzipiell unmöglich, zur selben Zeit sowohl Ort als auch Impuls ganz genau zu kennen.*

Was bedeutet dieses Gebot? Die gleichzeitige exakte Messung von Teilchenorten und Teilchenimpulsen ist grundsätzlich unmöglich. Wenn durch Verfeinerung der Messmethoden der Ort eines Teilchens genauer bestimmt werden kann, wird die Unsicherheit in Bezug auf den Impuls größer (und umgekehrt). In der Welt der Atome ist die Messung eine nicht mehr vernachlässigbare Beeinflussung des gemessenen Objekts. Aber Vorsicht: Die Unbestimmtheit ist nicht nur durch die begrenzte Genauigkeit der Messgeräte bedingt, sondern auch auf grundsätzliche Weise mit dem Messprozess selbst verknüpft. Schließlich entspricht jede physikalische Wechselwirkung einem Messprozess.

Bei jeder Wechselwirkung von Teilchen untereinander oder von Strahlung mit Teilchen nimmt die Natur eine Messung vor. Die Unbestimmtheitsrelation ist der Ausdruck für die Unmöglichkeit, in einem System eine Messung vorzunehmen, ohne mit ihm in Wechselwirkung zu treten: Wechselwirkst du mit mir, wechselwirke ich mit dir!

Neben Ort, Impuls und Energie ist eine weitere Teilcheneigenschaft für unsere Zwecke von Bedeutung, denn erst die Angabe aller vier Größen beschreibt den Zustand eines Teilchens. Es geht um den Spin (englisch für Drehung oder Drall). Anschaulich wird er mit der Eigendrehung von Teilchen in Verbindung gebracht. Experimentell stellt man fest, dass es zwei Ausrichtungen für den Spin des Elektrons gibt, die mit $-1/2$ und $+1/2$ bezeichnet werden.

In den Jahren 1925/26 postulierte Wolfgang Pauli, zunächst nur durch intuitives Herumprobieren, seine berühmte Ausschlussregel, die er später für alle Teilchen mit halbzahligem Spin mathematisch ableiten konnte.

Das dritte Gebot lautet: *Zwei Elektronen können sich unter keinen Umständen im selben physikalischen Zustand befinden, der durch ihre Energie, ihren Ort, ihren Impuls und die Ausrichtung ihrer Spins gekennzeichnet ist.*

Das Pauli-Prinzip gilt für alle Teilchen, aus denen die uns umgebende Materie aufgebaut ist. Es beschreibt erfolgreich den Aufbau des Periodensystems der Elemente, die Eigenschaften der chemischen Elemente, ihre Bindungsfähigkeit und die Spektrallinien der Atome. Seine Bedeutung reicht aber noch viel tiefer, denn da nach der Pauli-Regel ein Teilchen nicht dort sein kann, wo sich bereits ein anderes Teilchen aufhält, erklärt es die Stabilität und Undurchdringlichkeit der Materie. Etwas flapsig formuliert könnte man auch sagen: Pauli erklärt, warum man nicht mit dem Kopf durch die Wand kann.

Drei Gebote, drei Treffer – auch heute noch gilt in der Quantenmechanik: Der Erfolg heiligt die Mittel.

AUSBLICKE

Aus Philosphie, Religion und Psychologie

Hans Küng

Umstrittene Wahrheit

Prolog

Es sei mir vergönnt zu erleben, so hatte ich immer gehofft, wer nach Johannes Paul II. der nächste Papst sein würde. Diese Hoffnung hat sich erfüllt, aber völlig anders als ich und alle, die auf einen Papst auf der Linie Johannes' XXIII. und des Zweiten Vatikanischen Konzils gewartet hatten, es wünschten.

Kein Zweifel, daß die Papstwahl im Jahr 2005 die Bedeutung dieser Lebenserinnerungen, aber auch meine Verantwortung als Autor erheblich erhöht hat. Fast alle meine großen Kampfgefährten für die Erneuerung von Theologie und Kirche seit der Konzilszeit sind tot oder inaktiv, außer einem, und der ist Papst geworden. JOSEPH RATZINGER ist BENEDIKT XVI.

Aus persönlichen wie sachlichen Gründen dürfte ein Vergleich unserer Lebensläufe unter den Bedingungen der zweiten Hälfte des 20. Jahrhunderts höchst aufschlußreiche Analysen bieten von der Entwicklung der katholischen Theologie und Kirche, ja der Gesellschaft überhaupt. Es drängt sich mir seit langem die Beobachtung auf, daß unsere sehr verschiedenen Reaktionen auf die *Zeichen der Zeit* etwas Exemplarisches haben für den Kurs von Kirche und Theologie. Dabei wird der Leser nicht selten erstaunt feststellen, wie viele Gemeinsamkeiten sich zeigen, allen Unterschieden zum Trotz. Selbstverständlich will ich nicht den Eindruck erwecken, Joseph Ratzingers und mein Leben seien sozusagen schicksalhaft miteinander verkettet oder ich würde gar mein Leben im Spiegel Ratzingers betrachten. Nein, jeder lebt sein eigenes Leben. Doch ist nicht zu übersehen, daß unsere Lebenswege rund vier Jahrzehnte weithin parallel verlaufen, sich dann intensiv berühren, doch wieder auseinandergehen, um sich immer wieder zu kreuzen.

Wir standen und stehen als katholische Theologen im Dienst der katholischen Kirchengemeinschaft. Aber anders als Joseph

Ratzinger habe ich mich in den 60er Jahren entschieden, mich nicht dem hierarchischen römischen System, wie es sich erst im zweiten Jahrtausend institutionell herausbildete, zu verpflichten und in den Dienst einer klerikal-zentralistischen »Weltkirche« zu treten; damit hätte ich mich faktisch auf die Kirchenwelt beschränkt. Vielmehr wollte ich mich gerade als evangelisch gesinnter katholischer Christ und Theologe in den Dienst der Menschen innerhalb und außerhalb der katholischen Kirche stellen und wurde – »hominum confusione Dei providentia – durch der Menschen Verwirrung und Gottes Vorsehung« – befreit und gedrängt, mich intensiv auf die immer wichtigeren Themen der Weltgesellschaft einzulassen. Ohne meine Verwurzelung im christlichen Glauben je aufzugeben, ein Leben in sich erweiternden konzentrischen Kreisen: Einheit der Kirchen, Friede der Religionen, Gemeinschaft der Nationen.

Zeugnisse aus erster Hand: Ratzinger – Küng

Keine Frage ist mir öffentlich und privat vor, während und nach dem Konklave zur Papstwahl 2005 so oft gestellt worden wie diese: *Warum sind die Lebensläufe* zweier Kollegen und Gesinnungsgenossen bei aller Gemeinsamkeit mit der Zeit so weit *auseinandergedriftet*? Schon in meinem ersten Memoirenband habe ich auf Parallelität und Divergenz der theologischen Wege von JOSEPH RATZINGER und mir aufmerksam gemacht. Aber die Erfahrungen der allerletzten Jahre und vor allem das genaue Studium von Joseph Ratzingers eigenen knappen, aber inhaltsreichen Erinnerungen *Aus meinem Leben* von 1998 haben mich vieles besser verstehen lassen.

Zwei Lebensläufe sollen in diesem Prolog nur skizziert werden. Sie lassen sich selbstverständlich nur im Kontext übergreifender zeitgeschichtlicher Bewegungen und bestimmter Ereignisse erschließen, gehen aber keineswegs in ihnen auf und sind somit auch nicht nur Produkt einer sozialen Schicht: In beiden Fällen geht es um ein selbst gelebtes und gestaltetes Leben, über das in diesem Prolog authentisch aufgrund der Selbstzeugnisse im Vergleich nachgedacht werden soll. Wer Genaueres wissen will und Belege sucht, lese JOSEPH RATZINGERS Buch *Aus meinem Leben. Erinnerungen (1927–1977)*. Wer über mein Leben zwischen 1928 und 1968 Genaueres wissen möchte, lese *Erkämpfte Freiheit*, den ersten Band meiner eigenen *Erinnerungen*, auf den ich oft Bezug nehme.

Wie Joseph Ratzingers Erinnerungen sind selbstverständlich auch die meinen subjektiv gefärbt, in etwa parteiisch für die eigene Sicht der Dinge. Jede Geschichte, auch jede Lebensgeschichte, ist gedeutete Geschichte. Doch als Autobiographie, als von uns selbst gedeutete Geschichte, hat sie ihre eigene, durch nichts zu ersetzende Authentizität: *Zeugnisse aus erster Hand*. Wie Joseph Ratzinger bin ich um größtmögliche Sachlichkeit bemüht, was persönliche Leidenschaftlichkeit – bei ihm verdeckt, bei mir offen – nicht ausschließt. Am 24. September 2005 habe ich meinen alten Tübinger Kollegen nach 22 Jahren zum ersten Mal wiedergesehen – dieses Mal als Papst Benedikt XVI.

Auf derselben Wellenlänge?

»Ich hatte in Rom sehr rasch festgestellt, daß wir auf derselben ›Wellenlänge‹ sind, und das ist ja das Entscheidende«, so schrieb ich im Frühjahr 1963 im Hinblick auf meine mögliche Berufung nach Münster/Westfalen an den bereits dort lehrenden JOSEPH RATZINGER. Hatte ich mich geirrt? Nein, das Gemeinsame war damals zweifellos stärker als das Trennende und basierte schon auf strukturell ähnlichen Bedingungen unserer Herkunft. Kein Mensch geht auf in seiner sozialen Zugehörigkeit, und doch ist diese grundlegend für seinen Lebensweg.

Beide stammen wir aus einer *konservativ-katholischen Familie und aus einem Alpenland*, er aus Bayern, ich aus der Zentralschweiz; wir lieben beide Berge und Seen. Wir sind Alters- und fast Jahrgangsgenossen: Ratzinger ist am 16. April 1927 geboren, ich am 19. März 1928. Aber selbstverständlich wächst ein Beamtensohn in einer Gendarmerie und nach der Pensionierung des Vaters in einem bescheidenen Bauernhaus und schon als

Zwölfjähriger in einem klerikalen Knabenseminar anders auf als ein Kaufmannssohn in einem gastfreundlichen Bürgerhaus am Rathausplatz, einem Zentrum für die ganze weitverzweigte Verwandtschaft. Keine wohlbehütet strenge polizeiliche oder geistliche, sondern eine lebendige, weltlich-offene Atmosphäre.

Für uns beide ist *humanistische Bildung* von Anfang an ein Ideal, und beide besuchen wir ein humanistisches Gymnasium, in dem Latein und Griechisch die Basis des ganzen Unterrichts ist. Aber er führt im Knabenseminar – Vorstufe zum eigentlichen Priesterseminar – ein strikt geregeltes Leben, von dem selbstverständlich alle Mädchen ferngehalten werden. Ich erlebe in den oberen Klassen des relativ liberalen Gymnasiums von Luzern eine durch die (unter Katholiken noch vielfach verpönte) »Koedukation« mit Mädchen höchst positiv veränderte Klassenatmosphäre und Freundschaften fürs Leben. Er bekommt es schon bald mit einer neuen Generation von Lehrern zu tun, entschiedenen Vorkämpfern des Nazismus. Meine Lehrer und Klassenkameraden und -kameradinnen sind allesamt stramm patriotische Nazigegner. Was eine freiheitliche Demokratie ist, lernt er erst viele Jahre später, und sie wird ihm nie so stark Erlebniswelt wie die hierarchische Kirche.

Beide sind wir von der *Jugendbewegung* geprägt, die für mich kostbare Erinnerungen birgt an eine Jugend mit Bergtouren, Geländespielen, Wettbewerben und einem freien Leben, das regelmäßiges gemeinsames Gebet und jugendgemäß gestaltete Gottesdienste einschließt: eine von Nazi-Ideen glücklicherweise freie katholische Jugendbewegung. Ihm bleibt offensichtlich nichts anderes übrig, als der gleichgeschalteten Staatsjugend, der Hitler-Jugend, beizutreten. Seine schlimmen Erfahrungen der letzten Kriegsmonate in Flugabwehr (Flak), Arbeitsdienst, kurzem Militäreinsatz und amerikanischer Kriegsgefangenschaft entsprechen denen meiner deutschen Mitstudenten aus den Jahrgängen 1927/28 im römischen Collegium Germanicum. Ich verbringe meine ganze Jugend in der Schweiz, einer Insel des Friedens.

Beiden bietet uns in dieser wirren Zeit totalitärer Ideologien die *Verwurzelung in der katholischen Kirche* eine geistige Heimat, eine weltanschauliche Orientierung und moralische Stütze.

Beide sind wir begeisterte Ministranten. Doch die Kirche vor Ort wird für ihn durch den traditionellen Ortspfarrer und den Münchner Erzbischof repräsentiert, für mich durch einen in Auftreten, Kleidung, Mentalität unkonventionellen Jugendpräses, in Wort und Tat überzeugender Verkünder der Frohen Botschaft, ohne den auch ein Dutzend andere nie katholische Priester geworden wären. Meine Kirche ist eine Kirche weniger der Alten als der Jungen. Er hat sich auch ohne einen solchen Jugendpräses zum Priestertum entschlossen, schon von daher ist sein Priesterideal traditioneller, statischer, hierarchischer. Beeindruckt vom Kardinal in Purpur sagt sich der Junge, »so was« möchte er auch werden.

Beide feiern wir die vorkonziliare *Liturgie* mit ganzem Herzen mit und kommen schon früh mit den Anfängen der liturgischen Bewegung in Berührung. Aber für ihn ist diese Liturgie voller unergründlicher Geheimnisse, ein verwinkelter Bau, in dem die Orientierung nicht immer leicht zu finden ist, der für ihn aber gerade dadurch wunderbar und eine Heimat ist. Mir erklären die Liturgikvorlesungen an der Gregoriana genau die Geschichte der Liturgie, orientiert an den historischen Forschungen des größten Liturgiewissenschaftlers seiner Zeit, JOSEF ANDREAS JUNGMANN, dessen fundamentales Werk *Missarum solemnia* Ratzinger nie erwähnt. Dieser akkurate Historiker und Anwalt der Volksliturgie hätte ihn aufgeklärt über die ursprüngliche, einfache und verständliche Eucharistiefeier, über all die Verschiebungen in Inhalt und Form, die oft willkürlichen Hinzufügungen, problematischen Neuerungen und nachträglichen Mystifikationen.

Beide studieren wir zunächst *Philosophie*. Uns beide fesseln gleichermaßen die *Bekenntnisse* des AUGUSTINUS. Doch mit dem rationalen und systematischen Denken des THOMAS VON AQUIN kann er, für den Augustin Leitfigur bleibt, sich weniger anfreunden als ich. Mir imponiert des Aquinaten Wende zum Kreaturlichen und Empirischen, zur rationalen Analyse und zur wissenschaftlichen Forschung. Beide lesen wir neben der Philosophie vieles andere: die Romane von Gertrud von Le Fort, Elisabeth Langgässer, Georges Bernanos, Fjodor M. Dostojewski, und im philosophisch-theologischen Bereich Romano Guardini, Josef Pieper, Theodor Häcker, Peter Wust und Theodor Steinbüchel. Aber ich beschäftige mich gleichzeitig intensiv mit der Tiefenpsychologie C. G. Jungs und mit moderner Kunst, dem Marxismus-Leninismus und dem existentialistischen Humanismus JEAN-PAUL SARTRES.

Beide studieren wir anschließend intensiv *Theologie*, er drei, ich fünf Jahre. Aber er denkt schon zu Beginn seines Universitätsstudiums daran, sich später der wissenschaftlichen Theologie zuzuwenden; er zweifelt an seiner Eignung für die praktische Seelsorge, insbesondere Jugendseelsorge. Ich will in die praktische Seelsorge gehen, womöglich in einer Stadt, und in die Jugendseelsorge, wofür mir freilich von Anfang an eine umfassende zeitgemäße Bildung, mit einem theologischen *Doktorat* besiegelt, wichtig scheint. Er promoviert 1953 in München über AUGUSTINS Lehre von der Kirche (»Volk und Haus Gottes«); ich 1957 in Paris über meinen berühmten Schweizer Landsmann, den reformierten Theologen KARL BARTH (»Rechtfertigung«). Unter den neueren katholischen Theologen imponiert ihm vor allem de Lubac, mir Yves Congar und Karl Rahner.

Natürlich befassen wir uns beide besonders mit der *Exegese des Neuen und Alten Testaments*. Aber während ich als Student in Rom vor den rückwärtsgewandten Exegeten der Gregoriana zum Päpstlichen Bibelinstitut nebenan fliehe, wo Professoren es wagen, Dogmen von der Schrift her korrigierend zu interpretieren und dafür später mit Sanktionen des Sanctum Officium bestraft werden, hört auch Ratzinger in München historisch-kritisch arbeitende Exegeten, flieht jedoch vor einer für ihn zu »liberalen« Exegese ins sichere Dogma. Während ich versuche, von der erstarrten neuscholastischen Dogmatik in neuer Unmittelbarkeit und Frische den Weg zu der im Neuen Testament bezeugten ursprünglichen christlichen Botschaft zu finden, versucht er gerade umgekehrt, eine kritische Exegese im Gehorsam gegen das Dogma abzufangen. Für mich ist die in neuer Direktheit entdeckte biblische Botschaft, für ihn das Dogma die »gebende Kraft«.

Hier zeichnet sich eine Weggabelung ab, die uns als katholische Theologen in verschiedene Richtungen führt: Für Ratzingers Theologie ist die historische Bibelkritik nur in engen Grenzen willkommen. Sie bleibt für seine dogmatische »Konstruktion« peripher. Für meine systematische Theologie aber wird sie grundlegend; geht es doch um die *geschichtliche Wahrheit* unseres christlichen Glaubens. Eine Rückkehr zum alten Liberalismus wollten weder er noch ich, allerdings wollte ich auch keine Rückkehr zum alten Dogmatismus. Hier stellt sich für uns beide das theologische Fundamentalproblem nach dem angelegten *Maßstab*: Bibel oder Dogma? Steht das Dogma unter oder über der Schrift? Ist der Christus des Dogmas vom Jesus der Geschichte her zu verstehen oder umgekehrt?

Zwei Lebensläufe kreuzen sich

Ein merkwürdiges Zusammenfallen: Exakt an demselben 21. Februar 1957, da Ratzinger in München seine Habilitation besteht, absolviere ich in Paris am Institut Catholique, der katholischen Universität, meine »Leçon doctorale« und am Nachmittag die »Soutenance« (Verteidigung) meiner Dissertation über die Rechtfertigungslehre KARL BARTHS: *La Justification du pécheur. La doctrine de Karl Barth et une réflexion catholique*. Alles auf französisch, auch die Diskussion. Gefährlich für mich ist sie (ich habe darüber in Bd. 1, Kap. IV: Eine Defensio und eine kleine Lüge, berichtet), weil der auf den jungen Nachwuchswissenschaftler eifersüchtige Barth-Spezialist Professor HENRI BOUILLARD SJ, der aber seine eigene große Barth-Interpretation noch immer nicht abgeschlossen hat, mir seine Forschungen vorenthält und mir bei der Verteidigung, wie ich höre, mehr als ein Dutzend gewichtiger Schwierigkeiten zu machen gedenkt. Ich meinerseits bereite mich ebenfalls peinlich vor, verfüge über einen (für viele Theologen nachher geradezu sensationellen) zustimmenden Geleitbrief von Karl Barth persönlich und führe die muntere Debatte mit dem Florett, so daß Bouillard über seine zweite Objektion nicht hinauskommt. Ein »Drama« war meine Promotion nicht, wohl aber »eine gewonnene Schlacht«.

Joseph Ratzingers »Drama der Habilitation« ergab sich daraus, daß der Zweitgutachter, der berühmte Münchner Dogmatikprofessor MICHAEL SCHMAUS, seine Habilitationsschrift wider alles Erwarten ablehnt, da sie »nicht den dabei geltenden wissenschaftlichen Maßstäben genüge«; Ratzinger war »wie vom Donner getroffen« (S. 82); seine ganze Zukunftsplanung schien in Frage gestellt. Die von Schmaus in Ratzingers Habilitationsschrift über den mittelalterlichen Kirchenlehrer BONAVENTURA diagnostizierte gefährliche Subjektivierung des Offenbarungsbegriffes ist (und bleibt bis heute) das Fragwürdige an Ratzingers Offenbarungsauffassung. In seiner schwierigen Situation kommt dem Habilitanden jedoch die »rettende Idee« (S. 87), wie er sich um alle Korrekturen elegant herumdrücken kann: Kurzerhand läßt er die Hauptteile über Bonaventura und die Offenbarung weg und baut dafür den letzten Teil über Bonaventuras Geschichtstheologie, gegen den auch Schmaus nichts einzuwenden hat, zur – nun freilich recht kurz geratenen – Habilitationsschrift aus.

An eine Habilitation denke ich, der ich an Ratzingers Habilitationstag »summa cum laude« zum Doktor der Theologie promoviert werde, nicht, wohl aber an ein Doktorat in Philosophie (»Doctorat ès-lettres«) an der Sorbonne – über die Christologie des deutschen Philosophen Hegel. Ein Thema, das mich seit Rom fasziniert und für das ich in Paris schon zwei bedeutende Professoren, MAURICE DE GANDILLAC und JEAN WAHL, bei meiner »Soutenance« zusammen mit HANS URS VON BALTHASAR (aus Basel angereist) anwesend, als »Patrons« gewonnen habe. An diesem Sujet arbeite ich seit dem Abschluß der theologischen Dissertation mit höchster Intensität.

Doch zugleich nütze ich das mir von meinem Bischof für die Dissertation von vornherein zugestandene, aber nicht benötigte zweite Jahr für längere Studienaufenthalte in Madrid, London und Amsterdam, um meinen geistigen Horizont und meine Sprachkenntnisse zu erweitern. Nach Deutschland, Italien, Frankreich wollte ich nun auch Spanien und die Niederlande kennenlernen, aber auch generell mein Englisch verbessern. Auch dies ein gewichtiger Unterschied: Während der Bayer

Ratzinger fürs Leben gern bayrische Luft atmet und sich seine Karriere in den ersten Jahrzehnten an die (west-)deutschen Grenzen hält, liebe ich, wiewohl in meiner Schweizer Heimat tief verwurzelt, den »Duft der großen weiten Welt«, den »weiten Raum«, um den schönen Titel der Lebenserinnerungen meines evangelischen Kollegen und Freundes Jürgen Moltmann zu zitieren. »Achte eines jeden Menschen Vaterland, das deine aber liebe«: dieser Spruch des Schweizer Nationaldichters Gottfried Keller ist eines meiner Lieblingsworte. Für viele Deutsche aber ist dies nach Nationalsozialismus, nach Weltkrieg und Holocaust verständlicherweise ein Problem, erst in der Fußballweltmeisterschaft 2006 durch einen frohen, nicht aggressiven Patriotismus relativiert.

Doch vor meinem Philosophiedoktorat an der Sorbonne will ich in die praktische Seelsorge und verlebe 1957–59 fast zwei glückliche Jahre im Herzen der Schweiz. Als Vikar an der Hofkirche zu Luzern arbeite ich in einer Pfarrei, in der die Erneuerung der Liturgie, der Verkündigung, der Seelsorge und der Ökumene in vollem Gang ist und durch die Ankündigung des Konzils mächtig befördert wird. Eine Erfahrung mit Menschen und ihren Nöten, Problemen und Hoffnungen, die Joseph Ratzinger, in seinem Münchner Kaplansjahr 1951/52 in einer traditionellen Pfarrei und schon auf dem Sprung an die Freisinger Hochschule, nicht in gleicher Weise zuteil wird, die meine Theologie jedoch ganz wesentlich bestimmen wird (Bd. 1, Kap. V: Bewährung in der Praxis). Ein weiterer gewichtiger Unterschied.

Doch kaum habe ich mich in Luzern eingelebt, erhalte ich von Karl Rahner die Einladung zum nächsten Treffen der Arbeitsgemeinschaft der deutschsprachigen Dogmatiker und Fundamentaltheologen im Oktober 1957 in Innsbruck. Und dort treffe ich zum ersten Mal nicht nur Michael Schmaus, sondern auch meinen Altersgenossen Joseph Ratzinger also nicht erst am Konzil, wie ich im ersten Band meiner Memoiren sage. Er ist jetzt Professor für Dogmatik in Freising und hat bereits eine intelligent sichtende, anerkennende Rezension meiner Dissertation geschrieben: »… für eine solche Gabe verdient Hans Küng den aufrichtigen Dank aller, deren Beten und Arbeiten der Einheit der getrennten Christenheit gilt.« Wir finden uns beide sofort sympathisch, wie sein als Motto über dieses Kapitel gesetzter Text noch 1998 bezeugt. In Innsbruck kommt es jedoch zu keinem längeren Gespräch, denn erst hier bin ich plötzlich mit einer Grundentscheidung bezüglich meiner beruflichen Zukunft konfrontiert: praktische Seelsorge oder Universitätslaufbahn?

Während dieser Theologenkonferenz erklärt mir nämlich Professor HEINRICH FRIES, früher Fundamentaltheologe in Tübingen, jetzt in München, ein philosophisches Doktorat in Paris nach meinem philosophischen Lizentiat sei überflüssig und eine theologische Habilitation in Deutschland unbedingt vorzuziehen. Ich solle mich für das Fach Dogmatik an Schmaus, Rahner oder Volk wenden. Schmaus, nach Rahners Worten von einem »Anbetungsverein« umgeben, kommt für mich nicht in Frage. Rahner selber auch nicht, weil ich mich in Deutschland und nicht in Innsbruck habilitieren möchte. Bleibt HERMANN VOLK, damals hochangesehener Professor der Dogmatik an der seinerzeit größten Katholisch-Theologischen Fakultät Deutschlands in Münster/Westfalen, der später Bischof von Mainz und Kardinal werden sollte. Ihn frage ich und werde angenommen und erhalte zu meinem Unterhalt und theologischen Fortkommen die Stelle eines Wissenschaftlichen Assistenten angeboten. Ich arbeite mein Hegel-Manuskript zu einer Habilitationsschrift aus und meinen Basler Vortrag über »Ecclesia semper reformanda« zu einem Buch für das bevorstehende Konzil.

Gemeinsam am Konzil 1962–65

Auch diese Münsteraner Zeit ist für mich, wie ebenfalls beschrieben, eine glückliche Zeit (Bd. 1, Kap. V: Der Weg in die Wissenschaft). Aber nach nicht einmal einem Jahr erhalte ich – ehrenvoll ohne Habilitation wie seinerzeit Karl Barth (dieser sogar ohne Doktorat) aufgrund meiner Dissertation über »Rechtfertigung« und meines 400seitigen Manuskripts über »Menschwerdung Gottes. Die Christologie Hegels« – den Ruf auf den Lehrstuhl für Fundamentaltheologie an der Universität Tübingen. Im

Mai 1960, drei Jahre nach meiner Promotion und mit nur kurzer Vorbereitung, trete ich als Ordinarius an. Jetzt darf auch das der Fakultät ebenfalls vorliegende – aus begründeter Sorge vor römischer Intervention gegen meine Berufung zurückgehaltene – programmatische Buch »Konzil und Wiedervereinigung. Erneuerung als Ruf in die Einheit« veröffentlicht werden, das ein Motto des großen Konzilspapstes JOHANNES' XXIII., für mich bis heute der größte Papst des 20. Jahrhunderts, trägt. Auch Joseph Ratzinger ist 1959 Ordinarius für Fundamentaltheologie an der Universität Bonn geworden.

In Rom sehen wir uns wieder: 1962 fahren wir zwei Professoren der Fundamentaltheologie zum Konzil – er als theologischer Peritus (Berater) des Erzbischofs von Köln, Kardinal Frings, ich als der des Bischofs von Rottenburg (Stuttgart), Carl-Joseph Leiprecht. Wir sind die jüngsten von Papst Johannes XXIII. ernannten Konzilstheologen des Vatikanum II. Professor Schmaus, ebenfalls Peritus, ärgert sich über diese beiden »Teenager-Theologen«, die hier mehr Gehör fänden als er, und reist ab. Selbst für seine modernere Art Neuscholastik besteht im Konzil kein Bedarf. Über unsere Erfahrungen in diesem Zweiten Vatikanischen Konzil (1962–65) habe ich ausführlich berichtet (Bd. 1, Kap. VII–IX).

Ratzingers Tübinger Berufung 1966

Joseph Ratzinger war noch während des Konzils 1963 vom Bonner Lehrstuhl auf den Dogmatik-Lehrstuhl an der Universität *Münster* in Westfalen hinübergewechselt. Auch ich erhalte 1963, von Ratzinger befürwortet, einen Ruf nach Münster. Doch wegen der mir jetzt in Tübingen zugesagten Gründung eines Instituts für ökumenische Forschung, verbunden mit einem neuen Lehrstuhl für dogmatische und ökumenische Theologie, lehne ich ab und schlage vor, daß Dr. WALTER KASPER, mein vor der Habilitation stehender solider und vielversprechender Assistent, den Lehrstuhl in Münster an meiner Stelle übernehme. Und er erhält ihn auch.

Doch zwei Jahre später engagiere ich mich mit doppelter Kraft – als Dekan und als Inhaber des Parallellehrstuhls für Dogmatik – für die Berufung von Professor JOSEPH RATZINGER nach *Tübingen*. Inzwischen hat nämlich mein bisheriger Kollege in Dogmatik, LEO SCHEFFZCYK, einen Ruf nach München als Nachfolger seines Lehrers Schmaus angenommen, wo er sich dann als Emeritus nicht zuletzt mit intensiven publizistischen Aktivitäten gegen mich den Kardinalshut verdient hat. Meine Begründung für die Berufung Ratzingers: Er sei der einzige Kandidat im deutschen Sprachraum, der alle von mir angeführten Kriterien für diesen Lehrstuhl für Dogmatik und Dogmengeschichte erfülle; er möge deshalb nicht mit der vorgeschriebenen Dreierliste (»terna«), sondern, wie in Ausnahmefällen möglich, als einziger Kandidat (»unico loco«) Senat und Ministerium vorgeschlagen werden.

Vor meinem außergewöhnlichen Schritt hatte ich, wie im ersten Band meiner Erinnerungen berichtet, mit Ratzinger anläßlich eines Besuches in Münster Anfang Mai 1965 vertraulich über eine Berufung nach Tübingen gesprochen und dann mit verschiedenen Kollegen in Tübingen verhandelt. In einem Brief vom 11. Mai schreibe ich ihm, daß wir den Ruf noch etwas hinausziehen könnten, um ihm den Abschied aus Münster zu erleichtern. Nur müßten wir »in diesem Fall *sicher* wissen, daß Sie kommen, damit wir nicht schließlich ohne die Taube auf dem Dach *und* den Spatz in der Hand bleiben«. Darauf antwortete Joseph Ratzinger vier Tage später: Wenn sich die Berufung bis wenigstens Ostern 1966 hinausschieben lasse und wir ihm um seiner Schwester willen eine ordentliche Wohnung bis spätestens Herbst 1966 zusichern könnten, »werde ich mich gerne als Spatz in die Hand der Tübinger Fakultät geben«. Die Fakultät stimmt meinem Antrag nach kurzer Diskussion einstimmig zu, und der Große Senat der Universität bald darauf ebenfalls.

Wie ich zu dieser Zeit von Joseph Ratzinger denke, ergibt sich klar aus dem von mir verfaßten Vorschlag der Fakultät, der mit den Worten schließt: »Das außerordentlich reiche Werk dieses heute 38jährigen Gelehrten, die Spannweite, Gründlichkeit und Ausdauer seines Schaffens, das für die Zukunft noch vieles erwarten läßt, die Eigenständigkeit seiner Forschungsrichtung, welche die Arbeit des zweiten Dogmatikers glücklich ergänzt, aber auch sein großer Lehrerfolg in Bonn und Münster sowie die angenehmen menschlichen Eigenschaften, die eine fruchtbare Zusammenarbeit mit allen Kollegen erwarten lassen, dies alles bildete die Grundlage für die Entscheidung der Fakultät, Joseph Ratzinger dem Großen Senat unico loco für die Besetzung des Lehrstuhles für Dogmatik vorzuschlagen. Seine Berufung nach Tübingen würde auch für die Universität in jeder Hinsicht einen großen Gewinn bedeuten.« Ich kann noch heute zu diesen Worten stehen.

Kollegiale Zusammenarbeit

So wird Ratzinger im Jahr 1966 vom Kultusminister berufen und nimmt den Ruf an. Ich vermittle ihm und seiner Schwester ein schönes Haus mit Garten zur Miete in der Dannemannstraße. Wir arbeiten bestens zusammen. Er liebt das ihm vorgeschlagene Vorlesungssystem: In einem Semester hält er die dogmatische Hauptvorlesung und ich eine Spezialvorlesung, im nächsten Semester ist es umgekehrt. Wir sehen uns regelmäßig in den Fakultätssitzungen, sprechen den Prüfungsstoff ab und prüfen alternativ unsere Studenten – alles ohne Probleme. Wir laden uns auch ab und zu gegenseitig zum Essen ein.

Gelegentlich fährt er, der, nach eigenem Zeugnis technisch unbegabt, keinen Führerschein besitzt und den langen Weg zur Universität statt zu Fuß lieber mit dem Fahrrad macht, in meinem Auto mit. Kein Sportwagen, doch wegen technischer Vorzüge und Sicherheit ein kleiner kompakter Alfa Romeo Giulia, bald ersetzt durch einen entsprechenden BMW. Ein Kontrast, der Journalisten Anlaß zu pseudotiefsinniger Metaphorik bietet. Der Belgier FREDDY DERWAHL fabriziert mit diesem Klischee nach der Papstwahl sogar ein (leider parteiisches und theologisch dürftiges) Buch: *Der mit dem Fahrrad und der mit dem Alfa kam* (München 2006). Solange sich dieser Journalist über meine und Ratzingers Memoiren hermachen kann und über unsere frühen

Werke berichtet, ist sein Buch trotz zahlreicher Irrtümer erträglich und bisweilen amüsant. Aber je mehr er aus meinen zentralen Werken das theologische Anliegen herausschälen sollte, um so mehr manifestiert er seine Ignoranz; von den Büchern meiner letzten 25 Jahre scheint er keine Ahnung zu haben. Aus dem angekündigten unparteiischen »Doppelportrait« wird zunehmend ein Zerrbild, das den »Fahrradfahrer« idealisiert und den »Alfafahrer« abwertet. Falsche Gegensätze, schiefe Vergleiche, hämische Insinuierung; sogar der Kreuzestod Jesu und der schmerzliche Tod meines mit 23 Jahren an einem Gehirntumor gestorbenen Bruders müssen für eine haarsträubende Kombination herhalten, um meine Auffassung von Leiden und Sterben von der Ratzingers abzusetzen und herabzusetzen. Des Verfassers Voreingenommenheit verrät schon die Einleitung: Wer in mir von vornherein »einfach den Mann der modernen technischen Intelligenz« sieht, den »die Maschine faszinierte, der explosionsartig sich entwickelnde Fortschritt der Naturwissenschaften«, einen Mann des »Glamour«, hat von mir nichts verstanden. Und wer dagegen die Charaktereigenschaften »spirituell, naturverbunden, musisch« und »intellektuelle Ausstrahlung« exklusiv Ratzinger zuschreiben will, trifft weder ihn noch mich …

Doch sei's drum: Damals ist der Radfahrer Ratzinger dankbar, daß sein Haus nicht wie meines oben auf einem Tübinger Hügel steht, sondern unten im Tal und er bergauf und längere Strecken hin und wieder in meinem Alfa mitfahren kann. Er und ich wirken drei Jahre kollegial und harmonisch in Tübingen zusammen, wie in seinen *Erinnerungen* und in meinem Memoirenband 1, *Erkämpfte Freiheit*, nachzulesen ist. Nur einen Fall gibt es, in dem er sich nicht nur von mir, sondern von der ganzen Fakultät absetzt: Am 13. Dezember 1968 steht auf der Tagesordnung der Fakultätssitzung die »Angelegenheit Halbfas«. Es liegt ein Antrag der Assistentenschaft vor, uns für den verdienten, aber umstrittenen, ja angefeindeten Religionspädagogen Hubertus Halbfas, der an der Pädagogischen Hochschule unserer Nachbarstadt Reutlingen lehrt, beim Bischof von Rottenburg einzusetzen, damit ihm nicht ohne weitere Überprüfung die kirchliche Lehrbefugnis entzogen wird.

Alle Professoren sprechen sich für ein solches Eintreten aus – außer Joseph Ratzinger, jetzt Dekan. Die Diskussion dauert ungewöhnlich lange, weil er auf jedes Argument eine Antwort weiß, auch wenn diese seine Antworten zueinander oft im Widerspruch stehen. Mich erstaunt seine offensichtlich politisch-dogmatisch bestimmte Opposition gegen ein kollegiales Eintreten. Doch unsere Intervention beim Bischof erweist sich als gegenstandslos, weil der katholische Priester Hubertus Halbfas, zur Erleichterung des Bischöflichen Ordinariats, seine Heirat bekanntgibt; so erfolgt sein Ausscheiden aus dem Lehramt aufgrund der konkordatsrechtlichen Lage quasi automatisch. Doch – dies möchte ich ebenfalls nicht übergehen – in einem weiteren Konfliktfall zeigt Joseph Ratzinger eine andere, erfreulichere Seite:

Ratzingers Toleranz

Jeder Professor hat unter seinen Schülern Sorgenkinder, und dies war für mich, aber später auch für Joseph Ratzinger ein bestimmter Doktorand, den ich wegen seines großen Einsatzes im Institut für ökumenische Forschung trotz mittelmäßigen theologischen Abschlußexamens als Doktoranden angenommen hatte: für eine Dissertation über Dogma und Dogmatismus, ein Thema, von ihm gewünscht und für mich aufgrund des theologischen Diskussionsstandes hochaktuell. Er bewährt sich als stets einsatzbereite wissenschaftliche Hilfskraft, so daß ich ihn in jeder Art fördere, ihn auch zur Korrektur meiner Manuskripte heranziehe und zu wissenschaftlichen Kolloquien mitnehme. Er ist stark in Kritik, Polemik, Destruktion des Dogmatismus, hat als »Waffenarsenal« ein ganzes Vokabelheft einschlägiger Hieb- und Stichworte angelegt. Aber ohne solide historische Grundlagen neigt er zu hemmungslosem Spekulieren und Kombinieren von Angelesenem und ist schwach in Konstruktion und kohärenter Ausarbeitung seiner Auffassungen. So hat er denn Mühe, bei aller berechtigten Kritik des Dogmatismus noch eine positive Funktion des Dogmas herauszuarbeiten, das man ja als katholischer Theologe gewiß aus seiner Zeit heraus interpretieren und für unsere Zeit kritisieren soll, aber nicht einfach als von vornherein nutzlos zum alten Eisen werfen sollte.

Nach vergeblichen Anläufen und zahlreichen Korrekturen kommt der Doktorand nach vier Jahren doch zu einem Abschluß. Ich halte seine scharfe Kritik am Dogmatismus für berechtigt und seine Darstellung der grundsätzlichen Bedeutung des Dogmas zumindest für ausreichend. Aber ich kann es meinem Kollegen in der Dogmatik, Joseph Ratzinger, der erwartungsgemäß von der Fakultät zum zweiten Gutachter bestellt wird, nicht verübeln, daß er mir in einem freundlichen Brief vom 3. April 1969 mitteilt, es falle ihm sehr schwer, aber er komme »immer von neuem zu dem Ergebnis, daß ich die Dissertation der Fakultät einfach nicht guten Gewissens zur Annahme empfehlen kann«. Er wolle deshalb das Korreferat zurückgeben.

Kollegial besprechen wir den schwierigen Casus. Ratzinger ist einverstanden, daß unser Pastoraltheologe, Professor GÜNTER BIEMER, den ich darum gebeten hatte, statt seiner das Korreferat übernimmt; er erhält wie ich Ratzingers acht Seiten kritische Einwände. Ich lege in der Folge die Hand für meinen Doktoranden ins Feuer, dieser sei nicht, wie von Ratzinger befürchtet, ein im christlichen Glauben erschütterter Mann. Als erfreulich tolerant empfinde ich in der Folge: Joseph Ratzinger bleibt der entscheidenden Fakultätssitzung fern, um die Mehrheit für meinen Kandidaten nicht zu gefährden. Hier haben sicher seine schmerzlichen Erfahrungen mit der eigenen Habilitation nachgewirkt, die ihn dazu führten, »nicht leicht der Ablehnung von Dissertationen oder Habilitationsarbeiten zuzustimmen, sondern wenn irgend von der Sache her möglich die Partei des Schwächeren zu ergreifen« (*Erinnerungen*, S. 89).

So wird denn JOSEF NOLTE, so sein Name, zum Doktor der Theologie promoviert, und ich sorge dafür, daß seine Dissertation unter dem Titel »Dogma in Geschichte« in unserer Reihe »Ökumenische Forschungen« erscheinen darf, mit meinem Vorwort und seinen von beiden Referenten geforderten »Epilegomena« zur Verdeutlichung seiner konstruktiven Intention. Auch so kann Joseph Ratzinger sein. Mit seinen Bedenken hat er übrigens leider nachträglich recht bekommen. Der Doktorand von damals wird ein Jahrzehnt später seinem Doktorvater auf dem Höhepunkt der Auseinandersetzung mit Rom über die Unfehlbarkeit mit einem *Spiegel*-Essay in den Rücken fallen.

Zwei verschiedene Wege des Katholischseins

Wer weiß, wie es mit Joseph Ratzinger weitergegangen wäre, wenn er Tübingen nicht nach drei erfolgreichen Jahren verlassen hätte. Bisher haben sich unsere Lebensläufe weithin parallel entwickelt: die Lebensläufe zweier Theologen, die aber bei allen Ähnlichkeiten doch von familiärer, kultureller und nationaler Herkunft, aber auch in ihrer psychischen Struktur sehr verschieden sind und schon früh eine recht unterschiedliche Einstellung zu katholischer Liturgie, Theologie und Hierarchie und besonders zu Bibelexegese und Kirchengeschichte, schließlich auch zu Offenbarung und Dogma haben. Die sich aber trotz oder auch wegen der Unterschiede gegenseitig achten und schätzen und einander selbstverständlich als katholische Theologen in ihrer je eigenen Glaubenskraft und Intellektualität anerkennen. Also, wenn man so will, zwei recht unterschiedliche Weisen, Formen, Stile, ja, *zwei Wege des Katholischseins*.

Dies alles war uns damals natürlich keineswegs so deutlich wie jetzt in der nachträglichen Analyse. Dies hätte auch keineswegs zu einem Bruch führen müssen. Lebten ja doch auch Karl Rahner und Ratzinger, wie sich ihm im Konzil zeigte, »trotz der Übereinstimmung in vielen Ergebnissen und Wünschen theologisch auf zwei verschiedenen Planeten« (S. 131): Rahners *spekulativ-philosophische Neuscholastik*, im Licht des deutschen Idealismus und Heideggers geprägt, »in der Schrift und Väter letztlich keine große Rolle spielten, in der überhaupt die geschichtliche Dimension von geringer Bedeutung war« (S. 131), erschien Ratzinger wie auch mir schon früh überholt.

Rahner gegenüber vertrete ich mit Ratzinger im Prinzip eine »ganz von Schrift und Vätern und einem wesentlich geschichtlichen Denken bestimmte« Theologie (S. 131). Allerdings mit dem immer deutlicher werdenden Unterschied: Ratzinger vertritt eine *historisch-organische Theologie*, welche die Brüche in der Entwicklung und Abweichung vom Ursprung kaum ernst nimmt, die Kritik nur im Rahmen des hellenistischen Dogmas zuläßt und dafür eine »neben der Schrift herlaufende … mündliche Überlieferung« (S. 106) als göttliche Offenbarung akzeptiert. Dagegen vertrete ich eine *historisch-kritische Theologie*, die wie die Bibel so auch die Dogmengeschichte kritisch untersucht und sich an der ursprünglichen Botschaft, Gestalt und Geschick Jesu mißt. Für Ratzinger beginnt das Christentum erst richtig mit dem Zusammentreffen der biblischen Botschaft mit der griechischen Philosophie. Für ihn gehört, wie er als Papst in seiner Regensburger Vorlesung 2006 ausführt, das »kritisch gereinigte griechische Erbe wesentlich zum christlichen Glauben«. Nicht die Kirche des Neuen Testaments interessiert Joseph Ratzinger in erster Linie, sondern immer die »Kirche der Väter« (natürlich ohne Mütter). Sein theologisches Bemühen konzentriert sich nicht – das wird in seinem »Jesus von Nazareth« (2007) überdeutlich – auf den *Jesus der Geschichte*, von dem her die späteren Dogmen der Kirche für unsere Zeit zu interpretieren sind. Vielmehr auf den *Christus der hellenistischen Konzilien*, den er überall in die neutestamentlichen Schriften hineininterpretiert.

So werden denn unsere Lebenswege in Zukunft zunehmend auseinandergehen, doch bei wichtigen Gelegenheiten sich wieder kreuzen. Das Jahr 1968 in Tübingen sollte für Joseph Ratzinger, und in anderer Weise auch für mich, zu einem Schicksalsjahr werden.

Rolf Degen

Das Ende des Bösen

Wäre es richtig, das halb tote Opfer eines Raubüberfalles am Straßenrand links liegen zu lassen, nur weil man gerade auf dem Weg zur Oper ist und den feinen Anzug nicht schmutzig machen will? Dürfen wir tatenlos zusehen, wie ein Taschendieb einer gebrechlichen alten Dame ihre Handtasche entreißt, weil er uns sonst möglicherweise beiseitestößt? Darf man den kleinen Sohn einer befreundeten Familie entführen, quälen und töten, nur weil man sich von dem Lösegeld einen flotten Lebensstil verspricht?

Wenn Sie nicht gerade zu dem kaltblütigen und gewissenlosen Persönlichkeitstyp des Psychopathen gehören, von dem man bis heute nicht weiß, ob er in dieser extremen Form überhaupt existiert, werden Sie innerlich gegen diese Szenarien aufbegehren. Mit der gleichen instinktiven Selbstverständlichkeit, mit der wir atmen, laufen und essen, lehnen wir bestimmte Handlungsweisen als »böse« ab. Wenn wir uns bei uns selbst und bei den anderen nicht halbwegs auf dieses moralische Navigationssystem verlassen könnten, würden wir in einem albtraumhaften Universum leben, in dem ein jeder seinem Nächsten wegen des kleinsten Vorteils ein Auge aushackt.

Seit Menschen denken können, haben sie Fragen über den Ursprung dieser wundersamen Lenkungsinstanz gestellt. Die einen sahen darin buchstäblich ein Geschenk des Himmels, das der Schöpfergott uns hinterlassen hat. Andere zeichneten das Bild einer gesellschaftlichen Konditionierung, der verinnerlichten Furcht vor Strafe, die nur notdürftig und bruchstückhaft unsere selbstsüchtige Natur überdeckt. Doch in den letzten Jahren ist durch die Zusammenarbeit von Evolutionsbiologen, Psychologen, Hirnforschern, experimentellen Ökonomen und Tierexperten eine optimistischere und visionärere Vorstellung von der *condition humaine* aufgekommen: Der Drang, zwischen Gut und Böse zu unterscheiden, ist demnach keine aufgesetzte gesellschaftliche Prothese, sondern ein angeborenes und unausrottbares Bauchgefühl, das in Ansätzen schon bei kleinsten Kindern in den entlegensten Regionen des Globus und bei unseren sozial lebenden Mitgeschöpfen vorhanden ist.

Wir sind eben nur zur Hälfte »Überlebensmaschinen«, von der Evolution darauf getrimmt, gnadenlos für die Verbreitung unserer Gene zu sorgen, zur Not auch auf Kosten fremder Erbfaktoren. Die Natur hat unser Nervenkostüm auch mit einem »moralischen Sinn« ausgestattet, der uns unweigerlich dazu bewegt, unser eigenes Handeln und das der anderen ständig nach moralischen Kriterien zu bewerten, Schaden zu vermeiden, Ungerechtigkeit zu verabscheuen, Gleiches mit Gleichem zu vergelten, Fremden in Notlagen beizustehen, auch wenn dies unserem Eigennutz zuwiderläuft. Forscher in aller Welt entschlüsseln gerade, welche Urteile bei diesen »Gerichtsprozessen« in unseren Köpfen ablaufen: wie wir zwischen absichtlich und unabsichtlich begangenen Taten unterscheiden, wie wir darauf achten, ob die Konsequenzen vorhersehbar sind, wie sehr uns die Folgen für das Allgemeinwohl am Herzen liegen. Wir können überhaupt nur unbeschadet durch das Labyrinth des Daseins wandeln, weil wir intuitiv die Gewissheit haben, dass die anderen genauso sind.

Die größte Triebfeder unseres moralischen Sinnes besteht aber darin, dass seine Arbeit immer wieder ein Feuerwerk von mächtigen Emotionen zündet. Moral, so meine Kernaussage, gründet sich auf ein Repertoire von urzeitlich geformten Gefühlen. Wie die Protagonisten in einem Drama von Shakespeare verstricken wir uns unablässig in Handlungen, die in moralischen Affekten wie Schuld, Zorn, Neid oder Mitleid münden. Vielleicht hat die Natur mit der Moral ihr größtes Kunstwerk hervorgebracht – neben der Erschaffung der Materie und des Lebens.

Aber wie alle anderen Hervorbringungen der Natur besitzt auch unser moralischer Sinn Schwachstellen. Manchmal vermögen unsere moralischen Instinkte nicht, unsere Selbstsucht zu zähmen, manchmal bewirkt gerade der Wunsch, das Gute zu tun, das Gegenteil. Wir können uns aus Mitleid oder Dankbarkeit mit Schurken verbünden, und der Drang, Unrecht zu ahnden, bringt manchmal das Schlimmste in uns selbst hervor.

Doch der Mensch muss sich von seinen biologischen Anlagen

nicht gängeln lassen. Im Gegenteil: Wir sind lernfähig. In puncto Gleichberechtigung, Rassismus oder Tierrechten hat sich in den letzten Jahren schon einiges zum Besseren gewendet. Auf der Grundlage des universellen Gebots »Verletze niemanden!« können wir durch gemeinsames Nachdenken erkennen, dass wir das Leiden von Tieren, unterdrückten Minderheiten und unbekannten Fremden so weit wie möglich vermindern sollten. Noch vor drei Jahrzehnten gab es weltweit keine nennenswerten Gesetze zum Schutz von Tieren, heute sieht das bereits ganz anders aus. Die Natur hat uns vor undenkbaren Zeiten einen exzellenten moralischen Kompass gestiftet. Langsam entwickeln wir das geistige Rüstzeug, seinen Ausschlägen nicht mehr blindlings zu folgen, sondern seine Arbeitsweise genau zu verstehen und ihn wie ein Uhrmacher besser einzustellen.

Der größte Sprengstoff im Zusammenleben der Menschen liegt darin, dass es so oft viel verführerischer ist, egoistisch nach dem eigenen Vorteil zu trachten, als moralisch zu handeln und die Bedürfnisse und Interessen seiner Mitmenschen zu berücksichtigen. Die Doktrin von der Vorherrschaft des Eigeninteresses zieht sich wie ein roter Faden durch die abendländische Geistesgeschichte. »Jeder strebt nach dem, was ihm Vorteil bringt«, lässt bereits der griechische Redner Demosthenes verlauten. »Nur vom Nutzen wird die Welt regiert«, pflichtet der Dramatiker Schiller bei. Auch im Sprichwort kehrt die Überzeugung von der selbstsüchtigen Natur des Menschen wieder: »Die großen Fische fressen die kleinen«, »Vom fremden Unglück tut der Kopf nicht weh«, »Eigenes Unglück misst man nach Zentnern, fremdes nach Pfunden«.

Thomas Hobbes vertrat die These, die Natur sei der Schauplatz eines gnadenlosen Kampfes egoistischer Individuen (»Der Mensch ist des Menschen Wolf«). Wir entgehen nur notdürftig der gegenseitigen Zerfleischung, weil die Gesellschaft unsere vermeintlich animalische Selbstsucht durch Polizei, Sozialisation und Erziehung in die Schranken weist und uns moralische »Prothesen« wie Religion und ethische Überzeugungen überstülpt. Auch der heilige Augustinus war der Auffassung, dass der

Mensch im Naturzustand nur seinen niederen und egoistischen Trieben folge. Erst das Geschenk der göttlichen Gnade versetze uns in die Lage, höhere ethische Werte anzustreben.

Nach den Ausführungen des Philosophen Arthur Schopenhauer in seiner *Grundlage der Moral* sind wir Menschen unentrinnbar im geistigen Gefängnis der Selbstsucht verhaftet. Und zwar, weil das Individuum sich »als den ganzen Willen zum Leben oder das An-sich der Welt selbst« findet, während »alle übrigen Menschen nur in seiner Vorstellung existieren«, woraus sich ergebe, dass das »Individuum sich zum Mittelpunkt der Welt macht, seine eigene Existenz und Wohlsein vor allen andern berücksichtigt [...]. Der Mensch will unbedingt sein Dasein erhalten, will es von Schmerzen, zu denen auch aller Mangel und Entbehrung gehört, unbedingt frei, will die größtmögliche Summe von Wohlsein [...]. Alles, was sich dem Streben seines Egoismus entgegenstellt, erregt seinen Unwillen, Zorn, Hass; er wird es als seinen Feind zu vernichten suchen. Er will, wo möglich, alles genießen, alles haben [...]. ›Alles für mich, nichts für die anderen‹, ist sein Wahlspruch.«

Praktisch alle wissenschaftlichen Theorien über das menschliche (und tierische) Verhalten basierten in der Vergangenheit auf der Annahme, dass wir ausschließlich solche Dinge tun, die positive Konsequenzen für uns selbst haben. Dieser Antrieb wird in der Psychologie manchmal als Lustprinzip, zuweilen als Effektgesetz, als Verstärkung oder als Hedonismus bezeichnet: Wir suchen Lust und versuchen Schaden von uns abzuwenden. Die klassische Wirtschaftslehre hat ihre Version im idealtypischen Bild des »Homo oeconomicus« festgehalten: dem völlig amoralischen und asozialen Wirtschaftssubjekt, das stets rein rational abwägt, welche Entscheidungen ihm mit welcher Wahrscheinlichkeit und unter welchen Kosten den größtmöglichen Nutzen bringen.

Aus der Sicht der modernen Evolutionsbiologie ist jeder Organismus – ob Amöbe, Nilpferd oder Mensch – nur ein Vehikel seiner Erbfaktoren, seit Äonen darauf getrimmt, Vorteile zu nutzen, Unannehmlichkeiten zu vermeiden und Chancen für die Verbreitung der eigenen Gene zu erhaschen – zur Not auch auf Kosten fremder Gene. Richard Dawkins, der britische Prophet des Darwinismus, drückt dies in finsteren Metaphern aus: »Wir sind Überlebensmaschinen – Roboter, blind programmiert zur Erhaltung der selbstsüchtigen Moleküle, die Gene genannt werden. Dieser Egoismus der Gene wird für gewöhnlich egoistisches Verhalten des Individuums hervorrufen.« Mit anderen Worten: Durch seine biologische Herkunft sei der Mensch unausweichlich zur Eigennützigkeit disponiert.

Jegliche erbliche Anlage, die »altruistisches«, uneigennütziges Verhalten fördert, wäre nach dieser Vorstellung zum Untergang verdammt. Echte Altruisten würden nämlich der Vermehrung ihres eigenen Erbgutes einen Bärendienst erweisen und der Fortpflanzung fremder Gene Vorschub leisten, sodass bald nur noch Egoisten übrig blieben. Daher interpretieren die meisten Verhaltensforscher das altruistische Verhalten des Menschen »hartnäckig als einen Egoismus, der auf verdeckten Wegen wirkt«, gibt Ernst Fehr, Direktor des Instituts für Empirische Wirtschaftsforschung der Universität Zürich, zu bedenken. »Fairness, Großzügigkeit oder gar Aufopferung zum Wohle anderer – so geschickt die Maskeraden auch gewählt sein mögen, eine genaue Analyse bringt unter dem Mantel des Samariters stets nur die darunter verborgene Selbstliebe ans Licht.« Oder, wie der amerikanische Evolutionsbiologe Michael Ghiselin sagte: »Kratze an einem Altruisten, und du siehst einen Heuchler bluten.«

Sind wir tatsächlich nur eiskalt berechnende Egoisten, immer nur skrupellos auf unseren eigenen Vorteil bedacht, ohne Rücksicht auf die Gefühle anderer und das Wohl der Allgemeinheit? Hängen wir uns das Mäntelchen der Gutherzigkeit nur aus verlogenen Motiven um, mit dem Seitenblick auf die Chance der persönlichen Bereicherung? Es ist gar nicht notwendig, auf altruistische »Übermenschen« wie Mutter Teresa oder Albert Schweitzer zu verweisen, um diese misanthropische Karikatur zu widerlegen. Tatsächlich setzen Menschen manchmal ihr eigenes Leben aufs Spiel, um das Leben Fremder aus den Klauen des Todes zu reißen: Sie nehmen große Risiken auf sich, um andere Menschen aus brennenden Gebäuden zu holen, sie springen in eiskalte Flüsse, um Ertrinkende zu retten. Soldaten werfen sich mit ihrem Körper auf scharfe Granaten, um ihre Kameraden zu schützen.

Dazu kommen unzählige Akte alltäglicher Selbstlosigkeit, die die vermeintliche Fixierung auf den Eigennutz infrage stellen. Menschen schicken anonyme Spenden an kulturelle Institutionen und private Wohltätigkeitsorganisationen. Sie engagieren sich in Ehrenämtern, karitativen Institutionen und politischen Vereinigungen für das Wohl der Allgemeinheit. Selbst ganz unspektakuläre Verhaltensweisen legen von unseren uneigennützigen Wesenszügen Zeugnis ab. Wir geben zum Beispiel Trinkgeld in Restaurants in weit entfernten Städten, die wir wohl nie wieder besuchen werden. Wir kämpfen uns durch Schneestürme, um unsere Stimme abzugeben, selbst wenn wir genau wissen, dass unser Votum am Wahlergebnis nichts ändern wird.

Bereits der unscheinbare Akt des Wahlgangs gehört zu den Handlungen, die einen fundamentalen Interessenkonflikt aufwerfen, den die Psychologen als »soziales Dilemma« bezeichnen. Das sind Situationen, in denen alle Beteiligten ein gemeinsames Ziel ansteuern, zum Beispiel eine saubere Umwelt oder die militärische Abrüstung der Nationen. Für den Einzelnen bringt es aber im Zweifelsfall mehr, wenn er privat der Selbstsucht frönt (etwa die Umwelt verschmutzt) und hofft, dass alle anderen die »soziale« Alternative wählen. Wenn aber nun alle so denken und in die eigene Tasche wirtschaften, bricht das System zusammen, und alle haben das Nachsehen. In einer Gesellschaft von Zechprellern machen die Kneipen bankrott, und in einer Gesellschaft von Umweltverschmutzern geht das Gemeingut Natur den Bach hinunter.

Wie die Dinge aussehen, sind Menschen überraschend häufig willens, die Kosten für die soziale Alternative in Dilemmasituationen zu tragen. Sie spenden zum Beispiel Blut und halten dadurch die kollektive Versorgung mit dem Lebenssaft aufrecht, auch wenn ihre Belohnung nur in einem Glas Orangensaft besteht. Manche stellen sogar Rückenmark für Leukämiekranke zur Verfügung, die sie gar nicht kennen. Wie der Wirtschaftswissenschaftler Herbert Gintis von der University of Massachusetts in Amherst mit Daten untermauert, würde der Umstieg auf ein System der bezahlten Blutspende den Nachschub der kostbaren Ressource vermindern. Wenn der schnöde Mammon ins Spiel kommt, verliert die Wohltat offenbar etwas von ihrer »moralischen Magie« und korrumpiert zu einer lieblosen Transaktion.

Der Mythos von der Herrschaft des Eigennutzes hat sich so hartnäckig in unseren Köpfen eingenistet, dass die meisten Menschen die Hilfsbereitschaft in der Bevölkerung viel zu gering einschätzen, hebt der Psychologe Dale Miller von der Princeton University hervor. Miller wollte von den Probanden in einer Umfrage wissen, ob sie einverstanden wären, bei einer bevorstehenden Aktion des Roten Kreuzes Blut zu spenden. Zudem sollten sie eine Vorhersage abgeben, wie viele »andere Leute« diesem Aufruf folgen würden. Fazit: Zwei Drittel der Befragten erklärten sich spontan bereit, ihren Obolus für das Gemeinwohl zu entrichten. Aber weniger als ein Drittel traute seinen Mitmenschen den gleichen Grad an Opferfreudigkeit zu.

Auch die Bereitschaft, dem Fiskus einen Teil des hart erarbeiteten Einkommens in Form von Steuern zu überlassen, ist laut Herbert Gintis viel größer, als die zynische Sicht des Menschen erwarten lässt. Ein Homo oeconomicus würde sich beim Ausfüllen der Steuerunterlagen alleine von der blanken Gier nach Gewinnmaximierung leiten lassen und das Finanzamt betrügen, wann immer er Aussichten hätte, nicht erwischt zu werden. De facto hat das wahrgenommene Risiko der Bestrafung kaum Einfluss auf die Steuerehrlichkeit. Auch die Bürger, die eine hohe Steuerlast tragen müssen, prellen den Fiskus nicht alleine deshalb häufiger. Entscheidender ist vielmehr, ob die Betreffenden die Verteilung der Lasten in der Gesellschaft als gerecht empfinden. Wenn sie den Eindruck haben, dass viele andere sich ihrer Verantwortung für das Allgemeinwohl entziehen, sinkt auch ihre eigene Zahlungsmoral.

Der Wunsch nach Gerechtigkeit lässt uns überhaupt sehr häufig Dinge tun, die dem Bestreben nach materieller Bereicherung radikal zuwiderlaufen, betont der Wirtschaftswissenschaftler Robert Frank von der Cornell University in New York. »Manchmal schlagen wir ein vorteilhaftes Geschäft aus, weil wir die Bedingungen für ›unfair‹ halten. Wir überwinden zahllose bürokratische Hürden, nur um zehn Dollar Entschädigung für ein schadhaftes Produkt zu erhalten. Wir scheuen weder Kosten noch Mühe, um der Gerechtigkeit zum Sieg zu verhelfen, selbst wenn dies ein erlittenes Unrecht nicht wiedergutmachen kann.«

Nach einer vulgärmaterialistischen Doktrin können Menschen generell nur solche Überzeugungen und Weltanschauungen vertreten, die ihrer »Klassenlage« entsprechen und ihnen selbst den größtmöglichen Nutzen bieten. »Die Basis bestimmt den Überbau« oder, wie es im Volksmund heißt: »Ein jeder preist nur, was ihm nützt.« Doch in Wirklichkeit sind unsere ideologischen Vorstellungen im Normalfall längst nicht so »korrupt«, wie die intellektuelle Lehrmeinung glauben macht, konstatieren die beiden kalifornischen Psychologen David Sears und Carolyn Funk auf Basis eines ausgedehnten Forschungsprogramms. So hängt die Zustimmung zum Wohlfahrtsstaat überhaupt nicht von der persönlichen Bedürftigkeit ab: Menschen aus der Mittel- und Oberschicht verwenden sich genauso stark für die Sozialhilfe wie Unterschichtangehörige, die selbst »Stütze« beziehen. Auch in diesem Punkt hat Gerechtigkeit mehr Gewicht als Eigennutz: Die Billigung der staatlichen Wohlfahrt geht sofort zurück, wenn der Eindruck entsteht, dass die Zahlungsempfänger missbräuchlich Leistungen abkassieren.

In den meisten Fällen haben die sozialen und politischen Vorstellungen überhaupt keinen Bezug zur objektiven Interessenlage, folgern die Autoren. Mehrere Studien fragten ab, was Amerikaner von Fördermaßnahmen für Schwarze halten. Teile der weißen Bevölkerung hatten diese Interventionen unangenehm zu spüren bekommen, zum Beispiel in Form einer Verschlechterung ihrer Wohnverhältnisse. Aber die persönliche Betroffenheit hatte keinen Einfluss auf die Einstellung zu integrativen Maßnahmen. Nur eingefleischte Schwarzenhasser lehnten solche Interventionen ab – auch wenn sie von den Folgen selbst nicht betroffen waren. Einstellungen zur Rente und zur ärztlichen Altersversorgung waren in keiner Umfrage vom Alter abhängig. Männer hatten stets genauso viel für Frauenförderung (zum Beispiel für Mutterschaftsgeld) übrig wie die Frauen selbst. Die Opfer von Verbrechen riefen auch nicht lauter nach *law and order* als andere Leute. »Man muss schon mit der Lupe in den Statistiken suchen, um überhaupt einen ideologischen Eigennutz zu finden.«

Die landläufige Ansicht über Egoismus enthält ein Paradoxon. Im Allgemeinen haben die Menschen etwas gegen ihn, schreibt der Londoner Evolutionsbiologe Matt Ridley. »Sie verurteilen die Gewinnsucht und warnen sich gegenseitig vor denjenigen, die im Ruf stehen, allzu sehr ihre eigenen Interessen im Blick zu haben.« Wir bewundern moralisches, uneigennütziges Verhalten und halten es uns gegenseitig als Tugend vor. Verrückterweise teilen selbst hartgesottene Schwerverbrecher dieses Ideal mit den unbescholtenen Bürgern, wie der Politikprofessor James Wilson von der Pepperdine University in Kalifornien aus einer britischen Langzeitstudie an gewalttätigen Kriminellen schließt. Vier Fünftel der schlimmsten Straftäter, die mindestens acht Vorstrafen im Register hatten, wurden »sehr wütend« bei dem Gedanken, ihr Sohn oder ihr Tochter könnte ein Verbrechen begehen. »Sie mögen keine guten Väter sein, aber sie wollen nicht, dass ihre Kinder schlechte Menschen werden.«

Es ist also offensichtlich, dass sich wirklich alle auf moralischer Ebene einig sind, dass Selbstlosigkeit etwas Gutes, Selbstsucht dagegen ein bedauerliches Übel ist. Aber Mutter Teresa und andere »Heilige« stellen fast schon per Definition eine bemerkenswerte Ausnahme dar. In weiten Kreisen der Bevölkerung herrscht die Überzeugung, in einer unmoralischen und egoistischen Welt zu leben, in der die Gierigen und Rücksichtslosen das Sagen haben. Gegenüber der Berliner Psychologin Elisabeth Auhagen bekundeten 92 Prozent der Probanden bei einer Umfrage, die Tugend der Güte zeige sich in unserer Gesellschaft »selten oder nie«. Wer heute das Wort Moral in den Mund nimmt, läuft daher leicht Gefahr, als spießig oder weltfremd verspottet zu werden, beklagte sich das Nachrichtenmagazin *Spiegel* vor einer Weile. Ausgerechnet das *Kursbuch*, ehemals politisch-moralischer Wegweiser unter den deutschen Vordenker-Magazinen, hatte in einer Ausgabe »Schluss mit der Moral« gefordert.

Was für ein Jammer, so der *Spiegel*, »dass es heutzutage schon ausreicht, eine Erwägung als ›moralisch‹ zu kennzeichnen, um sie zu diffamieren, dass ›moralisch‹ automatisch als ›moralisierend‹ zu denunzieren ist.«

Der düstere Blick auf die gesellschaftliche Moral hängt sicher auch mit unserer Neigung zusammen, die Motive anderer mit mehr Vorbehalten und größerer Skepsis zu beäugen als unsere eigenen. Viele Menschen, die selbst ohne Bezahlung Blut spenden würden, sprechen anderen zu Unrecht diese soziale Haltung ab. Den 92 Prozent in der Befragung von Auhagen, die in »der Gesellschaft« die Güte vermissten, standen etwa 50 Prozent gegenüber, die in ihrem eigenen Alltag häufig Momente der Güte fanden. Dazu kommt die seltsame Tendenz, sogar unser eigenes altruistisches Verhalten herunterzuspielen und seine Bedeutung für den Hilfeempfänger abzuwerten. Auf diesen »Bescheidenheitsdrall« stieß die Psychologin Anne McGuire von der Harvard University, als sie ihre Versuchspersonen bat, Gefälligkeiten aufzulisten, die andere ihnen und sie anderen erwiesen hatten. Außerdem sollten sie angeben, wie viel Kosten die Nettigkeiten gefordert hatten und wie groß der Nutzen für den Empfänger war.

Überraschendes Ergebnis der Studie mit dem bezeichnenden Titel »Das war doch nichts«: Die Probanden glaubten, dass die Wohltaten, die sie anderen erwiesen hatten, verhältnismäßig wenig Kosten verursacht, den Adressaten aber auch verhältnismäßig wenig Vorteile gebracht hätten. Wenn unsere eigene Großzügigkeit verhältnismäßig »klein« ist – und obendrein verhältnismäßig wenig bringt –, dann müssen wir uns anderen gegenüber ständig verpflichtet fühlen und den Drang verspüren, uns für deren »Größe« erkenntlich zu zeigen.

Wir begehen aber ohnehin einen gravierenden Denkfehler, wenn wir unser Urteil über die moralische Natur des Menschen vorschnell an der Seltenheit praktizierter Nächstenliebe festmachen, gibt der Wirtschaftswissenschaftler Alexander Field von der Santa Clara University in Kalifornien zu bedenken. Die Aufopferung für das Wohl anderer mag uns noch so sehr imponieren, aber es würde uns auch sehr schnell gegen den Strich gehen, wenn die Menschen in unserem sozialen Nahraum plötzlich dem

Radikalbild des barmherzigen Samariters entsprächen und ihr Eigeninteresse komplett vernachlässigten. Was würden Sie empfinden, wenn Ihr Kind oder Lebenspartner auf einmal sein gesamtes Hab und Gut an Wohltätigkeitsorganisationen spenden würde?

Formen heroischer Selbstaufopferung sind tatsächlich relativ selten, und das ist auch der Grund, warum jedes Beispiel uns Bewunderung, Überraschung und Beifall entlockt. Aber altruistisches und selbstloses Verhalten besteht keineswegs nur darin, anderen Menschen aktiv Wohltaten zu erweisen. Auch das passive Nichtzufügen von Schaden, das Nichtstehlen und Nichtverletzen stellt bereits eine erstaunliche Variante des Altruismus dar. Der alleine von egoistischen Impulsen getriebene Homo oeconomicus, den die klassischen Theorien der Verhaltenswissenschaften propagieren, würde skrupellos jede Gelegenheit ausnützen, sich straflos auf Kosten seiner Mitmenschen zu bereichern. »Es ist aber nicht typisch für uns, in der Nacht eine dunkle Straße zu durchqueren und dann zu frohlocken, weil niemand versucht hat, uns zu berauben oder umzubringen«, argumentiert Field. »Der Altruismus, der darin besteht, keinen Schaden anzurichten, erzeugt keine Dankbarkeit, weil wir ihn im Allgemeinen stillschweigend voraussetzen.«

Wenn wir einem Fremden begegnen, gehen wir davon aus, dass er uns (und wir ihm) kein Leid zufügen werden. Wir reagieren daher mit moralischer Empörung, wenn dieser grundlegende Imperativ verletzt wird. Die unerwartete Hilfe durch einen Fremden mag uns mit milder Freude füllen, aber das Ausbleiben dieser Hilfe lässt uns vergleichsweise kalt, weil wir ohnehin keine erhöhten Erwartungen an die aktive Form der Nächstenliebe hegen. Field lädt in diesem Zusammenhang zu einem Gedankenexperiment ein: Stellen Sie sich vor, Sie begegnen im Schutz der Anonymität nach und nach einer Stichprobe von 100 fremden Erwachsenen, die Sie mit Sicherheit nie wieder treffen werden. Was glauben Sie, wie viele dieser Personen (a) sich unprovoziert feindselig verhalten? Und wie viele werden (b) ungefragt Hilfe leisten, wenn Sie plötzlich in eine schlimme

Notlage geraten? Wenn Sie nicht gerade in einer Umgebung mit überdurchschnittlicher Kriminalitätsrate leben, wird der Anteil der b-Reaktionen bei Weitem den der a-Reaktionen übersteigen.

Die passiven Formen des Altruismus entgehen so häufig unserer Aufmerksamkeit, weil unser Wahrnehmungsapparat eine eigentümliche Schwäche aufweist: Das menschliche Gespür für das »Nichts« und für die Abwesenheit von Dingen ist stark unterentwickelt. Wir orientieren uns zu sehr an den Dingen, die »da« sind, die neu hinzugefügt werden, und an den Ereignissen, die tatsächlich stattfinden. Dagegen hapert es bei dem Sinn für Nichtereignisse, für Lücken und für Dinge, die »durch Abwesenheit glänzen«. Anscheinend hat die gesamte Sensorik der Lebewesen diesen »positivistischen« Drall. Dinge, die vorhanden sind, erregen die Aufmerksamkeit viel gebieterischer als Objekte, die erst durch ihr Wegfallen und ihr Nichtsein aus der Reihe tanzen. Vielleicht ist das auch der Grund, warum die wichtigsten Gebote der Religionen und Morallehren uns vorschreiben, Böses zu unterlassen (»Du sollst nicht töten!«), anstatt uns zu guten Taten aufzufordern.

Hans-Martin Schönherr-Mann

Miteinander leben lernen

»Wir müssen doch miteinander leben lernen!« Angesichts der weltweiten Verflechtungen und des dadurch verschärften Zusammenpralls der Kulturen, der Wirtschaftsinteressen und der Hegemoniebestrebungen erscheint dieser Appell Hans-Georg Gadamers als das schlichte Gebot der Stunde. Was aber müssen wir lernen, was müssen wir berücksichtigen,woran uns orientieren, was bewerkstelligen, wenn wir *miteinander* leben wollen?

Man achte auf das *Miteinander*. Miteinander lebt man nämlich nicht, wenn man alle zwingt, ihr Dasein auf eine bestimmte Weise zu fristen, wenn man allen gleiche Lebensformen aufnötigt – was bis zu einer totalitären Gleichschaltung reicht –, und was man gerne damit legitimiert, dass anders nun mal kein Staat zu machen sei. Miteinander lebt man vielmehr nur, wenn man jeden nach seinen Fasson selig werden lässt. Ein Miteinanderleben geht im Sinne von Hannah Arendt von jedem Einzelnen aus, der am gemeinsamen Leben vor allem freiwillig und somit nach der eigenen Fasson teilnimmt, der aber auch nicht versucht, seine Vorstellungen anderen aufzunötigen, der andere mit ihren Lebensformen vielmehr akzeptiert.

Im Grunde immer schon, erst recht aber in einer globalisierten Welt bietet sich kein Ausweg mehr aus der Vielfalt der Lebensformen wie auch der Weltvorstellungen. Internationalisierung, Globalisierung, weltweite Verkehrs- und Kommunikationsnetze brechen zwangsläufig in jede abgeschlossene Gesellschaft und Kultur ein. Pluralität erweist sich dann als unvermeidbar, Homogenität dagegen als eine tumbe Illusion. In eine einheitliche Gesellschaftsordnung mit einer alle beherrschenden Sitte und einem einzigen Weltbild, wie es sich um 1900 Nationalismus und Sozialismus gleichermaßen vorstellten, lässt sich nicht mehr einkehren. Das gelingt höchstens noch mittels totalitärer Unterdrückung, die angesichts der unübersichtlichen Komplexität der modernen Gesellschaft und der vielfältigen Informationsmöglichkeiten viel dramatischere, eben eminent terroristische Züge annehmen muss als autoritäre Herrschaftsstrukturen in früheren Zeiten – was selbst noch unter vergleichsweise traditionellen, Europa fernen Lebensumständen wie im Gottesstaat Iran oder im Afghanistan der Taliban eintritt. Das Modell der Monarchie, des guten Königs, eines Alleinherrschers eigentlich aus Tradition, kentert überall in der modernen pluralistischen Welt sofort nach seinem Ablegen, schlägt also notorisch in die totalitäre Tyrannis um. Denn diktatorische Herrschaft stößt heute nicht nur ständig an die Grenzen ihrer eigenen Kompetenz, sondern auch sofort auf Kritik an ihren Inkompetenzen.

Miteinander zu leben heißt also zwangsläufig, die Vielfalt und Unterschiedlichkeit der Menschen und ihrer Lebensformen zunächst anzuerkennen – eine enorme Herausforderung an die Zeitgenossen, die häufig die Andersheit und Fremdheit des Anderen kaum ertragen können, die noch sozial illusionäre Einheitsvorstellungen prägen, was sie daher kaum überwinden. Wie verlernt man, sich vom Fremden nicht bedroht zu fühlen? Wie verlernt man, sich eilig in das Bekannte, in das Gleiche und Vertraute zu flüchten? Wie schafft oder findet man stattdessen Gemeinsamkeiten zwischen den unterschiedlichen Menschen? In diesem Sinne interpretierte ich das von Hans Küng vertretene Projekt Weltethos, das ursprünglich interreligiös anhob, um befriedend zu wirken. Längst begegnet man ihm auf der Ebene von internationalen Organisationen wie der UN, wenn Konflikte zwischen den Kulturen drohen. Letztlich bringt Küng damit einen Diskurs auf den Begriff, der sich spätestens im 20. Jahrhundert fokussierte – der aber natürlich auch von weiter her kommt –, in dem es um universelle ethische Standards genauso geht wie um ethische Strukturen, in denen sich ein menschheitliches Ethos entfaltet. […]

Wie gelangt man zu einem Grundkonsens, zu gemeinsamen ethischen Grundprinzipien? Zunächst muss man dazu überhaupt den anderen Menschen, die andere Weltauffassung, die fremde Kultur anerkennen und achten, sodass man nicht versucht, diese auszuschließen oder aufzuheben, indem man sie in die eigene integriert. Stattdessen sollte man sich um einen Anschluss zur anderen Kultur bemühen. Aber das darf die andere Kultur in ihrem Wesen nicht herausfordern, was zwischen moderner westlicher Welt mit ihrem weitgehend laizistischen Charakter und einem fundamentalistischen Islam besonders schwierig erscheint, vor allem weil damit auch Machtstrukturen aufeinanderprallen, sich Institutionen durch die Globalisierung bedroht fühlen und sicherlich auch gefährdet sind. Zudem fördert ein im Medienzeitalter schnell und weit verbreitbarer Populismus gerade die Ignoranz gegenüber anderen Kulturen und spielt sie in der Öffentlichkeit hoch, wie nicht zuletzt der Karikaturenstreit lebhaft und gewalttätig vorführte. Nicht dass Bildung unbedingt vor Dummheit und vor Grausamkeit bewahrt, eine speziell bornierte Form der Unbildung verbarrikadiert aber jede Möglichkeit gegenseitigen Verstehens, zerstört die kleinsten Ansätze des Gesprächs.

Dass trotzdem nichts anderes bleibt, als unendliche Auseinandersetzungen, die ständig gewalttätig auszuarten drohen, zu vermeiden, dass man sich daher auf jene Probleme konzentrieren sollte, wo es Gemeinsamkeiten gibt, das erkannte zu Beginn des 20. Jahrhunderts vor allem der US-amerikanische Pragmatismus. Sein Begründer William James (1842–1910) unterstellt eine pluralistische Situation, in der man versuchen muss, zwischen rivalisierenden Weltanschauungen Anschlüsse herzustellen, also Verbindungen aufzubauen, Kommunikation zu entfalten, um Verständigung zu erreichen. Offenbar besteht keine Einigkeit und keine Einheit zwischen den verschiedenen sozialen, politischen und religiösen Vorstellungen. Daher muss man diese erst entwickeln – im Sinne von James mit einer Philosophie des Und als Vermittlungs- und Verbindungskonzeption.

Letztlich folgt daraus, dass auch Gemeinsamkeit aufgebaut werden muss. Sie liegt nicht immer schon vor. Den Menschen beseelt – unabhängig, was seine Natur sei, die die Philosophie nicht mit Sicherheit zu bestimmen vermag – nicht von jeher ein Wesen, das ihn in Solidarität zu anderen Menschen versetzt. Der Neopragmatist Richard Rorty (1931–2007) wird knapp 100 Jahre später dazu auffordern, den Rahmen der Solidarität ständig zu erweitern, damit immer mehr Menschen an ihm partizipieren. Obwohl er dafür keinen letzten Grund angeben kann, so heißt sein oberstes Prinzip, Grausamkeit zu vermeiden.

Aber woher nimmt man die Vorstellungen, mit denen man konstruktiv die Grundsätze des Zusammenlebens eruiert? Auch das, was man künstlich herstellt, muss sich aus Teilen zusammensetzen, die die kulturelle Tradition überliefert. In einer Zeit, in der diese Traditionen aber an Bindekraft einbüßen, in der sie kaum mehr orientieren, in der sie sich sogar auflösen, gilt es genau aus diesem Grund, mit den Traditionen umso vorsichtiger umzugehen. Man darf sie nicht einfach verwerfen, weil man sich nach neuen Horizonten sehnt. Denn sonst hätte man letztlich gar keine Bausteine für die perspektivisch zu eruierenden gemeinsamen Prinzipien, Haltungen, Tugenden. In diesem Sinne bemerkte Martin Heidegger (1889–1976) in seinem Vortrag 1957 über den *Satz der Identität:* »Erst wenn wir uns denkend dem schon Gedachten zuwenden, werden wir verwendet für das noch zu Denkende.« In einer Welt, in der sich alles in Bewegung befindet, liefern allein die kulturellen Traditionen mit ihren Bausteinen einen gewissen Halt für die Suche nach gemeinsamen Orientierungen. So konzentrierte sich der Kulturphilosoph Ernst Cassirer (1874–1945) bereits in der ersten Hälfte des 20. Jahrhunderts auf eine Vermittlung zwischen konkurrierenden kulturellen Bereichen wie Religion, Wissenschaft oder Politik: eine Art Vorstufe zu interkulturellen Anstrengungen um Frieden.

Wenn die streng normativen Ethiken für sich genommen nicht mehr selbstverständlich binden, weil sich in einer pluralistischen Welt unterschiedliche höchste Werte verbreiten und weil unter demokratischen Umständen der Mensch mündig wurde, dann muss sich der Mensch indes selbst um gemeinsame Orientierungen bemühen. Im Angesicht von Totalitarismus, Terrorismus, atomarer und ökologischer Bedrohung reicht es nicht mehr, den Frieden zu wollen. Vielmehr muss er geschaffen werden – eine schier utopische Aufgabe, zu der Ernst Bloch (1885–1977) nicht nur die Kräfte der Kultur, sondern auch die der Natur aufruft. Damit weist Bloch den Weg in das ökologische und darüber hinaus in das globale Denken, somit letztlich ebenfalls in einen Weltethos-Diskurs.

Allemal wächst den Menschen die Verantwortung für den Frieden zu, können sie sich dabei nicht mehr einfach auf ihre ethischen Prinzipien berufen, ohne darüber nachzudenken, inwieweit diese den Frieden letztlich fördern. Der Begriff der Verantwortung macht daher eine steile Karriere in der Ethik des 20. Jahrhunderts. Heute sieht sich jeder Einzelne, wie die Politik insgesamt und weltweit, mit der Forderung konfrontiert, dass sie für die Welt als Ganze, wie jeder für den anderen Menschen oder alle gemeinsam für die Biosphäre, die Verantwortung tragen. An diesen gerade von Max Weber (1864–1920) und Hans Jonas (1903–1993) entwickelten Verantwortungsbegriff schließt das Projekt Weltethos unmittelbar an, auch wenn dabei unterschiedliche Rekurse auf Werte und Normen zum Tragen kommen. Aber – das betont Küng im Anschluss an Max Weber zu Recht – Verantwortung braucht Maßstäbe für die verantwortbaren Folgen: Beispielsweise welcher Grenzwert für radioaktive Belastung in Nahrungsmitteln lässt sich verantworten? Nach welchem Kriterium? Wann darf man den Tod eines Menschen in Kauf nehmen, ihn gar verursachen? Wenn man sich nicht allein an den Folgen orientieren kann, weil damit der schiere Utilitarismus einkehrt – die Grenze jeder Verantwortungsethik –, dann richtet das den Blick auf die Werte, die solcher Verantwortlichkeit zugrunde liegen, Werte, die sich in unterschiedlichen Weltverständnissen vielleicht doch ähneln oder wo man zumindest nach Parallelen fragen kann.

Wie lernen wir, miteinander zu leben? Man muss – so die philosophische Verbindung zwischen Pragmatismus und Verantwortungsethik – im Rückgriff auf die Tradition immer mehr Menschen in den Kreis der Verantwortlichkeiten aufnehmen, sie dabei zugleich in ihrer Fremdheit und Unterschiedlichkeit achten. Dazu stellt die entscheidende Voraussetzung eine umfassende Kommunikation dar: des Gesprächs im Anschluss an Hans-Georg Gadamer (1900–2002), die Bemühung, fremde Anliegen zu verstehen, ohne dass dergleichen bedeutet, jede absurde Äußerung zu akzeptieren.

Nach Hannah Arendt (1906–1975) bedarf es dazu vielfältiger Kompetenzen: Kommunikation, die ein Miteinanderleben ermöglichen soll, kümmert sich nicht nur um gemeinsame Werte und Normen, sondern auch um Fähigkeiten, die solche Gemeinsamkeiten in der Kommunikation überhaupt erst herstellen. Dazu gehört vor allem im Anschluss an Heidegger die Fähigkeit zu einem Denken, das übergreifende Zusammenhänge bemerkt, die Vorstellungskraft, sich klar zu werden, was man anderen antut, Urteilskraft, die nach Übereinstimmungen dort sucht, wo sie nicht offen vorliegen, und die erweiterte Denkungsart Kants, sich nämlich in andere hineinzuversetzen, um sie zu verstehen. »Ich will verstehen!«, so ein programmatischer Satz Hannah Arendts, der letztlich der Philosophie im 20. Jahrhundert den Weg ausschildert.

Solcherart Kommunikation im Zeitalter der Globalisierung, die durch gemeinsame Grundnormen und Orientierungen die Furcht voreinander abbauen will, sucht damit nach Möglichkeiten für Konsense. Dazu haben vor allem Karl-Otto Apel (geb. 1922), der selber direkt an den Verantwortungsbegriff anschließt, und Jürgen Habermas (geb. 1929) mit der Entwicklung der Diskursethik Wesentliches beigetragen. Mag die Idee des herrschaftsfreien Diskurses auch ein Kind des abendländischen Rationalismus sein und würde sie einen überzeugten Islamisten letztlich zwingen, von seinen eigenen Prämissen Abstand zu nehmen, so stellt sie doch auch – auf sich selbst angewandt – ein Angebot an ihn dar: Herrschaftsfreier Diskurs verlangt, dass man den Andersdenkenden zunächst einmal akzeptiert und ihm auch einen Raum für Kommunikation öffnet. Nur auf diese Weise wird man letztlich im Sinne Michael Walzers zu globalen Standards oder mit John Rawls zu einem übergreifenden Konsens zwischen den Kulturen gelangen.

EINSICHTEN

Aus dem kulinarischen Leben

Dirk Maxeiner, Michael Miersch

Biokost & Ökokult

Die wichtigsten Fakten in Kürze:

- Biokost bietet keinerlei gesundheitlichen Vorteil.
- Die erlaubten Pestizidreste auf Nahrungsmitteln sind gesundheitlich unbedenklich.
- Biolandwirte setzen veraltete, unsichere Pestizide ein.
- 99,99 % der Giftstoffe im Essen sind natürlichen Ursprungs.
- Schimmelpilze und bakterielle Verseuchung sind die größten Gesundheitsgefahren in Lebensmitteln.

Es gibt Meinungen, da nicken alle mit dem Kopf. Sie werden nicht mal als Meinungen erkannt, denn jeder hält sie für Tatsachen. Der ganz große Konsens breitet sich aus, weil bis auf ein paar Experten niemand Genaueres weiß. Die Engländer nennen solche allgemein verbreiteten, unumstößlichen, aber unbewiesenen Thesen »conventional wisdom«. Mit »konventioneller Weisheit« wäre das ungenügend übersetzt. »Conventional wisdom« ist die nette Form des Vorurteils: gegen niemanden gerichtet, selten wirklich böse und meistens auch nicht besonders wichtig. Eine klassische Behauptung aus dieser Kategorie lautet: Biokost ist gesünder. Wir haben das alle schon tausendmal gehört und gelesen. Oftmals im Zusammenhang mit Formulierungen wie »jedermann weiß, dass …«, »es ist bekannt, dass …«, »wir wissen, dass …«. Selbst Menschen, die ansonsten alles kritisch hinterfragen, fangen an, Biogläschen zu kaufen, wenn sie ein Baby bekommen. Sogar viele, die nie Bioware kaufen, sind davon überzeugt, dass sie gesünder ist. Aber weiß man das wirklich? Wer sich auf die Suche nach Beweisen für die besondere Qualität von Bioprodukten macht, erlebt eine Überraschung: Seit den Zwanzigerjahren des 20. Jahrhunderts wird versucht, einen Beweis zu finden, dass diese Form des Anbaus besser für die menschliche Gesundheit ist – vergeblich. Der gute Ruf ist reine Gefühlssache ohne Faktenbasis.

Umfragen in verschiedenen Ländern haben immer wieder gezeigt: Konsumenten kaufen Biowaren, weil sie sie für »gesünder« und »sicherer« halten. Nummer eins ist stets die Gesundheit vor allen anderen vermuteten Vorteilen.

Seit vielen Jahrzehnten versuchen Forscher herauszufinden, ob Biokost dem Körper tatsächlich besonders guttut. Doch bis heute konnte kein wissenschaftlicher Nachweis dafür erbracht werden. Manche Vertreter der Ökobranche geben das offen zu. Katherine DiMatteo, Chefin des amerikanischen Verbands der Biokost-Händler (Organic Trade Association), gestand in einem Interview, ihre Lebensmittel seien »so nahrhaft wie die anderen Produkte auf dem Markt«. »Biogemüse hat denselben Nährstoffgehalt wie konventionell angebautes Gemüse, ist also nicht per se gesünder«, sagt auch Georg Schweisfurth, Gründer der erfolgreichen deutschen Biosupermarktkette Basic. Sir John Krebs, der bis 2005 der britischen Behörde für Nahrungsmittelstandards (Food Standards Agency) vorstand, erklärte: »Wenn Sie denken, Sie kaufen Essen mit einem Extra-Nährwert oder mit Extra-Sicherheit – wir haben keine Beweise für diese Behauptungen.« Auch Urs Niggli vom Schweizer Forschungsinstitut für biologischen Landbau (FiBL) bestätigt, dass es bis heute keine wissenschaftlichen Beweise gibt, dass Bioprodukte gesünder seien, so wie es die Verbraucher beim Kauf erwarten. »Biomilch ist nicht gesünder«, sagte er der *Basler Zeitung*.

Ein wirklich harter wissenschaftlicher Beweis, dass Bio gesünder ist, wäre auch schwer zu erbringen. Denn dafür müsste man über viele Jahrzehnte zwei getrennte Gruppen untersuchen, Bioköstler und Normalkonsumenten. Alle anderen Belastungsfaktoren sollten ausgeschlossen werden: Gene, Stress, Medikamente, Umweltverschmutzung. Um wirklich aussagekräftig zu sein, müsste man sogar den Tod der Probanden abwarten, denn es könnte ja auch sein, dass die einen zwar häufiger krank sind, aber dennoch länger leben. Und schließlich müsste man die Teilnehmer mit diktatorischen Mitteln dazu verdonnern, lebenslang der einen oder anderen Ernährungsweise treu zu bleiben. Das kommt im richtigen Leben kaum vor. Die meisten Menschen kaufen nicht alle Produkte in Bioqualität, und viele tun es nur eine Zeit lang. Da also ein hieb- und stichfester Beweis kaum zu erbringen ist, muss man sich mit Indizien begnügen. Bei Futterwahlversuchen am Wiener Ludwig-Boltzmann-Institut bevorzugten Ratten Biokarotten und Bioäpfel. Warum, blieb unklar. In einem anderen Test mussten 22 Nonnen vier Wochen lang Biokost essen und danach vier Wochen Lebensmittel aus herkömmlicher Produktion. Die Ordensschwestern erklärten, sie hätten sich in den Bio-Wochen besser gefühlt und weniger Kopfschmerzen gehabt. Ihre Blutwerte wiesen auf ein gestärktes Immunsystem hin. Wissenschaftler halten die Klosterstudie jedoch für unbrauchbar. Denn die Nonnen wussten, wann sie welche Kost aßen. Später stellte sich noch heraus, dass die Klosterfrauen für die Studie vom zuvor üblichen Tiefkühlgemüse auf frische Kost umgestiegen waren. Das könnte die verbesserten Immunwerte erklären.

Die Bioverbände behaupten, dass ihre pflanzlichen Lebensmittel weniger mit Nitrat belastet seien. Die Stiftung Warentest konnte allerdings keine Unterschiede feststellen. In zwei getesteten Biokarottensäften fanden die Labors sogar mehr Nitrat als in den herkömmlichen Produkten.

Andere Einflüsse sind bedeutender als die Frage nach dem Anbausystem. Welche Beschaffenheit hatte der Boden, in dem eine Karotte wuchs? Wie viel Regen bekam eine Kartoffel ab? Wuchsen die Trauben im Schatten? Wie früh wurde der Apfel geerntet? Boden und Witterung bewirken viel mehr Differenzen im Geschmack und bei den Inhaltsstoffen als Bio oder Nicht-Bio. Dazu kommen die großen Unterschiede zwischen den Sorten. Ein Braeburn-Apfel enthält in der Regel mehr Vitamin C als ein Golden Delicious.

Das Schweizer Forschungsinstitut für biologischen Landbau (FiBL) wollte der Sache auf den Grund gehen. Die Mitarbeiter pflanzten 576 Apfelbäume verschiedener Sorten auf demselben Feld, düngten die eine Gruppe mit Chemie und die andere mit Kuhmist und verglichen über ein Jahrzehnt lang das Ergebnis. Unter anderem wurden Säure, Zucker und Größe der Früchte, Magnesium und Kalzium in den Blättern und Stickstoff im Boden gemessen. Das Ergebnis war ernüchternd. Einziger Unterschied: Die Bioäpfel waren im Durchschnitt fester und kleiner. Alle anderen Eigenschaften schwankten von Jahr zu Jahr und kreuz und quer zwischen konventionell und Bio. Die Unterschiede zwischen den Sorten waren erheblich, egal ob sie zur Bio-Gruppe gehörten oder nicht. Selbst beim Geschmacksvergleich konnten die Tester die Bioäpfel nicht herausschmecken.

Wer heute ganz normal im Supermarkt einkauft und sich nicht einseitig ernährt, dessen Körper erhält ganz automatisch alle Nährstoffe, die er braucht. Bio bedeutet nicht, dass ein ungesundes Lebensmittel plötzlich besser wird. Süßigkeiten mit Biosiegel sind genauso schlecht für die Zähne und machen genauso dick wie solche ohne. Zu viel Biowein kann ebenfalls zu einem Kater führen. »Aber die Leute denken, oh geil, jetzt kann ich alles endlich essen«, sagt Peter Stehle, Präsident der Deutschen Gesellschaft für Ernährung, »als ob Bio zwangsläufig heißen würde gesund.«

Auch die Stiftung Warentest konnte keine grundsätzlichen Unterschiede feststellen. In einem Artikel der Zeitschrift *Test* über eine Vergleichsstudie der Stiftung zwischen Bio- und Nicht-Bio-Lebensmitteln hieß es kurz und prägnant: »Tops und Flops auf beiden Seiten.« 41 Prozent der Bioware erhielten bei den Untersuchungen, die zwischen 2002 und 2007 stattfanden, die Bewertung »gut« und vier Prozent »sehr gut«. Bei den Nicht-Bio-Produkten bekamen 46 Prozent »gut« und ein Prozent »sehr gut«. Auch bei den schlechteren Noten gab es keine größeren Unterschiede zwischen beiden Lagern. Im November 2007 untersuchten die Warentester Schokolade und entdeckten ausgerechnet bei einer Biomarke »eine extrem hohe Belastung« mit Benzpyren, einer Substanz, von der seit Langem bekannt ist, dass sie Krebs auslöst.

Der umfassendste Überblick über Forschungsarbeiten zu dem Thema stand 1997 im britischen *Journal of the Science of Food and Agriculture*. Fazit: »Es konnten keine klaren und konsistenten Unterschiede bezüglich des Nährwerts zwischen Bio und konventionell angebauten Lebensmitteln gefunden werden.« Eine von der ehemaligen deutschen Verbraucherministerin Renate Künast in Auftrag gegebene Studie des Senats der Bundesforschungsanstalten aus dem Jahr 2003 konnte ebenfalls keine Differenzen feststellen. Ob Getreideprodukte, Kartoffeln, Obst oder Schweinefleisch – in den vergleichenden Tabellen zu der Studie steht immer wieder die gleiche Bemerkung: »Kein Unterschied.« Fazit: »Die bisher vorliegenden Erkenntnisse erlauben aus wissenschaftlicher Sicht nicht den Schluss, dass der ausschließliche oder überwiegende Verzehr von ökologisch erzeugten Lebensmitteln die Gesundheit des Menschen direkt fördern würde.« Karsten Fehlhaber, der Direktor des Instituts für Lebensmittelhygiene der Universität Leipzig, hatte im April 2001 geschrieben: »Die einseitige Meinung, Ökoprodukte seien grundsätzlich gesünder, wird sich bei Lichte besehen als Irrtum herausstellen und ist geeignet, die Qualität konventionell hergestellter Produkte zu Unrecht zu diskreditieren.«

Doch im Jahr 2006 schien es endlich so weit zu sein: Britische Bioverbände präsentierten eine Untersuchung, aus der hervorging, dass Biomilch mehr Omega-3-Fettsäuren enthält. Sich darauf berufend forderten sie, ihre Milch als »gesünder« vermarkten zu dürfen. Doch die zuständige Behörde, die Food Standards Agency, blieb skeptisch. Omega-3-Fettsäuren kommen hauptsächlich in Fischen und einigen Pflanzenölen vor und gelten als wirksame Vorbeugung gegen Gefäßerkrankungen (nicht alle Ernährungsforscher sind jedoch von diesem Effekt überzeugt). Die Proben hatten ergeben, dass konventionell erzeugte Milch 40 Prozent weniger der wertvollen Fettsäuren enthielt. Bei näherer Betrachtung hatten die Unterschiede im Omega-3-Gehalt allerdings nichts mit Bio oder konventionell zu tun. Die Wissenschaftler hatten die Milch von Weidekühen mit solchen aus Stallhaltung verglichen, die mit Futtergetreide und Heu ernährt wurden. Aber auch manche Nicht-Bio-Landwirte lassen ihre Kühe hinaus ins Grüne, was zu denselben Werten in der Milch führt. Außerdem schwankt der Gehalt erheblich, sowohl jahreszeitlich als auch nach Region. Und drittens ist Milch ohnehin eine sehr bescheidene Omega-3-Ressource. Um die Menge aufzunehmen, die ein einziges Lachsfilet enthält, müsste man über 20 Liter Milch trinken.

Im Januar 2007, kurz vor der Berliner Grünen Woche, der größten Agrarshow der Welt, wurde eine Meldung von Presseagenturen verbreitet: Umfangreiche EU-Forschungsprojekte hätten ergeben, dass Biolebensmittel einen »deutlich höheren Nährwert« auswiesen als konventionell hergestellte. Wieder wurde der Eindruck erweckt, jetzt sei endlich bewiesen, dass Bio gesünder ist. Bald stellte sich jedoch heraus, dass die Basis der Berichte die wenig aussagekräftige britische Milch-Studie war und gar keine neuen Erkenntnisse vorlagen.

Ähnlich wie bei der Milch sind auch Qualitätsunterschiede bei Schweinefleisch auf die Haltungsbedingungen zurückzuführen. Das deutsche Forschungsinstitut für die Biologie landwirtschaftlicher Nutztiere (FBN) stellte fest, dass Schweine, die in einer artgerechten Umgebung aufwachsen und genügend Auslauf haben, weniger Wasser im Muskelgewebe ansetzen – unabhängig von Bio- oder konventioneller Fütterung.

Kurz nachdem die Milch-Debatte in den britischen Medien abgeklungen war, erschien dort die nächste Omega-3-Untersuchung, doch diesmal mit umgekehrten Vorzeichen. Wissenschaftler der Strathclyde University hatten verschiedene Proben Hühnerfleisch untersucht. Und siehe da: Die Muskulatur des Biogeflügels enthielt weniger der wertvollen Fettsäuren, dafür mehr Cholesterin. Bei einer Blindverköstigung erklärten die Testpersonen, dass die Biohühnchen schlechter schmeckten. Die Wissenschaftler führten die Unterschiede auf Vitaminzusätze im Futter zurück, die auf Bio-Hühnerfarmen verboten sind.

Auch bei einer Nährwertuntersuchung von Weizen fiel der Vergleich zugunsten des konventionell erzeugten Getreides aus. Forscher aus Newcastle hatten gemessen, dass Bio-Winterweizen weniger Protein enthielt.

Obwohl nie ein Beweis dafür erbracht wurde, setzen die meisten Konsumenten Bio mit »gesund« gleich. Doch was bedeutet die populäre Bezeichnung wirklich? Was unterscheidet diese Form der Landwirtschaft von den anderen? Im deutschen Sprachraum nennt man sie Bio oder Öko, im englischen »organic«. Damit sind landwirtschaftliche Methoden gemeint, die auf Kunstdünger und bestimmte Pflanzenschutzmittel verzichten. Biobauern greifen stattdessen auf alte Praktiken zurück, um die Fruchtbarkeit des Bodens zu erhalten. Gegen Schädlinge und Unkraut setzen sie ebenfalls Giftstoffe ein, allerdings nur solche, die nicht synthetisch (also im Chemielabor) erzeugt wurden. Außerdem sollte jeder Hof ein Kreislauf aus pflanzlicher und tierischer Produktion sein, der möglichst wenige Zugaben von außen benötigt.

Wie im Biolandbau gearbeitet wird, welche Methoden angewendet, welche Stoffe eingesetzt werden, interessiert die meisten Verbraucher nicht so genau. Sie suchen eine saubere und sichere Alternative zur herkömmlichen Landwirtschaft, der sie nicht mehr trauen. Seit den Achtzigerjahren löste ein Lebensmittelskandal den anderen ab. Bei vielen Menschen blieb der Eindruck zurück, alle Nahrungsmittel seien irgendwie chemisch belastet oder sogar gefährlich.

Bio scheint der Ausweg zu sein für alle, die ihre Gesundheit schützen möchten. Doch ebenso wie harte Beweise fehlen, dass Bio nahrhafter ist, gibt es auch beim Thema Sicherheit keine eindeutige Antwort. Bei einigen Formen gefährlicher Verschmutzung schneiden Biowaren sogar schlechter ab.

Forscher der Universität Athen sichteten und werteten alle wissenschaftlichen Arbeiten aus, die sie zum Thema »Lebensmittelsicherheit und Biokost« finden konnten. Die Bilanz wurde im Jahr 2006 veröffentlicht. »Es gibt derzeit keinen Beweis«, heißt es darin, »der die These bestätigen oder widerlegen würde, dass Biolebensmittel sicherer oder gesünder sind als konventionell erzeugte.« »Was aber deutlich gemacht werden sollte, ist«, betonen die griechischen Wissenschaftler, »dass Bio nicht automatisch ›sicher‹ bedeutet.« Seit Rudolf Steiner 1924 seine Vorträge über biologisch-dynamische Wirtschaft hielt, konnte kein wissenschaftlicher Nachweis erbracht werden, dass Biokost tatsächlich besonders gesund oder gar lebensverlängernd ist. Viele Insider wissen das. Zum Beispiel Lord Peter Melchett, Direktor der Soil Association, der wichtigsten britischen Organisation für Biolandwirtschaft. »Wenn uns die Wissenschaft keine Antworten gibt«, sagte er, »dann müssen wir eben mehr auf Gefühle setzen.«

Bleibt von den vielen vermuteten Vorteilen nichts als ein besseres »Gefühl« übrig? Schließlich ist bewiesen, dass auf Biokost normalerweise deutlich weniger Rückstände von synthetischen Pestiziden zu finden sind. Doch – was die meisten Verbraucher nicht wissen – stehen Pestizide in der Rangfolge der realen Gesundheitsgefahren ganz weit unten. Selbst in den Fünfziger- und Sechzigerjahren, als Pflanzenschutzmittel der ersten Generation völlig sorglos gespritzt wurden, stieg die Lebenserwartung der Menschen rapide an. In den reichen Industrieländern können wir uns heute abwechslungsreicher und gesünder ernähren als je zuvor in der Geschichte. Magenkrebs etwa ging drastisch zurück. Vermutlich ein Erfolg des chemischen Pflanzenschutzes und moderner Konservierung. Denn dieser Krebs wird mit pilzverseuchten Nahrungsmitteln, aber auch mit Haltbarmachung durch Pökeln in Zusammenhang gebracht.

Dennoch hat die Angst vor Pestiziden einen rationalen Kern: Pflanzenschutzmittel sind schließlich Gifte, die Pilze, Unkraut oder Insekten vernichten sollen (auch wenn sie intensiv auf unerwünschte Wirkungen getestet werden). Landwirte müssen vorsichtig damit umgehen. Wer diese Stoffe kanisterweise auf dem Acker verteilt und nicht aufpasst, kann sich und andere gefährden. So kam es beispielsweise auf den französischen Antilleninseln Martinique und Guadeloupe zu einem Anstieg von Prostatakrebs und Missbildungen, weil Bananenfarmer den seit 1993 verbotenen Wirkstoff Chlordecon weiter sorglos auf den Plantagen verteilten – und somit ständig damit in Kontakt kamen. Doch trotz dieser schrecklichen Vorfälle ist der Verzehr der Bananen ungefährlich, weil das Gift nicht durch die Schalen dringt. Giftigkeit ist immer eine Frage der Dosis. Die berühmte, bis heute gültige Regel von Paracelsus (1493–1541) lautete: »Alle Ding' sind Gift und nichts ohn' Gift – allein die Dosis macht, dass ein Ding kein Gift ist.« Viele Substanzen, mit denen wir im Alltag umgehen, wie Salz oder Alkohol, sind tödlich, wenn wir zu große Mengen davon zu uns nehmen. Nach Ansicht führender Toxikologen sind die minimalen Pestizidmengen, die Endverbraucher aufnehmen, ungefährlich. Zwar entdecken Lebensmittelüberwacher immer wieder erhöhte Werte auf Nahrungsmitteln, doch auch diese Mengen liegen fast immer weit unter den gesundheitlich relevanten Dosen. Denn die gesetzlichen

Grenzwerte liegen in der Regel 100- bis 100 000-mal tiefer als der Wert, bei dem nach den jeweils vorliegenden Erkenntnissen aus Tierversuchen einer Gesundheitsgefährdung beginnt. »In einer einzigen Tasse Kaffee«, schrieb Bruce Ames, einer der weltweit führenden Forscher auf den Gebieten der Biochemie und Molekularbiologie, »sind mehr Stoffe, die im Tierversuch Krebs auslösten, als potenziell krebserregende Pestizidrückstände in dem Essen, das ein Durchschnittsamerikaner in einem Jahr verzehrt.« Dazu sollte man wissen, dass etwa die Hälfte aller Stoffe, egal ob synthetisch oder natürlich, bei Versuchstieren Krebs auslöst, wenn man sie in hohen Dosen verabreicht. Ames sagte auch, dass die Krebsgefahr von natürlichen Chemikalien in Obst und Gemüse 10 000-mal höher ist als die von Pestizidrückständen. 1999 erhielt Ames von Präsident Clinton die Nationale Wissenschaftsmedaille, die höchste Auszeichnung der Vereinigten Staaten für Wissenschaftler.

Kaum ein Käufer weiß, dass selbst ungespritzte Pflanzen nicht pestizidfrei sind. Denn die Pflanzen selbst produzieren Giftstoffe, die Tiere – etwa Raupen – davon abhalten sollen, sie aufzufressen. Daher sind 99,99 Prozent aller Pestizide, die wir aufnehmen, natürlichen Ursprungs. Manche Naturgifte sind so extrem gefährlich, dass sie den Pflanzen einst mühsam abgezüchtet werden mussten, damit sie überhaupt essbar wurden. Der britische Molekularbiologe Anthony Trewavas wies darauf hin, dass jeder Mensch mit seiner ganz normalen Nahrung täglich mehrere Tausend natürliche toxische Pestizide zu sich nimmt. Er schätzt die Gesamtmenge dieser Stoffe auf einen viertel Teelöffel am Tag.

Das tödliche Solanin steckt in den Knollen und Blättern von Kartoffeln. Chlorogensäure ist in Aprikosen und Perchlorethylen in kalt gepresstem Olivenöl enthalten. Allein die Kohlpflanze produziert zur Abwehr von Fraßfeinden 49 giftige Pestizide. Um bei chemischen Pflanzenschutzmitteln ganz sicherzugehen, hat man deren Grenzwerte auf ein »parts per billion« (ppb) festgelegt (das ist die unvorstellbar geringe Menge von zehn hoch minus sieben Prozent). Dabei enthalten beispielsweise Karotten mehr als 10 000 ppb natürliche Kanzerogene und Pestizide. In Äpfeln und Pfirsichen stecken mindestens 50 000 ppb. Brokkoli enthält in großen Mengen Indolcarbinol, mit dem man im Tierversuch Krebs auslösen kann. Würde man den Grenzwert für synthetische Pestizide anwenden, »dann dürfte ein Erwachsener am Tag nicht mehr als ein Milligramm Brokkoli zu sich nehmen«, errechnete der Chemiker Heinz Hug. Vertreter der Bioverbände betonen dagegen, dass es sich bei vielen dieser natürlichen Giftstoffe um sogenannte sekundäre Pflanzenstoffe handelt, die einen wichtigen Beitrag zur gesunden Ernährung leisten.

»Die vom Menschen beigetragenen Pflanzengifte und Krebserreger machen etwa ein Zehntausendstel der natürlich hergestellten aus«, schrieb der Statistikprofessor Walter Krämer. »Eine Portion biologisch angebauter Brokkoli enthält die 15 000-fache Referenzdosis des in der Öffentlichkeit gern als Krebsgift Nummer eins angesehenen Tetrachlordibenzodioxins (kurz auch TCDD oder Dioxin), denn das in Brokkoli wie auch in Kohl und Blumenkohl enthaltene Indolcarbinol wird im Magen in Moleküle umgewandelt, die im Körper die gleichen Enzymreaktionen ablaufen lassen wie TCDD. Aber dieses natürliche Dioxin scheint anders als das künstliche, von dem man etwa glaubt, dass es über Verpackungsmaterialien unser Obst und unser Gemüse verunreinigen könnte, niemand um den Schlaf zu bringen.«

Die immer wiederkehrende Skandalisierung des Themas Pestizidrückstände spiegelt auch den Fortschritt der Messtechnik. In den frühen Sechzigerjahren konnten die Analysegeräte Messungen im ppm-Bereich durchführen. Alles, was geringer war, galt als null. In den Achtzigerjahren war es bereits möglich, Konzentrationen von eins zu einer Milliarde zu ermitteln. Wieder zwei Jahrzehnte später ist eins zu einer Trillion im Bereich des Messbaren. Der schon sprichwörtliche Zuckerwürfel im Starnberger See könnte also tatsächlich nachgewiesen werden.

Das bloße Vorhandensein eines potenziell gefährlichen Stoffes sagt nichts aus. Doch die Frage der Dosis und was sie bedeutet, wird leider viel zu selten gestellt. Bei dem Nitrofen-Skandal, der im Sommer 2005 wochenlang die deutschen Schlagzeilen beherrschte, lagen die Mengen, die in Eiern und Geflügelfleisch gefunden wurden, um den Faktor 1000 bis 10 000 unterhalb der kleinsten Dosen, für die im Tierversuch Krebsgefahr nachgewiesen werden konnte (es handelte sich bei den beanstandeten Lebensmitteln übrigens um Bioprodukte). »Würden Himbeeren«, schrieb der Statistikprofessor Walter Krämer, »statt in der Natur zu wachsen, künstlich hergestellt, müssten sie laut deutschem Lebensmittelrecht verboten werden.« Mithilfe moderner Analyseverfahren wurden in Himbeeren folgende natürliche Chemikalien nachgewiesen: 34 verschiedene Aldehyde und Ketone, 32 verschiedene Alkohole, 20 verschiedene Ester, 14 verschiedene Säuren, drei Kohlenwasserstoffe und sieben Verbindungen anderer Stoffklassen, darunter Cumarin, das Leber und Nieren schädigen und zu Lähmungen und Atemstillstand führen kann.

Dass Biobauern keine synthetischen Gifte benutzen, bedeutet nicht, dass sie kein Gift benutzen. Ökobauern dürfen schädliche Insekten, Unkraut und Pilze mit einer ganzen Palette von Stoffen bekämpfen. Die Liste umfasst mehrere Dutzend Mittel, darunter pflanzliche Substanzen, Mineralöle, Bakterienstämme und Chemikalien wie Kaliumpermanganat. Zu den pflanzlichen Wirkstoffen zählen beispielsweise die Insekten tötenden Pyrethrine und das Zellgift Quassin, das aus Bitterholz gewonnen wird. Kupfer- und Schwefelpräparate werden insbesondere im Obst- und Weinbau eingesetzt. Weil für bestimmte Pflanzenkrankheiten keine wirksamen Stoffe zugelassen sind, spritzen Bioobstbauern in kurzen Abständen Kupfer und Schwefel. »Dass im Biobereich Kupfer verwendet wird«, sagt der deutsche Lebensmittelchemiker und Bestsellerautor Udo Pollmer, »straft die ganze Ökopropaganda Lügen. Kupfer ist ein Schwermetall wie Cadmium oder Quecksilber, das wir nie wieder aus den Böden kriegen. Es schädigt massiv das Bodenleben, insbesondere die Regenwürmer. In einem Ökobetrieb in Baden-Württemberg musste unlängst aufgrund einer Verseuchung mit ›Biogift‹ das gesamte Erdreich ausgetauscht werden.«

Nach Ansicht der meisten Lebensmittelwissenschaftler zählen Pestizidrückstände zu den geringsten Gefahren, die im Essen lauern. Die wichtigste Ursache von nahrungsbedingten Krankheiten ist falsche, einseitige Ernährung. Dann folgen Infektionen durch Bakterien und andere Mikroorganismen oder Vergiftungen durch toxische Stoffe, die von ihnen gebildet werden. Solche natürlichen Risiken lauern sogar mit höherer Wahrscheinlichkeit in Bioprodukten. Die Zahl der Erkrankungen durch Bakterien oder Viren im Essen geht in Deutschland alljährlich in die Hunderttausende. Jahr für Jahr sterben über 200 Bundesbürger an Lebensmittelvergiftungen und -infektionen. Die US-amerikanischen Centers for Disease Control and Prevention (CDC) gehen von landesweit durchschnittlich 73 000 Erkrankungen und 60 Toten allein durch *Escherichia coli*-Bakterien aus. Auf der Risiko-Rangliste folgen Parasiten, physiologische Gifte, Allergien, Unverträglichkeiten, Vergiftungsunfälle und Verletzungen durch Fremdkörper. So berichtet der Statistikwissenschaftler Walter Krämer, dass Jahr für Jahr über 800 Bundesbürger an Fischgräten und anderen sperrigen Essensbestandteilen ersticken.

Während sich viele Menschen vor Pestizidrückständen in der Nahrung fürchten, machen sich nur wenige Sorgen um die Verschmutzung durch natürliche Krankheitserreger wie Schimmelpilze, Einzeller, Bakterien oder Viren. Bis zum Aufkommen der modernen Hygiene und der wissenschaftlichen Medizin waren natürliche Gifte in der Nahrung eine der großen Menschheitsplagen. Insbesondere Pilzgifte (Mykotoxine) kosteten viele das Leben. Am bekanntesten ist das Mutterkorn *(Claviceps purpurea)*, ein Pilz, der auf Roggen gedeiht und dadurch häufig ins Brot gelangte. Wer sich daran vergiftete, starb oder verlor unter Schmerzen Finger und Zehen. Der Volksmund nannte diese Symptome Sankt-Antonius-Feuer. Noch in den Vierzigerjahren starben Tausende in der Sowjetunion, weil sie Brot gegessen hatten, das von Pilzen der Gattung *Fusarium* befallen war. Anfang der Sechzigerjahre registrierten Tierärzte Massensterben von Geflügel in England. Es stellte sich heraus, dass die Ursache der Pilz *Aspergillus flavus* im Futter war. Diese sogenannten Aflatoxine werden heute zu den potentesten Krebsauslösern gezählt. Durch Aufklärung, Qualitätskontrolle und Schutzmaßnahmen ist die Gefahr von Mykotoxinen im Essen heute geringer als früher – zumindest in den reichen Industrieländern. Doch sie ist immer noch wesentlich größer als das Risiko von Pestizidrückständen in der Nahrung. »Kontamination durch Schimmelpilzgift ist bei Biolebensmitteln wahrscheinlicher«, schreibt der amerikanische Biologe und Chemiker Alex A. Avery.

Naturdünger aus Tierfäkalien (den auch viele konventionelle Landwirte einsetzen) kann Krankheitskeime enthalten. Nach den Regeln des Biolandbaus muss der Mist zwar lange kompostiert werden, damit die Hitze Keime abtötet, aber in der Praxis gelangt doch immer wieder infektiöser Dung aufs Gemüse. Im Herbst 2006 starben in den USA drei Menschen und Hunderte mussten mit schweren Magen-Darm-Beschwerden ins Krankenhaus, weil sie mit Bakterien verseuchten Spinat von einer kalifornischen Biofarm gegessen hatten. Der Keim stammte von Rindern aus der Nachbarschaft. Das war kein Einzelfall. Im Sommer 1996 war es in Connecticut und Illinois massenweise zu Infektionen mit gefährlichen *Escherichia coli*-Bakterien gekommen. Als Ursache wurde Salat aus Bioanbau ermittelt. Im Jahr 2004 untersuchten Francisco Diez-Gonzales und seine Studenten von der Universität Minnesota Obst und Gemüse von 40 Anbaubetrieben, Bio und konventionell. Sie fanden heraus, dass die Wahrscheinlichkeit einer Kontamination mit *Escherichia-coli*-Bakterien bei der Bioware sechsmal häufiger war. Die Infektionsgefahr ist bei konventionellen Lebensmitteln schon deshalb geringer, weil nur ein Teil der Nicht-Bio-Landwirte überhaupt mit Fäkalien düngt.

Ende der Neunzigerjahre wurden in Deutschland mehrere Todesfälle und einige Hundert Erkrankungen bei Kindern bekannt, die sich mit Ehec-Bakterien (Entero-hämorrhagische *Escherichia coli*) infiziert hatten. Auch diese Erreger lauern typischerweise in Fäkalienresten auf Feldgemüse, nicht nur bei Biobauern. »Zurück zu mittelalterlichen Produktionsweisen kann eben auch bedeuten, dass mittelalterliche Gefahren wieder auftauchen«, meint Beda M. Stadler, Professor für Immunologie an der Universität Bern.

Und nicht nur beim Düngen sind alternative Methoden hygienisch bedenklich. Freilandgeflügel ist häufiger mit *Campylobacter ssp.*, Salmonellen und anderen Mikroben belastet. Bei Rohmilch, die in Bioläden als besonders wertvoll angepriesen wird, besteht ebenfalls das Risiko einer Verunreinigung durch Ehec- und *Campylobacter ssp.*-Bakterien, warnt das Forschungszentrum für Umwelt und Gesundheit (GSF). Im Juli 2007 musste die Baby-Biokost-Firma Hipp eine Rückrufaktion für Säuglingsmilch starten, weil das Produkt mit Keimen des Typs *Enterobacter sakazakii* belastet war. Dieses Bakterium kann bei Kleinkindern Hirnhautentzündung oder schwere Darmentzündungen hervorrufen. Erkrankte Säuglinge sterben in 30 bis 80 Prozent der Fälle. Eine Studie der Uni Bern brachte 2005 ans Licht: In Biomilch leben mehr Mikroben als in konventioneller Milch, und Biokühe leiden häufiger an gefährlichen Euterentzündungen. Aber auch Viren sind ein Risiko: Rohmilcherzeugnisse können den Erreger der Gehirnhautentzündung FSME enthalten. In einer im Jahr 2007 veröffentlichten Auswertung von 54 Lebensmitteluntersuchungen der Stiftung Warentest (aus den Jahren 2002 bis 2007) heißt es: »Das Fazit unseres Vergleichs ist für Biofans ernüchternd ... In unseren Tests schnitten viele Bioprodukte bei der mikrobiologischen Prüfung schlecht ab. Viele unerwünschte Keime belagerten vor allem tierische Bioprodukte wie Fleisch-, Fisch- und Milcherzeugnisse. Das kann je nach Keimtyp und Keimzahl vor allem Kinder, Schwangere, geschwächte und ältere Menschen gesundheitlich gefährden.«

Im Jahr 2006 musste in Österreich Biohirse aus den Geschäften zurückgezogen werden, da sie mit Stechapfelsamen durchsetzt war (Vertreter der Bioverbände betonten, dass das Gift bei der Verarbeitung in einer Mühle hineingelangte, die nicht nur für Biobauern arbeitete). Bei einer Untersuchung der deutschen Stiftung Warentest im gleichen Jahr stellte sich heraus, dass ein Demeter-Müsli zu viel gefährliches Pilzgift enthielt. »Wenn in gentechnisch veränderten Lebensmitteln solche Mengen von Giftstoffen gefunden würden wie in Biogetreide«, meint der britische Biologe Michael Wilson, »wäre dies das Ende der Grünen Gentechnik.«

Gunter Frank

Warum Ihr Gewicht mehr mit Stress zu tun hat als mit dem, was Sie essen

Seit meiner klinischen Ausbildung zum Allgemeinarzt, das heißt seit 10 Jahren, befasse ich mich intensiv mit den Themen Ernährung, Stress und Darmgesundheit. Die meisten Menschen kommen seitdem vor allem aus zwei Gründen in meine Sprechstunde: weil sie mit ihrem Gewicht nicht zufrieden sind oder weil sie Verdauungsprobleme haben.

Diejenigen mit Verdauungsproblemen schildern mir häufig, dass sie sich bewusst ernähren, ballaststoff- und vitaminreich essen und trotzdem immer mehr Beschwerden bekommen. Oder bekommen sie sie, gerade weil sie sich so ernähren? Oft haben diese Patienten selbst schon herausgefunden, dass sie mit gut Durchgekochtem und kleinen Portionen besser zurechtkommen, trauen sich dies aber bei Einladungen nicht zu sagen, um nicht als zu empfindlich zu gelten. Auffallend häufig sind es schlanke Menschen, die unter diesen Problemen leiden.

Diejenigen, die gerne weniger wiegen würden, erzählen mir, was sie schon alles versucht haben, um abzunehmen. Eine Diät jagte die andere, sie haben alles gemieden, was gut schmeckt und Fett enthält, und stattdessen hoffnungsvoll alle möglichen Diätartikel gekauft, die mit den unsinnigsten Versprechungen werben. Ich kenne viele Frauen – und zunehmend auch Männer –, die sich seit 20 Jahren mit einem schlechten Gewissen zu Tisch setzen und den Teller nie leer essen. Sie führen einen nicht enden wollenden Kampf gegen den eigenen Appetit. Dazu kommen Abführmittel in Massen, literweise vergossener Schweiß in Fitnessstudios und sogar chirurgische Eingriffe wie Fettabsaugen, die nicht wenige trotz Schmerzen und finanzieller Opfer über sich ergehen lassen. Doch es nützt nichts: Diese Menschen nehmen über die Jahre trotzdem stetig zu – oder vielleicht gerade deshalb? Und für die paar Monate, in denen sie zeitweise etwas weniger wiegen, zahlen sie einen hohen Preis. Wie oft gehen sie – nachdem sie sich eisern viele Genüsse versagt und um Bratkartoffeln und Sahnetorte einen großen Bogen gemacht haben – mit einem Salatblatt hungrig und unzufrieden zu Bett?

Und die anderen, die Jungen und die ewig Schlanken, die zeigen mit dem moralischen Zeigefinger auf die Molligen und bezichtigen sie der Disziplinlosigkeit. Denn schließlich ist Schlankheit angeblich ja nur eine Frage des Willens, und der muss hier offensichtlich versagt haben. Selbst Politiker und Krankenkassen machen inzwischen bei dieser Hexenjagd mit, bei der sich keiner für die wirklichen Zusammenhänge interessiert. Es ist ja auch zu schön, Sündenböcke zu haben, die man dann für vieles, zum Beispiel die Kostenexplosion im Gesundheitswesen, verantwortlich machen kann.

Manchmal hat man fast den Eindruck, hier solle eine neue Religion geschaffen werden, wo die schlanken Rechtgläubigen, die sich angeblich diszipliniert ernähren und fit halten, mit ewiger Jugend und niedrigeren Krankenkassenbeiträgen belohnt werden. Die dicken Sünder dagegen, die ihrer Lust auf Schokolade und Fast Food scheinbar hemmungslos frönen und zudem das Laster der Faulheit pflegen, werden mit Herablassung und Herzinfarkt bestraft.

Das schlechte Gewissen folgt jeder süßen Sünde auf dem Fuß, Ernährungspäpste und Diätgurus prophezeien gebetsmühlenhaft die apokalyptischen Folgen unseres ungezügelten Essverhaltens: Krankheit und Tod – und das, obwohl wir statistisch gesehen seltsamerweise trotzdem immer älter werden. Welch eine seltsam lustfeindliche Vorstellung von Gesundheit, über die sich schon Mark Twain (1835–1910) augenzwinkernd beschwerte: »Die einzige Methode, gesund zu bleiben, besteht darin, zu essen, was man nicht mag, zu trinken, was man verabscheut, und zu tun, was man lieber nicht täte.«

Als überprüfbarer Maßstab für den rechten Lebenswandel hat sich der Body-Mass-Index (BMI) eingebürgert. Wehe dem, der die Formel des vermeintlich gesunden Gewichts nicht erfüllt. In Baden-Württemberg zum Beispiel haben mollige Lehramtsanwärter mit einem BMI über 30 große Schwierigkeiten, verbeamtet zu werden! Ganz abgesehen davon, dass die Gleichung dick = krank nicht richtig ist, wissen die Menschen, die so etwas verbreiten, eigentlich, was sie Molligen damit antun? Frauen mit Kleidergröße 46, die sich schuldig fühlen sollen, keinen »gesunden«, schlanken Körper zu haben, bekommen Nervenzusammenbrüche, wenn sie in Boutiquen nichts Schickes in ihrer Größe finden. Mollige Mütter, die mollige Kinder haben, bekommen Anrufe von schlanken Klassenlehrerinnen, die mehr Essensdisziplin zu Hause anmahnen. Mollige Mütter werden auf dem Spielplatz von schlanken angesprochen, warum sie ein so verantwortungsloses Vorbild abgeben. Mollige Kinder sollen getrennten Sportunterricht erhalten. Wo soll das eigentlich hinführen? Wenn eine ganze Bevölkerungsgruppe für etwas diskriminiert wird, für das sie nichts kann, nennt man das eigentlich Rassismus. Nicht zuletzt möchte ich auch für mehr Toleranz gegenüber »gewichtigeren« Mitmenschen werben, indem ich die Zusammenhänge zwischen Veranlagung, Lebensumständen und Gewicht erkläre.

Halt, werden jetzt vielleicht einige rufen, die Gefahren falscher Ernährung und die negativen Folgen von Übergewicht sind doch wissenschaftlich bewiesen! Außerdem hört man doch täglich in den Medien viele Experten, die genau wissen, wie man das empfohlene Normalgewicht erreichen kann, zum Beispiel durch Obstessen und Sporttreiben. Trotzdem scheitern die meisten, wenn sie versuchen, diese Ratschläge zu befolgen. Falls Sie auch zu den Gescheiterten gehören, kann ich Sie schon mal beruhigen: Es liegt nicht an Ihrer Disziplinlosigkeit, es liegt daran, dass diese Empfehlungen auf einem falschen Umgang mit wissenschaftlichen Daten beruhen.

Der Umgang mit wissenschaftlichen Ergebnissen ist nämlich eine heikle Sache und erfordert eine gewisse Vorsicht und Bescheidenheit, ganz besonders dann, wenn daraus Empfehlungen für die ganze Bevölkerung entwickelt werden sollen. Die Protagonisten moderner Ernährungsregeln verhalten sich jedoch wie der sprichwörtliche Elefant im wissenschaftlichen Porzellanladen, ein Missstand, den Statistiker schon lange beklagen. Problematisch finde ich dabei, dass viele dieser Experten noch nie Menschen medizinisch betreut haben. Wenn man nämlich mit offenen Augen Patienten behandelt, dann ist es augenfällig, dass verschiedene Menschen auf dieselbe pauschale Empfehlung völlig unterschiedlich reagieren. Diese Erfahrung, die sich in vielen alten Heilkunden, wie der Traditionellen Chinesischen Medizin oder der indischen Ayurveda wiederfindet, wird inzwischen auch von der modernen genetischen Forschung bestätigt. Wir Menschen bestehen aus individuellen Eigenschaften und nicht aus statistischen Mittelwerten. Genau das macht jeden Einzelnen von uns besonders und einzigartig.

Deswegen ist es kein Wunder, dass viele Menschen, wenn sie pauschalen (»allgemein gültigen«) Ernährungsratschlägen folgen, nicht gesünder, sondern kränker, nicht dünner, sondern dicker werden. Und dann müssen sie sich noch von anderen dafür kritisieren lassen. Weil ich den immensen Leidensdruck sehe und gleichzeitig als behandelnder Arzt die völlige Erfolglosigkeit der gängigen Empfehlungen zu gesunder Ernährung und Gewichtskontrolle immer wieder hautnah miterlebe, habe ich nach Experten gesucht, die Wesentliches und wirklich Hilfreiches zu diesem Thema herausgefunden haben.

Stellvertretend möchte ich vier Wissenschaftlern danken: Herrn Professor Karl Pirlet, Arzt und Forscher, der schon in den Siebzigerjahren, leider kaum gehört, erforscht hat, dass gesunde Ernährung wenig mit Nährwerttabellen und viel mit Verdauung zu tun hat; Frau Professor Holle Greil, Humanbiologin aus Potsdam, die die Körperbauentwicklung bei uns Menschen wissenschaftlich beschrieben hat; Udo Pollmer, wissenschaftlicher Leiter des Europäischen Instituts für Lebensmittel und Ernährungswissenschaften e.V., der es wie kein anderer versteht, aus einer Vielzahl von wissenschaftlichen Studien die wirkliche Erkenntnis herauszufiltern, und Herrn Universitätsdozent Dr. med. Maximilian Ledochowski, Wissenschaftler an der Universität Innsbruck, der die zurzeit beste Vorstellung davon hat, was in unserem Darm wirklich passiert.

Es gibt also wissenschaftliche Erkenntnisse, die es ermöglichen, Empfehlungen zu entwickeln, die uns bei ihrer Anwendung nicht enttäuschen, sondern die ihre Versprechen mit hoher Wahrscheinlichkeit auch einhalten. Da diese jedoch etablierten Experten und Diätempfehlungen widersprechen, mit denen inzwischen auch viel Geld verdient wird, hören wir so wenig davon. Das möchte ich ändern. Dabei geht es nicht darum, die einzig gültige Wahrheit zu verkünden, sondern ein vernünftiges Modell für sehr komplexe Körperzusammenhänge zu entwickeln. Ein Modell, das in der Praxis in vielen Fällen zum Erfolg führt. Ein Aspekt ist dabei von zentraler Bedeutung: Ausgangspunkt für eine gesunde Ernährung kann niemals Verzicht und schlechtes Gewissen sein, sondern nur Zufriedenheit und Lebensfreude. Übrigens ebenfalls keine ganz neue Erkenntnis:

»Gesundheit ist weniger ein Zustand als eine Haltung, und sie gedeiht mit der Freude am Leben.« Thomas von Aquin (1225–1274)

Körperbautypen

Warum wir unterschiedlich viel wiegen und warum das normal ist

Täglich kommen viele Menschen in meine Praxis: schlanke, mollige, athletische, schmächtige, hagere, große und kleine. Das ist so banal wie die Feststellung, dass Menschen unterschiedliche Nasen haben, lange, kurze, schmale oder breite. Während bei der Nasenform jedoch niemand von einer »normalen« Nasenlänge spricht, ist dies beim Gewicht anders. Nur wer ein bestimmtes Verhältnis von Körpergröße und Gewicht aufweist, gilt als »normal«-gewichtig, Abweichungen davon werden als »über«- oder »unter«-gewichtig bezeichnet. Das Verhältnis von Körpergröße zu Gewicht nennt man Body-Mass-Index (BMI), es wird nach folgender Formel berechnet:

$$\text{BMI} = \frac{\text{Körpergewicht in Kilogramm}}{(\text{Körpergröße in Meter})^2}$$

Die Tabelle zeigt die derzeit übliche Einteilung Erwachsener in Gewichtsklassen. Fast unmerklich dringt der Body-Mass-Index (BMI) immer tiefer in unser Leben ein: Zum Teil wird der BMI bereits als Kriterium für Krankenkassenzahlungen oder Risikoeinstufungen für Lebensversicherungen herangezogen. Der BMI entscheidet zum Beispiel mit darüber, ob ein molliger Lehramtsanwärter verbeamtet oder als zu dick abgelehnt wird. Und das ist erst der Anfang.

Gewichtseinteilung bei Erwachsenen anhand des BMI (nach WHO)[1]

Kategorie	Body-Mass-Index (BMI)	Gewicht bei einer Körpergröße von 1,65 m	Gewicht bei einer Körpergröße von 1,80 m
Untergewicht	unter 18,5	unter 50 kg	unter 60 kg
Normalgewicht	18,5–24,9	50–68 kg	60–81 kg
Übergewicht	über 25,0	über 68 kg	über 81 kg
Präadipositas*	25–29,9	68–81 kg	81–97 kg
Adipositas Grad I	30–34,9	82–95 kg	97–113 kg
Adipositas Grad II	35–39,9	95–109 kg	113–129 kg
Adipositas Grad III	über 40	über 109 kg	über 130 kg

* Adipositas heißt Fettleibigkeit, Präadipositas bezeichnet die Stufe vor der Fettleibigkeit

Frau Rundlich sucht Rat in meiner Sprechstunde: Sie fühlt sich zu dick und möchte unbedingt abnehmen. Sie ist 1,65 Meter groß und wiegt 83 Kilogramm. Ihr Body-Mass-Index beträgt 31, das gilt als fettleibig. Sie trägt Konfektionsgröße 46–48, aber da der BMI unter anderem auch von der Beinlänge abhängt, kann man von ihm nicht direkt auf die Kleidergröße schließen. Zunächst frage ich Frau Rundlich, wie sich ihr Gewicht seit ihrer Kindheit entwickelt hat. Dabei erzählt sie mir, dass sie sich schon in ihrer Jugend zu dick gefühlt habe, doch wenn sie ihre Hochzeitsbilder anschaue – damals hatte sie Kleidergröße 40 –, wäre sie mit einer solchen Figur heute sehr zufrieden. Seit der Hochzeit vor 20 Jahren ist ihr Gewicht trotz vieler Diäten ständig gestiegen.

Ganz anders liegen die Dinge bei Herrn Hager. Nicht dass er wegen Gewichtssorgen in meine Praxis käme, er klagt eher über Verdauungsprobleme. Ich frage auch ihn nach seiner Gewichtsentwicklung. Er gibt an, schon in der Schule eher ein Schlaks gewesen zu sein, aber über die Jahre habe er ein wenig an Gewicht zugelegt. Heute, mit 48 Jahren, wiegt er 67 Kilogramm bei einer Körperlänge von 1,82 Meter. Das entspricht einem BMI von 20 und gilt als normal. Er hat Kleidergröße 46, bei Anzügen auch 92.

Frau Rundlich möchte ihr Gewicht dauerhaft verringern. Sie glaubt den Experten in Zeitung, Funk und Fernsehen, dass dies notwendig und auch möglich ist. Vielleicht verleitet die Beobachtung, dass sich unser Gewicht im Laufe des Lebens verändert, zu der Annahme, wir könnten es nach Belieben beeinflussen. Wir merken, dass wir mit Diäten abnehmen, selbst wenn die verlorenen Pfunde bald zurückkehren. Daraus könnte man schließen, dass sich diese Zunahme vielleicht verhindern ließe. Es klingt doch plausibel, wenn man Gewichtszunahme damit erklärt, dass wir mehr Energie, sprich Kalorien, aufnehmen, als wir verbrauchen und sich die überschüssige Energie dann in Form von Fettpolstern ablagert. Wenn ich weniger Energie verbrauche, etwa durch Einschränkung der Kalorienzufuhr, also durch Diät, oder wenn ich den Energieverbrauch steigere, zum Beispiel durch Sport, müsste ich die Fettpolster demnach wieder abschmelzen können. Diese einleuchtende, aber leider falsche Vorstellung von Gewichtsregulation wird immer noch in allen Medien sowie in aktuellen Regierungserklärungen verbreitet. Sie hält sich sogar in medizinischen Fachzeitschriften. Während des Medizinstudiums habe ich das ebenfalls gelernt und war deshalb wie viele der Meinung, wenn ich einmal dick werde, werde ich einfach weniger essen, und das Problem ist gelöst.

Allerdings werden die meisten Leserinnen und Leser dieselbe Beobachtung gemacht haben wie Frau Rundlich, nämlich dass sich das Körpergewicht nicht so einfach steuern lässt. Warum ist das so? Bevor wir uns dieser Frage zuwenden, müssen wir eine wichtige Voraussetzung klären, die bereits vieles in der Gewichtsdiskussion in einem anderen Licht erscheinen lässt.

Ist es biologisch sinnvoll, dass dasselbe Normalgewicht für alle Menschen gilt?

Jeder, der sich mit offenen Augen in Bahnhöfen, Schulen oder Einkaufszentren umschaut, sieht, dass wir Menschen sehr unterschiedlich gebaut sind. In allen Erfahrungsheilkunden – der Traditionellen Chinesischen Medizin (TCM), der indischen Ayurveda oder auch bei den alten Römern – wurden Menschen deshalb nie anhand von Durchschnittswerten beurteilt und behandelt, sondern immer ihrem Körperbautyp entsprechend.

Die Körperbaueinteilungen in den verschiedenen Medizinsystemen definieren meist zwei bis fünf Typen. Eine Zweiereinteilung findet man beispielsweise im alten Rom als Typus Laxus und Typus Strictus. In der Traditionellen Chinesischen Medizin gibt es den Leere- und den Fülletyp, in der naturheilkundlichen Mayr-Medizin spricht man vom vitalen und avitalen Typ. Eine Dreiteilung finden wir in der ältesten überlieferten medizinischen Lehre, der indischen Ayurveda. Die bekannteste Vier-Typen-Lehre war die Humoralmedizin der Antike, also die Einteilung in vier Kardinalsäfte. Die jeweilige Mischung dieser Kardinalsäfte ergibt dabei die individuelle Konstitution, die sich unter anderem im Körperbau ausdrückt. Man spricht deshalb auch von Konstitutionstypen.

Spätestens seit den Erbsen-Kreuzungsexperimenten von Gregor Mendel (1822–1884), dem »Vater der Genetik«, wissen wir, dass Körpermerkmale vererbbar sind. Und zwar immer mit je zwei Erbanlagen, einer mütterlichen und einer väterlichen. Wenn sich dabei eine durchsetzt (die dominante), wird der Sprössling diese Form ausbilden, die andere, verborgene Erbanlage (die rezessive) sieht man dann nicht, sie kann aber dennoch weitervererbt werden. Manchmal sind beide Erbanlagen gleich stark, dann sieht der Nachwuchs wie eine Mischung aus beiden (intermediäre Form) aus. Ein Botaniker, der sich mit der Pflanzenvielfalt unseres Planeten beschäftigt, weiß dies und würde niemals auf die Idee kommen, eine »normale« Pflanzengestalt zu definieren und Abweichungen davon als »unnormal« zu bezeichnen, sondern er spricht von »Variabilität« und »Diversität«. Er weiß, dass einzelne Merkmale in unterschiedlichster Ausprägung

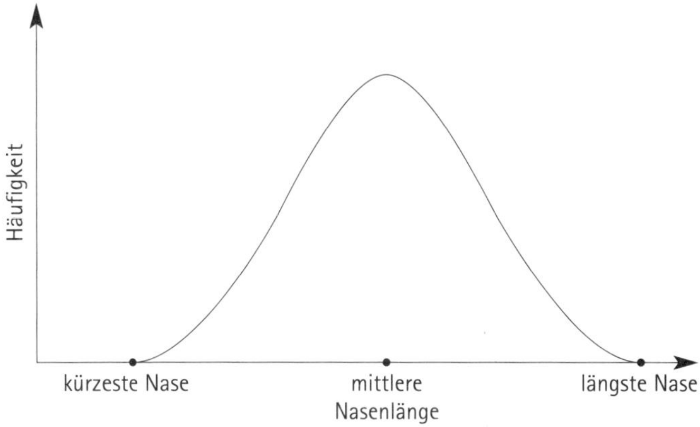

Gauß'sche Glockenkurve für die Häufigkeitsverteilung menschlicher Nasenlängen. Die meisten Menschen besitzen eine Nasenlänge im Bereich des Mittelwerts, dagegen gibt es nur wenige mit einer extrem kurzen oder einer extrem langen Nase.

vorkommen, wobei die jeweiligen Extreme selten sind und die Durchschnittsform am häufigsten zu beobachten ist.

Nehmen wir das Beispiel Nasenlänge. Wenn man bei allen Menschen die Nasenlänge vermessen würde, könnte man daraus einen Mittelwert errechnen. Angenommen, der Mittelwert wäre zehn Zentimeter, dann hätte die kürzeste Nase vielleicht vier Zentimeter Länge und die längste 17 Zentimeter. Aller Wahrscheinlichkeit läge die Nasenlänge der meisten Menschen um den Mittelwert zehn herum. Für die jeweiligen Extremlängen, also im Bereich von vier bzw. 17 Zentimetern, würde man deutlich weniger Beispiele finden. Man nennt eine solche Häufigkeitsverteilung auch Normalverteilungskurve oder Gauß'sche Glockenkurve (nach ihrer Form und dem Mathematiker Carl Friedrich Gauß 1777–1855, der sie als Erster berechnet hat).

Jeder Mensch liegt mit einem bestimmten Körperbaumerkmal immer irgendwo zwischen zwei gegensätzlichen Extremen oder Polen (man sagt, die Merkmale sind »bipolar«). Das bedeutet: Genauso, wie es kurze, durchschnittliche und lange Nasen gibt,

gibt es auch hagere, durchschnittliche und mollige Körper – je nachdem, wie stark die Fettpolster ausgebildet sind.

Die Unterschiede in Körperbau und Gewicht sind keine Messgrößen, die eine wertende Einteilung in normal, unter- oder übergewichtig zulassen. Vielmehr ist der Körperbau ein biologisches Merkmal wie die Nasenlänge. Jeder hat je nach Veranlagung seine ganz eigene Körperbauentwicklung. Aus der Fähigkeit, Fettpolster zu entwickeln, ergeben sich die zwei Pole lang/hager und untersetzt/rundlich, zwischen denen sich jeder Einzelne abhängig von Geschlecht und Alter bewegt. Dabei ist es völlig normal, ab der Pubertät bis zum Erreichen des Greisenalters an Gewicht zuzulegen. Je hagerer der Körperbautyp, desto kleiner ist der Gewichtszuwachs, je molliger die Veranlagung, desto größer ist er. Auch das ist völlig normal. Nur im Vergleich mit der eigenen normalen Körperbauentwicklung kann eine Abweichung als nicht normal oder ungesund eingestuft werden. Es gibt also Schlanke, die aufgrund einer Störung für ihren Körperbautyp zu dick sind, und es gibt Mollige, die für ihren Körperbautyp zu dünn sind.

Der Bauplan unseres Körpers ist genetisch festgelegt. Die Ausführung des Bauplans eröffnet Spielräume, die den Körperbau und die Gewichtsverteilung zwar beeinflussen können, aber es nicht ermöglichen, den Grundtyp auf gesundem Weg zu verändern. Die genauen Zusammenhänge, wie eine Erbanlage im Leben eines Menschen zu mehr oder weniger Fettansatz führt, sind dabei noch weitgehend unklar. Genetisches Wissen vermag zwar, Erklärungen für die Gewichtsentwicklung zu liefern, hat aber keine Lösungen für den Wunsch parat, schlanker zu werden. Fest steht jedoch, dass jemand, der stark übergewichtig ist, in allererster Linie nicht durch eigenes Handeln so ist, wie er ist, sondern durch die genetische Mitgift seiner Eltern.

Wer braucht die meisten Kalorien?

Zunächst sollte stutzig machen, dass wir mit zunehmendem Alter einen ansteigenden BMI aufweisen, gleichzeitig aber immer weniger Kalorien (= Energie) aufnehmen. Umgekehrt kann man bei jungen Erwachsenen sehen, dass eine hohe Energieaufnahme nicht zwangsläufig mit einem höheren Körperfettanteil in Zusammenhang steht. Wenn man die Energieaufnahme von Menschen, die sich im BMI unterscheiden, noch genauer untersucht, zeigt sich häufig, dass schlanke Menschen mehr essen als mollige, egal, ob sie älter oder jünger sind. Eine der größten Ernährungsstudien, die in Deutschland je durchgeführt wurden, die sogenannte VERA-Studie, konnte keinerlei Zusammenhang zwischen den aufgenommenen Kalorien und dem beobachteten BMI finden. Es gab sogar eine Tendenz, dass Molligere weniger essen als Schlanke. Die Arbeitsgruppe von Holle Greil hat die unterschiedlichen Körperbautypen und ihre Energieaufnahme verglichen. Eine Untersuchung an 14- bis 15-jährigen Mädchen ergab eindeutig, dass leptosome (schlanke) Mädchen wesentlich mehr Kalorien aufnehmen als pyknosome (mollige) Mädchen.

Die meisten Studien, die versuchen, die aufgenommene Energiemenge der befragten Teilnehmer zu erfassen, und sie mit dem BMI vergleichen, kommen zu dem Schluss, dass die Energiemenge mit ansteigendem BMI abnimmt! Die Dicksten essen fast immer am wenigsten. Das bleibt auch so, wenn man andere Faktoren mitberücksichtigt, wie Bewegung in der Freizeit, soziale Unterschiede oder den Fettanteil der verzehrten Nahrung.

Warum will das keiner glauben? Die Kampagne in den Medien, die Dicksein immer mit Verfressenheit verbindet, ist eine mögliche Erklärung, sie reicht aber nicht aus. Weiter hilft eine Beobachtung aus der Erfahrungsheilkunde. In der indischen Ayurveda gilt der schlanke, hagere Vata-Typ als derjenige mit dem »schwachen Verdauungsfeuer«, ähnlich sehen es die alten Griechen, die den Hageren eine »schwache Pepsis«, also Verdauungskraft, zusprechen. Diese Typen sind vergleichbar mit unserem Leptosomen. In der Praxis heißt das, Hagere vertragen keine großen Essensmengen, sie bevorzugen deshalb kleine Portionen, die aber nicht lange anhalten. Oft erzählen mir schlank gebaute Patienten, dass sie in Handtaschen, Autostaufächern oder auf dem Nachttisch stets etwas zum Knabbern parat haben, zum Beispiel Salzstangen, Bananen oder auch einen Schokoriegel, weil sie oft überfallartig Hunger bekommen und dann Probleme haben, wenn sie nicht gleich eine Kleinigkeit essen können.

Beispielsweise erzählte mir eine Patientin, die hager ist und häufig Hunger hat, dass sie selbst nachts etwas Kleines zu sich nehmen muss. Früher, als ihre Mutter deswegen aufgestanden sei, habe sie sich darüber lustig gemacht, heute gehe es ihr genauso, und auch ihr ebenfalls hagerer Sohn würde sich nachts oft etwas zum Essen holen. Selbstverständlich schließe ich als Arzt in solchen Fällen eine Zuckererkrankung aus, die häufig mit Heißhunger als Frühsymptom beginnt. Jedoch finde ich so gut wie nie eine solche Erkrankung, vielmehr ist es einfach so, dass Hagere häufig kleine Portionen zu essen brauchen, andernfalls werden sie schnell nervös, manchmal sogar aggressiv und haben mit Kreislaufproblemen zu kämpfen. Ein Teilnehmer eines Stressseminars, in dem ich auch über Ernährung spreche, erzählte von einem Rechtsanwalt in seiner Firma, der bei langen Verhandlungen immer anwesend sein muss. Dieser Mann sei circa zwei Meter groß bei schätzungsweise weniger als 80 Kilo (BMI unter 20). Jeder in der Firma weiß, dass Dr. Schlaks bei solchen Mammutsitzungen unglaublich aggressiv wird, wenn er nicht alle zwei Stunden etwas zu knabbern bekommt. Deshalb laute die erste Frage vor den Sitzungen immer: Wer hat Futter für Dr. Schlaks dabei?

Wenn man dünne Menschen danach fragt, wird dieser Zusammenhang meist bestätigt, so auch von Herrn Hager, der darüber hinaus erzählt, dass seine sehr schlanken Töchter am Tisch schnell satt sind. Bei längeren Unternehmungen müssten aber immer kleine Snacks greifbar sein, sonst gebe es Zoff. Über den Tag verteilt, scheint durch diese häufigen kleinen Mahlzeiten jedoch eine große Kalorienzahl zustande zu kommen, in der Summe sogar mehr als bei Molligen, die in der Erfahrungsheilkunde als diejenigen mit der großen Verdauungskraft gelten. Mollige können oft bei Tisch große Portionen vertragen. Wenn sie sich den »Ranzen« richtig vollschlagen, fällt das jedem auf. Dafür hält es aber auch lange an. Sie vertragen viel größere Abstände zwischen den Mahlzeiten als die Hageren. Nur, das bekommen die wenigsten mit. Wenn Hagere große Portionen essen, handeln sie sich dagegen nicht selten Magen- und Verdauungsprobleme ein, doch dazu später im Ernährungsteil. Es gibt zwar auch Schlanke, die bei Tisch essen können wie die Scheunendrescher – wie gesagt, wir reden über Polymorphismen, also vielfältige Genanlagen –, aber das ist eher die Ausnahme als die Regel.

Insulanergene

Offenbar scheint die Menge an Kalorien, die wir täglich zu uns nehmen müssen, ebenfalls genetisch »voreingestellt« zu sein. Warum gibt es diese Unterschiede in der Natur überhaupt? Schauen wir einmal zu Populationen, die über viele Generationen hinweg wenig Kontakt mit anderen Völkern hatten und öfter Hungersnöte überstehen mussten, zum Beispiel die Bewohner der Inselwelt Polynesiens. Dort findet man sehr viele pyknisch veranlagte Menschen mit rumpfbetonten Körpern, eher kürzeren Gliedmaßen und einer ausgeprägten Neigung zur Fettbildung. Warum?

Pyknische Menschen können schon aus relativ kleinen Nahrungsmengen Fettpolster für schlechte Zeiten anlegen. Wenn die Versorgung dann tatsächlich knapp wurde, etwa weil die Fischschwärme ausblieben, konnten die Dicken von diesen Polstern zehren, während die Dünnen Probleme bekamen. Pyknisch Veranlagte haben somit unter Lebensbedingungen, bei denen öfter mit Nahrungsknappheit gerechnet werden muss, Überlebensvorteile, weil sie in guten Zeiten aus einer Kalorie mehr Fett bilden können als die Hageren. Sie sind die »besseren Futterverwerter«. Solche Vorteile führen im Laufe von Generationen zu einer Häufung der entsprechenden Erbanlagen in der Population. Heute haben Menschen mit diesen Erbanlagen das Problem, dass ihr Körper weiterhin Nahrung sehr gut verwertet und Fettdepots anlegt, obwohl dies gar nicht mehr sinnvoll ist, da wir in den Industriestaaten, wo alle möglichen Nahrungsmittel jederzeit zur Verfügung stehen, nicht mehr mit Hungersnöten rechnen müssen. Deshalb gehen diese Menschen bei heutiger normaler Kost auf wie die sprichwörtlichen Hefeklöße, sie können nichts dagegen tun. Dabei essen sie nicht mehr als andere, ihr Körper verwertet die Nahrung einfach extrem gut. Dazu wieder Johannes Hebebrandt von der Universität Duisburg-Essen: »Die längste Zeit in der Geschichte waren Menschen, die aufgrund ihrer genetischen Veranlagung rasch zunehmen konnten, eigentlich im Vorteil. Denn wer in guten Zeiten ausreichend Fettreserven bildete, überstand auch Hungerperioden.«

Die Frage drängt sich auf, warum hagere Menschen dennoch Generation um Generation überlebt haben, obwohl sie schlechtere Futterverwerter sind. Selbst in der Sahelzone, wo die Nahrung eher knapp ist, gibt es viele Leptosome. Allerdings ist es dort auch sehr heiß, und üppige Fettpolster würden hier die Körperinnentemperatur stark ansteigen lassen. Vielleicht hatten sie gegenüber Pyknikern den Vorteil, leicht und schnell zu sein. Nun, dies sind Spekulationen, die auch andeuten, dass die Wissenschaft noch keine endgültige Antwort auf diese Frage gefunden hat. Eines weiß man jedoch sicher: Die Natur möchte eine möglichst große genetische Vielfalt innerhalb einer Art. Denn eine solche Vielfalt ist sinnvoll, damit eine ausreichende Zahl an Personen eine extreme Lebenssituation, die extreme Anpassung notwendig macht, überlebt, um das Fortbestehen der Art zu sichern. Auch das ein gewichtiges Argument gegen ein für alle geltendes Normalgewicht.

Die Klassenlehrerin bezichtigt Frau Rundlich und ihre Tochter also völlig zu Unrecht, verfressen und disziplinlos zu sein. Außerdem ist es ziemlich gemein, molligen Kindern zu unterstellen, sie seien an ihren Fettpolstern selbst schuld, weil sie ständig Fast Food äßen. Die Klassenlehrerin wie auch viele Ernährungsberater sollten sich klarmachen, dass diese Unterstellungen der Anfang einer ziemlich primitiven Diskriminierungkampagne gegen Menschen sind, die nichts für ihr Aussehen können und die noch zu klein sind, um sich zu wehren. In den nächsten Kapiteln werde ich Ihnen zeigen, wie diese Gemeinheit noch steigerbar ist und welche paradoxen Auswirkungen das hat.

Der Körperbau, ob mollig oder hager, hängt genetisch mit der Fähigkeit zusammen, Nahrung optimal zu verwerten, um daraus für schlechte Zeiten Fettpolster anlegen zu können. Deshalb finden sich die besseren und damit molligeren Futterverwerter in Populationen, in denen über Generationen oft Hungersnöte vorkamen. Genetisch hagere Menschen müssen dagegen mehr essen, um genügend Energie aufnehmen zu können, da sie Nahrung nicht so effektiv verwerten. Hagere Menschen vertragen meist nicht so große Portionen wie Mollige, sodass sie bei einer Mahlzeit zwar kleinere Mengen essen, aber dafür viel häufiger etwas zu sich nehmen müssen. In der Summe nehmen Hagere sogar mehr Kalorien zu sich als Mollige.

Wer mit Diäten und Esskontrolle abnehmen will, kämpft gegen zwei übermächtige Gegner: sein Unbewusstes und seinen Stoffwechsel. Schon kleine Belastungen, wie Ärger zu Hause, Stress am Arbeitsplatz oder Schlafmangel, werden alle Diätabsichten sabotieren. Diäten sind Hungerphasen und somit eine der schlimmsten Gefahren für unseren Körper. Aber unser Unbewusstes ist lernfähig und schützt die Diäterfahrenen durch zusätzliche Fettpolster vor zukünftigen Diäten. Diese zusätzlichen Fettpolster kann man wieder verlieren, wenn das Unbewusste dem Verstand wieder trauen kann.

Stress

Warum man abnehmen kann, wenn man sich wegen seines Gewichts keinen Stress mehr macht

Frau Rundlich hat es geschafft – nach vielen schlechten Erfahrungen und mithilfe der Informationen, die sie bei mir erhalten hat: ihr sind Diäten egal, sie isst sich wieder satt, genießt ihre Mahlzeiten, und das ohne schlechtes Gewissen. Sie gönnt sich Schlagsahne zum Kuchen, wenn sie Lust darauf hat, und lässt sich auf dem Weihnachtsmarkt eine Bratwurst schmecken, wenn ihr danach ist. Und was ist passiert? – Frau Rundlich hat ABGENOMMEN. Klingt nach Zauberei, doch viele meiner Patienten berichten von genau dieser Erfahrung. Wenn es ihnen gelungen ist, über die jahrelange gehirnwäschegleiche Berieselung von wegen Fettfallen im Essen, falschem Essverhalten und sonstigen Diätschwindeleien nur noch zu lächeln, wenn sie sich nicht mehr als zu dick und als Last für die Gesellschaft empfinden, wenn sie sich mit ihrem Körper angefreundet haben, statt ihn weiter zu bekämpfen, dann verlieren sie Gewicht, nicht dramatisch, aber oft eine Kleidergröße. Wie kommt das? Zum einen, weil das Unbewusste nicht mehr dauernd eingreifen muss und deshalb die präventiv gegen zukünftige Diäten angelegten Fettpolster nicht mehr für notwendig hält. Aber es steckt noch mehr dahinter.

Kontrollierte Esser haben neben »Eisbären« und Appetitsteigerung noch ein anderes Problem, das der bekannte Psychologe Klaus Grawe so beschreibt: »Menschen, die hauptsächlich mit Vermeidungszielen arbeiten, haben ein schlechteres Wohlbefinden, ein schlechteres Selbstwertgefühl und eine schlechtere psychische Gesundheit.« Vermeidungsziele führen also zu schlechterem Befinden, setzen uns unter negativen Stress und beeinflussen damit auch die Figur!

Von Hautfett und Bauchfett

Wie es dazu kommt, stellt man sich heute folgendermaßen vor. Die Menge an Fettgewebe unter unserer Haut ist vererbt. Dieses Hautfett kann durch Diäten nicht dauerhaft abgeschmolzen werden, und selbst wenn wir es absaugen lassen, kommt es immer wieder zurück. Es gibt aber ein Fettgewebe, das anders reagiert: das Fettgewebe im Bauchraum. Es wird als »abdominelles« oder »viszerales« Fett bezeichnet, ich möchte es im Folgenden »Bauchfett« nennen. Dieses Bauchfett wächst zwischen unseren Bauchorganen wie Leber, Nieren oder dem Verdauungsapparat. Es kann wachsen und auch wieder schrumpfen. Die Ursachen haben allerdings nichts mit Kalorienaufnahme und Kalorienverbrennung zu tun, es sind lang andauernde, belastende Lebenssituationen, kurz »Dauerstress«.

Im Bauchfett laufen wesentlich mehr Stoffwechselvorgänge ab als im Hautfett. Man weiß heute, dass Bauchfett stärker durch Stresshormone beeinflusst wird als das übrige Fettgewebe. Stresshormone wie Cortisol aktivieren das Wachstum des Bauchfetts.

Außerdem fördern Stresshormone die Zuckerfreisetzung im Körper und erhöhen damit den Blutzuckerspiegel. Gleichzeitig steigt der Blutdruck, und die Gerinnungsfähigkeit der Blutzellen nimmt zu. Stellen Sie sich einen Steinzeitmenschen im Kampf mit einem wilden Tier vor: Er braucht viel Zucker im Blut als Energiequelle für die Muskulatur und das Gehirn. Der erhöhte Blutdruck sorgt für eine bessere Blutzufuhr. Und die stärkere Gerinnungsfähigkeit des Blutes hilft im Falle einer Verletzung, Wunden schneller zu schließen. Dafür sind die Stresshormone da. Nun flieht der gestresste Büromensch nicht mehr vor einem Löwen. Die körperliche Reaktion auf Stress beschränkt sich heute darauf, den Telefonhörer verärgert auf die Gabel zu schmeißen, die Tür laut zuzuknallen oder Schatzis Lieblingsvase an die Wand zu werfen. Den bereitgestellten Zucker kann unser Gehirn jedoch nach wie vor gut gebrauchen.

Das Hormon Insulin sorgt dagegen dafür, dass bei erhöhtem Blutzuckerspiegel nach einer Mahlzeit der überschüssige Zucker aus dem Blut in die Körperdepots transportiert wird, um dort eingelagert zu werden. Während eines Kampfes oder auf der Flucht ist diese Reaktion aber unerwünscht, schließlich soll der Zucker den Muskeln und dem Gehirn Energie liefern. Daher hemmen Stresshormone die Insulinempfindlichkeit der Zellen und halten so den Blutzuckerspiegel hoch. Das wiederum veranlasst die Bauchspeicheldrüse, immer mehr Insulin auszuschütten.

Äpfel und Birnen

Kurzfristig wäre das alles nicht schlimm, aber langfristig wird es zum Problem. Dauerstress hemmt immer stärker die Empfindlichkeit der Zellen gegenüber Insulin. Die Mediziner sagen: Die Insulinresistenz steigt. Dauerfolgen können Diabetes (Zuckerkrankheit), erhöhter Blutdruck und Gefäßverkalkung sein, ein Erkrankungskomplex, den man auch metabolisches Syndrom nennt. In der Wissenschaft gilt eine dauerhafte Erhöhung des Insulinspiegels im Blut bei manchen Menschen außerdem als Risikofaktor für eine Gewichtszunahme.

Die zentrale Erklärung für die ungesunde Gewichtszunahme bei Dauerstress scheint die Wirkung des Stresshormons Cortisol auf die Entwicklung von Bauchfett zu sein. Unter Dauerstress ist der Cortisolspiegel im Blut sehr hoch. Da die Fettzellen im Bauchraum überschüssige Cortisolmengen besonders gut binden können, wächst das Bauchfett an. Bauchfett deutet darauf hin, dass sein Besitzer besonders langwierigen Belastungen ausgesetzt ist, die auf Dauer auch die Gesundheit gefährden. Insgesamt lässt sich sogar eine kürzere Lebenserwartung bei Menschen mit besonders viel Bauchfett messen. Wegen der anderen Fettverteilung erkennt man Menschen mit viel Bauchfett leicht an der Figur; sie weisen die sogenannte Apfelform auf. Apfelform bedeutet, dass die Taille verschwindet und der Bauch sich zunehmend vorwölbt. Arme, Schultern und Beine bleiben dagegen unverändert. Menschen, die ihr Fettgewebe vor allem unter der Haut lagern, erkennt man an der sogenannten Birnenform. Bei ihnen ist der Bauch weniger stark vorgewölbt, und sie haben auch kräftige Oberschenkel, Hüften oder Oberarmel. Da Frauen wegen der langen Schwangerschaften auf ungefährliche Fett- (sprich Energie-) Polster angewiesen sind, neigen sie oft zur Birnenform.

Weil das Bauchfett messbar an der Entstehung von Krankheiten beteiligt ist, sollte es völlig getrennt vom Hautfett beurteilt werden. Am besten wäre eine Untersuchung in der »Röhre« mittels Kernspintomographie des Bauchraums, was allerdings allein schon wegen der Kosten unrealistisch ist. Deshalb misst man zur Einschätzung der Bauchfettmenge immer öfter den Taillenumfang. Allerdings sollte der Taillenumfang in ein Verhältnis zur Hüfte gesetzt werden, das sogenannte Taille-Hüfte-Verhältnis (Waist-to-Hip-Ratio). Denn pyknische Menschen haben allein schon wegen ihres harmlosen Hautfetts, das sich aber natürlich auch unter der Bauchhaut befindet, einen größeren Taillenumfang. Erst wenn die Taille im Verhältnis zur Hüfte besonders umfangreich ist, erst dann hat man einen echten Hinweis auf besonders viel Bauchfett. Deswegen ist die Messung des Taillenumfangs allein genauso irreführend wie der BMI. Leider werden aber auch hier schon wieder Normwerte festgelegt: Demnach soll der Taillenumfang bei Frauen nicht über 80 Zentimeter liegen. Über 88 Zentimeter besäßen sie dann schon ein deutlich erhöhtes Risiko für Diabetes und Herzkrankheiten. Für Männer sollen Taillenumfänge über 94 Zentimeter ein erhöhtes Risiko und solche über 102 Zentimeter ein deutlich erhöhtes Risiko mit sich bringen. Es ist zum Haareraufen: Gerade schickt man sich an, den BMI zu beerdigen, an den auch die Kardiologen so lange geglaubt haben, und schon erfindet wieder jemand neue Normwerte für alle, obwohl die Genforschung immer mehr Belege dafür bringt, dass Unterschiede zwischen Individuen nicht die Ausnahme, sondern die Regel sind.

Für den Zusammenhang zwischen Stress und Bauchfett gibt es im Übrigen wieder einmal eine überzeugende Untersuchung an eineiigen Zwillingen. Bekanntlich sehen sich solche Zwillinge sehr ähnlich; diese Ähnlichkeit spiegelt sich auch im Gewicht wider, egal, ob sie zusammen oder getrennt aufgewachsen sind. Daher kommt es nur selten vor, dass sich eineiige Zwillinge stark im Gewicht unterscheiden. In einer Studie, die herausfinden wollte, welches die Gründe für solche ungewöhnlichen Gewichtsunterschiede sind, zeigte sich, dass der jeweils schwerere Zwilling im Gegensatz zum leichteren Gegenstück unter psychosozialem Stress, Schlafproblemen, Burnout-Symptomen und depressiven Gefühlen litt. Außerdem fand man erhöhte Cortisolspiegel im Urin. Das Tolle an dieser Untersuchung ist, dass man sehr genau zwischen Bauchfett und Hautfett unterschieden hat. Die gestressten, dickeren Zwillinge hatten die dreifache Menge an Bauchfett entwickelt. Beim Hautfett war ein 1,4-facher Mengenzuwachs gemessen worden.

Mobbing macht dick

Im Tierversuch kann man die krankhafte Entwicklung von Bauchfett besonders dann beobachten, wenn Tiere in ausweglose Situationen getrieben werden. In dieser Situation entwickeln sie Fettdepots im Bauchraum. Wenn Tiere Situationen ausgesetzt werden, die sie meistern können, und wenn sie dafür belohnt werden, beobachtet man das nicht. Ähnliches gilt auch für Menschen. Herr Rundlich zum Beispiel durchlebte eine äußerst unangenehme berufliche Situation. Sein neuer Chef war unberechenbar und wollte, dass Herr Rundlich bestimmte Mitarbeiter, teils befreundete Kollegen, mobbt, damit sie freiwillig die

Firma verlassen. Herr Rundlich weigerte sich und bekam dann selbst Schwierigkeiten. Er suchte mich in dieser Zeit in meiner Praxis auf, weil er abnehmen wollte. Er hatte deutlich an Gewicht zugelegt, vor allem sein Bauch war angeschwollen, und er wog über 100 Kilo. Ich konnte ihn überzeugen, keine Diät zu machen und stattdessen über berufliche Veränderungen nachzudenken. Dieser Zustand dauerte insgesamt zwei Jahre, dann ergab sich eine andere berufliche Möglichkeit, in der sich Herr Rundlich viel wohler fühlte. Ein paar Wochen später hatte Herr Rundlich zwei Kilo abgenommen, nach einem Jahr wog er etwa zehn Kilo weniger, und dieses Gewicht hält er nun, ohne je bewusst irgendwelche Veränderungen am Essverhalten vorgenommen zu haben.

Ausschlaggebend dafür, wie Stress auf unseren Stoffwechsel wirkt, scheint die Aussicht zu sein, ob man eine Stresssituation selbst meistern kann oder ob man ihr hilflos ausgeliefert ist. Wenn molligen Menschen, wie Frau Rundlich, ständig von Experten geraten wird, abzunehmen, wenn sie dauernd hören müssen, dass Dicksein selbst verschuldet ist und Dicke eine Last für die Gesellschaft sind, wenn Dicke ohne Ende in den Medien gedemütigt werden und wenn sie andererseits jahrelang ihren Appetit zügeln und mit eiserner Disziplin versuchen, abzunehmen, obwohl ihnen der Jo-Jo-Effekt keine Chance dazu lässt, dann empfinden sie dies – natürlich – als negativen Dauerstress, als ausweglose Situation, als persönliche Niederlage. Und deshalb wächst ihr Bauchfett immer weiter an.

Robert L. Wolke
Drei Sterne für Einstein & Co

Löffeln mit Champagner

Eine Freundin aus England war kürzlich bei mir zu Besuch. Wir tranken Champagner, ohne die Flasche zu leeren. Sie schlug vor, ich solle den Griff eines kleinen Silberlöffels in den Hals der Flasche hängen und sie dann in den Kühlschrank stellen (das hatte sie dort im Fernsehen entdeckt). Ob Sie es nun glauben oder nicht, am nächsten Tag war der Champagner nicht schal geworden. Wie funktioniert das? Ginge es auch mit einer Gabel?

Ja, mit einer Gabel würde es genauso gut funktionieren. Und auch mit einem Nagel. Oder mit einem Zauberstab, denn der Löffel hat absolut nichts bewirkt. Der Löffeltrick ist purer Humbug und fauler Zauber.

Champagner wird ganz einfach nicht so schnell fade wie Bier oder Limo. Ohne den Löffel wäre er am nächsten Tag noch genauso spritzig gewesen. Wichtig war nur, dass Sie ihn gekühlt haben, weil Kohlendioxid sich wie alle Gase in kälteren Flüssigkeiten besser löst und in Lösung bleibt.

Damit gelöstes Gas aus einer Flüssigkeit entweichen kann, muss den Gasmolekülen ein mikroskopisch kleines Materieteilchen (ein *Bläschenkeim*) zur Verfügung stehen, an dem sie sich versammeln können, bis ihre Zahl zur Bildung einer Blase ausreicht. Echter Champagner bleibt vor allem deshalb länger prickelnd, weil er äußerst klar und frei von mikroskopisch kleinen Fremdkörpern ist. Wenn auf dem Etikett »Méthode champenoise« oder »Flaschengärung« zu lesen ist, hat man das prickelnde Getränk durch das sogenannte *Degorgieren* geklärt – alle Sedimente können sich im Hals der auf den Kopf gestellten Flasche sammeln, worauf der Hals schockgefrostet und der Eisstöpsel zusammen mit den eingeschlossenen Rückständen entfernt wird. Biere werden kaum in diesem Ausmaß geklärt, weshalb sie ihre Spritzigkeit rascher verlieren.

Um angebrochenen Champagner über die Nacht zu retten, sollten Sie der Flasche einen dichten Verschluss gönnen – kein Besteck – und sie in den Kühlschrank stellen. Schließlich weiß man nie, ob man am nächsten Morgen nicht noch viel mehr zu feiern hat. Dazu braucht man nicht unbedingt einen schicken Champagnerverschluss für viele Dollar – ein passender Korken genügt.

... das Feld ist gestartet!

Auf einer Party anlässlich des Kentucky Derby Day reichten meine Freunde Mint Juleps. Kurz nachdem der Gastgeber einen Drink gemixt hatte, bildete sich außen am Glas jedes Mal eine Reifschicht. Ich weiß, dass beispielsweise ein Glas Tom Collins außen beschlägt, aber ich habe noch nie gesehen, dass es kalt genug geworden wäre, um zu gefrieren. Was ist an dem Mint Julep so besonders?

Ein Südstaatler würde antworten: »Plenty – 'ne ganze Menge.«

So ein Mint Julep, den man an einem warmen Sommerabend im Tempo des schleppenden Südstaatendialekts süffelt, ist vermutlich erfrischender als die meisten anderen Mixgetränke – aber auch hinterhältiger, was die berauschende Wirkung angeht, denn die verführerische Süße verdeckt die Tatsache, dass es sich praktisch um Whiskey pur handelt. Aber ebenso berauschend (zumindest für einige von uns) ist die Wissenschaft, die hinter der Reifbildung steckt.

Reduziert man ihn auf seine irdischen Grundbestandteile, so werden für einen Mint Julep Pfefferminzblätter in einem Glas oder Becher aus Metall zusammen mit Zucker zerquetscht. Dann füllt man mit zerstoßenem Eis auf und gießt einen großzügigen Schwapp Bourbon darüber. Würde man dagegen reines Wasser statt Whiskey zugeben, so würden Eis und Wasser rasch dieselbe Temperatur annehmen, nämlich die, bei der sie gemeinsam existieren können, ohne dass alles Eis schmelzen oder alles Wasser gefrieren müsste (es würde sich ein *Gleichgewicht* einstellen). Diese Temperatur ist, wie Sie wohl schon vermutet haben, der Gefrierpunkt von H_2O, also 0 °C.

Bourbon dagegen, dank sei seinem Geiste, enthält sowohl Alkohol als auch Wasser. Der Alkohol senkt den Gefrierpunkt (der Zucker hilft dabei mit), genau wie ein Frostschutzmittel den Gefrierpunkt von Kühlwasser im Auto senkt. Der niedrigere Gefrierpunkt bezeichnet natürlich auch die Temperatur, bei der Wasser und Eis nun nebeneinander existieren können (es ist dieselbe). Damit ihnen das gelingt, müssen sie sich auf dieses niedrigere Temperaturniveau begeben, wobei einiges von dem Eis schmilzt. Dieser Vorgang absorbiert Wärme und sorgt dafür, dass die Mischung kälter wird. Dabei passiert genau das, was eine Eis- und Salzmischung so kalt werden lässt, dass man in einem altmodischen Eisbereiter Sahne gefrieren lassen kann (in diesem Fall ist es das Salz, das wie der Alkohol im Mixgetränk den Gefrierpunkt absenkt).

Der Inhalt des Bechers kann durch den Alkohol des Bourbons so kalt werden, dass an einem schwülen Tag die Luftfeuchtigkeit auf dessen Oberfläche nicht nur kondensiert, sondern zu einer Reifschicht gefriert. Ein Tom Collins würde nicht ausreichend kalt werden, um die Feuchtigkeit außen auf dem Glas anfrieren zu lassen – er enthält nur ein paar Eiswürfel und zu wenig Alkohol, als dass der Gefrierpunkt sehr stark sinken könnte. In einem Becher mit Mint Julep dagegen stellt all das zerstoßene Eis eine sehr große Oberfläche bereit, an der das Gleichgewicht von Wasser und Eis seine temperatursenkende Wirkung im großen Maßstab ausspielen kann.

Damit alles richtig spektakulär aussieht, sollte ein Mint Julep statt im Glas in einem Becher aus Sterlingsilber (nicht in einem nur versilberten) zubereitet und serviert werden. Glas leitet Wärme (und Kälte) sehr schlecht, während Sterlingsilber zu 92,5 Prozent aus Silber besteht; es ist der beste Wärmeleiter unter den Metallen.

Meine Freunde und ich haben darüber gestritten, wie man Getränke kühlt – ob man sie mit Eiswürfeln rührt oder schüttelt, wie viel Eis man nehmen muss und welche Verdünnung dabei zustande käme. Ein ganz heller Typ meinte, er würde sehr viel Eis nehmen, um alles schneller abzukühlen und außerdem nicht so stark zu verdünnen. Ich hielt dagegen, dass es so schneller kalt würde, aber der Verdünnungsfaktor unverändert bliebe: weniger Wasser von jedem Würfel, aber insgesamt die gleiche Menge. Für Hilfe jeder Art wären wir sehr dankbar.

Ich halte es mit dem »ganz hellen Typ«.

Erstens: Je kälter das Eis, desto besser. Kälteres Eis kühlt die Flüssigkeit schneller, aber auch kältere Steine würden das schaffen. Wenn zwei Substanzen miteinander in Kontakt sind, fließt automatisch Wärme von der wärmeren zur kälteren. In unserem Fall geht die Wärme aus der Flüssigkeit ins Eis über – man könnte auch sagen, das Eis saugt die Wärme aus dem Getränk. Je kälter das Eis anfänglich ist, desto mehr Kalorien kann es der Flüssigkeit abnehmen, ehe es seinen Schmelz- bzw. Gefrierpunkt (0 °C) erreicht hat und allmählich sogar ans Schmelzen denkt. Wenn das Eis also kalt genug – entsprechend weit unter den Gefrierpunkt abgekühlt – ist, wird nur wenig (oder gar kein) Eis schmelzen und somit auch nichts verdünnen.

Zweitens: Je mehr Eis, desto besser. Sehr viel Eis im Behälter zwingt die Flüssigkeit in die schmalen Räume zwischen den Würfeln; es entstehen dünne Schichten der Flüssigkeit, die einen guten thermischen Kontakt mit dem Eis haben und deshalb schneller kalt werden als dickere Flüssigkeitsschichten. Man könnte es auch so verstehen, dass eine größere Zahl von Eisbrocken mehr Eisfläche für den Wärmeübergang aus der Flüssigkeit bereitstellt. Somit führt auch das zu schnellerer Abkühlung und weniger (oder keinem) Abschmelzen – Sie dürfen das Eis nur nicht zu lange darin lassen.

Das beste Kühlungsmantra lautet demnach: »Haufenweise Eis für kurze Zeit.«

Ganz nebenbei geht es um *Eiswürfel*, nicht um zerhacktes Eis. Denn Letzteres hat eine so große Oberfläche und sorgt damit für einen so starken Wärmefluss zwischen Flüssigkeit und Eis, dass es zu schmelzen beginnt und Ihren Drink verwässert, ehe Sie auch nur »Jack Daniel's« sagen können.

Doch zum Glück schmilzt Eis nicht gleich, wenn es seinen Schmelzpunkt erreicht. Jedes Gramm Eis muss zunächst noch einen Schlag zusätzlicher Kalorien (die *Schmelzwärme*) absorbieren, damit seine feste Struktur aufbricht und es zur Flüssigkeit wird. Deshalb kühlt auch nicht übermäßig kaltes Eis noch recht gut, selbst wenn hier einiges schmilzt und für Verdünnung sorgt. Verhindern Sie einfach, dass der *Barista* Ihren Martini zu lange rührt oder gar (der Himmel sei davor!) schüttelt.

Weil bei einem Martini ein wenig Schmelzwasser erwünscht ist (er ist zu scharf, solange er nicht etwa zehn Prozent Wasser enthält), muss man die richtige Balance zwischen der Menge Eis, dessen Temperatur und der Dauer des Rührens treffen. Deshalb schaffen es so viele Leute, einen Martini zu verderben – wo er doch eigentlich das einfachste Mixgetränk von der Welt sein sollte.

Ein Prösterchen auf die Selbstkontrolle

Alkohol trinke ich maßvoll: zum Abendessen ein Glas Wein, in Gesellschaft oft einen oder zwei Drinks, das ist wirklich alles. Auf Partys in der Urlaubszeit kommt es jedoch leicht vor, dass man beim Plaudern und Süffeln etwas den Überblick verliert, und so habe auch ich gelegentlich schon mal ein klein wenig zu viel erwischt … Ich weiß, jeder Mensch ist anders, aber gibt es irgendwelche Anhaltspunkte dafür, wie unterschiedliche Mengen Alkohol sich wahrscheinlich auf einen auswirken?

In Jahrzehnten an der Uni (nein, nicht weil ich für den Abschluss so lange gebraucht hätte – ich war Hochschullehrer) habe ich einiges über das gehört, was Studenten eine »geile Party« nennen, sprich »Komasaufen«. Allerdings hat das Studentenvolk kein Monopol auf besinnungslose Besäufnisse, ob vorsätzlich oder versehentlich. Für uns Akademiker mit Abschluss kann die gelegentliche Überdosis am Semesterschluss üblere Folgen haben, weil wir nicht einfach in den Schlafsaal des Wohnheims auf dem Campus zurücktorkeln können. Zumeist müssen wir noch nach Hause fahren. Diese Vorstellung allein mag ja ernüchternd sein, aber Autofahren selbst wirkt sich leider nicht in dieser Weise aus.

Alle Studien zur Beeinträchtigung der Fahrtüchtigkeit durch Alkoholkonsum besagen übereinstimmend, dass bereits eine Blutalkoholkonzentration von 0,2 Promille die Leistungsfähigkeit beim Autofahren beeinträchtigt (0,5 Promille am Steuer gelten als Ordnungswidrigkeit, 0,8 Promille und mehr als Straftat).

Wie also können wir unsere Alkoholaufnahme so steuern, dass wir einen Rauschzustand der Stufe 1 (Entspannung und angeregte Stimmung) erreichen, ohne darüber hinauszuplätschern auf Stufe 2 (Geschwätzigkeit und verminderte Hemmung), 3 (schlechte Koordination der Motorik und verwaschene Sprache), 4 (Verlust der Kontrolle oder der Zurückhaltung), 5 (Teilnahmslosigkeit und Benommenheit), 6 (Schwindel), 7 (Koma) und 8 (Tod)?

Die entmutigende Antwort lautet: Wir können es nicht. Zumindest nicht verlässlich. Es gibt einfach zu viele Faktoren, die alles durcheinanderbringen. Es sind viele Variable, welche die Reaktion eines Menschen auf eine bestimmte Alkoholmenge steuern, darunter genetische Voraussetzungen, Stoffwechselrate (bei Frauen allgemein höher als bei Männern), Körpergewicht und persönliche Vorgeschichte mit dem Alkohol (schwere Trinker können mehr vertragen). All diese Faktoren werden davon überlagert, in welcher Weise eine bestimmte Menge Alkohol konsumiert wird – ob sie verdünnt ist, zusammen mit Nahrungsmitteln aufgenommen wird oder nicht und über welchen Zeitraum. Stärkere Verdünnung, mehr Speisen und längere Zeit verringern die Wirkung des Alkohols, wobei entscheidend ist, welche absolute Menge man sich einverleibt hat.

Wie wirken sich nun Mengen von, sagen wir, 10 (ein Drink) oder 20 Gramm Alkohol auf Sie persönlich aus? Gar nicht, solange sie nicht ins Blut gelangen. Als Maß für die Trunkenheit gilt deshalb allgemein die Blutalkoholkonzentration (BAK) in Promille, das ist die Masse Alkohol (in Gramm) pro Liter Blutvolumen. Die BAK wird nicht direkt im Blut gemessen (außer bei der Autopsie). Sie kann aber im Atem festgestellt werden, weil Alkohol vom Blut über die Lungen in die Atemluft transportiert wird. Normalerweise liegt die BAK etwa 2100-mal so hoch wie die Konzentration im Atem – Atemtestgeräte können also darauf geeicht werden, dass sich die Werte der BAK direkt ablesen lassen.

Der einverleibte Alkohol wird vom gesamten Wasser im Körper gleichmäßig absorbiert – das findet zu 80 Prozent im Magen statt, zu 20 Prozent im Dünndarm. Deshalb hängt die BAK davon ab, wie viel Wasser im Körper der jeweiligen Person enthalten ist: Je mehr Wasser in Form von Blut vorliegt, desto niedriger ist die Konzentration einer bestimmten Alkoholmenge, was die körperlichen Auswirkungen entsprechend verringert. Auch hier gilt, dass jeder Mensch anders ist, aber im Durchschnitt bestehen Männer zu 58 Prozent aus Wasser, Frauen zu 49 Prozent, während das Blut sowohl bei Frauen wie bei Männern 80,6 Prozent Wasser enthält.

Zusammen mit der Dichte des Blutes (1,06 Gramm pro Milliliter) geben wir diese Zahlen in den Rechner ein, der ohne große Verrenkungen herausfindet, dass jeweils 10 Gramm reiner Alkohol, den ein Mann von 77 Kilo Körpergewicht aufnimmt, dessen BAK um 0,19 Promille steigen lassen. Bei einer Frau von 54 Kilo führt diese Menge zu einer Zunahme um 0,32 Promille. Die gesetzlich definierte absolute Fahruntüchtigkeit von 0,8 Promille erreicht Herr Mustermann also mit 42 Gramm reinem Alkohol, für die Frau reichen schon 25 Gramm.

Gerundet heißt das (hier können Sie Ihr persönliches Lieblingsgift einsetzen):

- Bei Spirituosen mit 40% Alkohol erreicht der Mann von 77 Kilo Körpergewicht die 0,8 Promille mit 15 Zentiliter, die Frau von 54 Kilo mit 9 Zentiliter.
- Bei Wein mit 13% Alkohol sind es entsprechend 0,42 Liter bzw. 0,24 Liter.

– Bei Bier mit 5% Alkohol sind es entsprechend 1,1 Liter bzw. 0,66 Liter.

Das sind sehr grobe Schätzwerte, nicht nur weil die Menschen sich stark voneinander unterscheiden, sondern auch, weil die Berechnungen davon ausgehen, dass der Alkohol sofort und vollständig absorbiert wird. Nicht berücksichtigt sind Verzögerungen bei der Aufnahme des Alkohols im Körper, die zustande kommen, wenn man während des Trinkens isst, ebenso wenig der fortwährende Abbau des Giftes in der Leber oder die Ausscheidung über den Urin im Verlauf des Trinkens. Das alles ist ein recht komplexes System von Zufuhr und Abfuhr. Dennoch können wir eine sehr zurückhaltende Schätzung »für den Hausgebrauch« vornehmen: Zählen wir strikt das getrunkene Volumen und nehmen wir die oben genannten Mengen als Maßstab – für die je persönliche »Trunkenheitsschwelle« müssen wir dann nur noch Körpergewicht und gegebenenfalls die verzehrten Speisen berücksichtigen.

Selbstverständlich wird man lange vor diesem Punkt aufhören wollen. Doch es ist zugegebenermaßen schwierig, die Milliliter zu zählen, während man mit einem Lampenschirm als Kopfbedeckung »Marmor, Stein und Eisen bricht …« singt. Aber ob Mann oder Frau, groß oder klein, schwerer oder gelegentlicher Trinker, eines kann man in jedem Fall tun: *Pünktlich jede halbe Stunde* trete man virtuell aus sich heraus (eine sehr esoterische Übung) und bewerte das eigene Verhalten aus objektiver Distanz. Sobald man sieht oder hört, dass Stufe 2 oder gar schon Stufe 3 erreicht ist, weg aus der Bar und essen, was reingeht. Schöne Feier noch!

Quellen

THESEN
Aus dem politischen und wirtschaftlichen Geschehen

Wolfgang Herles: Eine andere Geschichte Deutschlands aus: Neurose D. Eine andere Geschichte Deutschlands. Piper, München 2008, S. 9–24.

Kai Diekmann: Der große Selbstbetrug. Wie wir um unsere Zukunft gebracht werden. Piper, München 2007, S. 12–42.

Michael Sauga: Wer arbeitet, ist der Dumme. Die Ausbeutung der Mittelschicht. Piper, München 2007, S. 7–24.

ERKENNTNISSE
Aus den Naturwissenschaften

Robert B. Laughlin: Abschied von der Weltformel. Die Neuerfindung der Physik. Aus dem Amerikanischen von Helmut Reuter. Piper, München 2007, S. 9–27.

George G. Szpiro: Das Poincaré-Abenteuer. Ein mathematisches Welträtsel wird gelöst. Aus dem Englischen von Thomas Bertram. Piper, München 2008, S. 48–71.

Alan Weisman: Die Welt ohne uns. Reise über eine unbevölkerte Erde. Aus dem Amerikanischen von Hainer Kober. Piper, München 2007, S. 12–28.

Harald Lesch und das Quot-Team: Quantenmechanik für die Westentasche. Piper, München 2007, S. 15–21.

AUSBLICKE
Aus Philosophie, Religion und Psychologie

Hans Küng: Umstrittene Wahrheit. Erinnerungen. Piper, München 2007, S. 15–34.

Rolf Degen: Das Ende des Bösen. Die Naturwissenschaft entdeckt das Gute im Menschen. Piper, München 2007, S. 9–27.

Hans-Martin Schönherr-Mann: Miteinander leben lernen. Die Philosophie und der Kampf der Kulturen. Piper, München 2008, S. 17–18 und S. 33–37.

EINSICHTEN
Aus dem kulinarischen Leben

Dirk Maxeiner, Michael Miersch: Biokost & Ökokult. Welches Essen ist wirklich gut für uns und unsere Umwelt. Piper, München 2008, S. 26–43.

Gunter Frank: Warum Ihr Gewicht mehr mit Stress zu tun hat als mit dem, was Sie essen; aus: Lizenz zum Essen. Warum Ihr Gewicht mehr mit Stress zu tun hat, als mit dem, was Sie essen. Piper, München 2008, S. 11–72 (in Auszügen).

Robert L. Wolke: Drei Sterne für Einstein & Co. Neues aus der Küchenwissenschaft. Piper, München 2007, S. 42–52.

Autoren

Rolf Degen, geboren 1953, studierte Psychologie, Soziologie und Publizistik. Er lebt als freier Wissenschaftsjournalist in Bonn und schreibt unter anderem für die »Zeit«, die »Frankfurter Allgemeine Zeitung«, für »Bild der Wissenschaft« und »Psychologie heute«. Seine Berichte wurden von der Deutschen Gesellschaft für Psychologie mit dem Preis für Wissenschaftsjournalistik ausgezeichnet.

Kai Diekman, geboren 1964 in Ravensburg und aufgewachsen in Bielefeld, begann 1985 als Volontär beim Axel Springer Verlag. Er war Korrespondent der »Bild«-Zeitung in Bonn und Chefreporter der Zeitschrift »Bunte«. 1992 kehrte er zu »Bild« zurück. 1998 wurde er Chefredakteur der »Welt am Sonntag«, 2001 Chefredakteur der »Bild«-Zeitung. Er wurde zweimal mit der Goldenen Feder ausgezeichnet. Gemeinsam mit Ralf Georg Reuth verfasste er das Buch »Helmut Kohl – Ich wollte Deutschlands Einheit«. Er lebt mit seiner Frau, der Journalistin und Autorin Katja Kessler, und drei Kindern in Hamburg.

Gunter Frank, geboren 1963, Facharzt für Allgemeinmedizin, Notfallmedizin und Naturheilverfahren, betreibt seit 1996 eine allgemeinmedizinische Praxis in Heidelberg, ist Referent für Health Management an der St. Galler Business School und bildet Ärzte und Studenten in Naturheilverfahren aus.

Wolfgang Herles, geboren 1950, studierte Neuere Deutsche Literatur, Geschichte und Psychologie und promovierte 1980. Lange Zeit war er als politischer Journalist tätig, unter anderem als Leiter des ZDF-Studios Bonn. Der Autor zahlreicher Sachbücher leitet und moderiert das Kulturmagazin »aspekte« des ZDF.

Hans Küng, geboren 1928 in Sursee/Schweiz, ist Professor emeritus für Ökumenische Theologie an der Universität Tübingen und Präsident der Stiftung Weltethos. Sein Werk liegt im Piper Verlag vor.

Robert B. Laughlin, geboren 1950, ist Physik-Professor an der Stanford University, wo er nach Stationen am Massachusetts Institute of Technology und in Berkeley seit 1985 lehrt. 1998 bekam er für seine Arbeiten über den fraktionellen Quanten-Hall-Effekt den Nobelpreis für Physik. Er ist unter anderem Fellow der American Academy of Arts and Sciences und lebt in Palo Alto, Kalifornien.

Harald Lesch, geboren am 28. Juli 1960 in Gießen, studierte von 1979 bis 1984 Physik in Gießen und Bonn, promovierte 1987. Von 1988 bis 1992 war er wissenschaftlicher Mitarbeiter an der Landessternwarte in Heidelberg, am Max-Planck-Institut für Radioastronomie in Bonn und an der University of Toronto. Seit 1995 ist er Professor für theoretische Astrophysik an der Universität München und lehrt an der Hochschule für Philosophie SJ. Seit 1998 macht er die Sendung »alpha-centauri« beim Bayerischen Fernsehen und künftig das bekannte ZDF-Magazin »Abenteuer Forschung«. Zusammen mit dem Quot-Team (das sind 15 Physik-Studentinnen und -Studenten) veröffentlichte er im Piper Verlag 2003 »Physik für die Westentasche« und 2006 »Quantenmechanik für die Westentasche«.

Dirk Maxeiner, geboren 1953, ist Autor, Publizist und Kolumnist der »Welt«. Gemeinsam mit Michael Miersch schrieb er mehrere Bestseller, u. a. das »Lexikon der Öko-Irrtümer« (SP 3794). Zuletzt erschien von ihnen »Die Zukunft und ihre Feinde« (2002). Zusammen mit Henryk M. Broder verfassen Maxeiner und Miersch das Online-Tagebuch »Die Achse des Guten«, das zu den erfolgreichsten politischen Weblogs Deutschlands zählt.

Michael Miersch, geboren 1956, arbeitet als Publizist und Dokumentarfilmer. Er ist Kolumnist der »Welt« und schrieb gemeinsam mit Dirk Maxeiner mehrere Bestseller, unter anderem das »Lexikon der Öko-Irrtümer«. Zuletzt erschien von ihnen »Die Zukunft und ihre Feinde« (2002). Zusammen mit Henryk M. Broder verfassen Maxeiner und Miersch das Online-Tagebuch »Die Achse des Guten« (www.achgut.de), das zu den erfolgreichsten Weblogs Deutschlands zählt.

Das Quot-Team, das mit Harald Lesch zusammenarbeitet, besteht aus 13 Studentinnen und Studenten der Physik, außerdem einem Philosophiestudenten und einem Physiker. Es sind: Felix Berkemeier, Johannes Ferber, Georg Feulner, Matthias Gritschneder, Ferdinand Helmer, Veronika Junk, Ralf Koehler, Johannes Koppenhöfer, Christian Kummer, Lukas Mikulits, Moritz J. Püschel, Sebastian Rémi, Josef Stöckl, Sascha Trippe, Stefanie Walch.

Michael Sauga, geboren am 25. Juli 1959 in Vienenburg am Harz, studierte Volkswirtschaftslehre an der Universität zu Köln. Er war Redakteur der Wirtschaftswoche in Düsseldorf, in den Ressorts »Special«, »Unternehmen« und »Politik«, zuletzt mit Sitz in Bonn. Von 1997 bis 1999 hat er als Korrespondent für das Nachrichtenmagazin »Focus« gearbeitet. Gemeinsam mit Bernhard Felderer veröffentlichte er den Band »Bevölkerung und Wirtschaftsentwicklung«. Seit 2000 ist er im Berliner Parlamentsbüro des Nachrichtenmagazins »Der Spiegel« der zuständige Redakteur für Arbeit und Soziales.

Hans-Martin Schönherr-Mann, Prof. Dr. phil., geboren 1952, studierte in Erlangen und Düsseldorf Philosophie, Neuere Deutsche Literaturwissenschaft und Neuere Geschichte. Er ist Professor für Politische Philosophie an der Ludwig-Maximilians-Universität München, seit Jahren regelmäßig Gastprofessor an der Leopold-Franzens-Universität Innsbruck. Weitere Gastprofessuren in Turin, Venedig und Passau. Außerdem ist er Essayist und Hörfunk-Autor.

George G. Szpiro, geboren 1950, studierte Mathematik in Zürich und promovierte, später wandte er sich dem Journalismus zu. Seit 1987 berichtet er von Jerusalem aus für die »Neue Zürcher Zeitung« über Israel sowie über Mathematik und andere wissenschaftliche Themen. Seine monatlich in der »NZZ am Sonntag« erscheinende Kolumne »George Szpiros kleines Einmaleins« wurde 2003 von der Schweizerischen Akademie der Naturwissenschaften mit dem Prix Média ausgezeichnet. Neben »Mathematik für Sonntagmorgen« erschienen von ihm »Mathematik für Sonntagnachmittag« und »Das Poincaré-Abenteuer« sowie zuletzt »Mathematischer Cocktail«.

Alan Weisman ist vielfach ausgezeichneter Journalist, berichtet unter anderem für »The Atlantic Monthly«, »New York Times Magazine«, »Discover/National Public Radio« und ist Professor für Journalismus und Lateinamerikastudien an der Universität von Arizona. Er lebt in Tucson, Arizona. Der dem Buch zugrunde liegende Artikel »Earth without people« wurde für die renommierte Sammlung Best American Science Writing 2006 ausgewählt.

Robert L. Wolke, geboren 1928 in New York, studierte an der Cornell University. Er ist emeritierter Professor der Chemie an der Pittsburgh University und hat sich vor allem durch die verständliche und unterhaltsame Vermittlung naturwissenschaftlicher Themen einen Namen gemacht.

SERIE PIPER

David Allen

So kriege ich alles in den Griff

Selbstmanagement im Alltag. Aus dem Amerikanischen von Anne Emmert. 192 Seiten. Serie Piper

Ein klarer Kopf, ein organisierter Schreibtisch und eindeutige Ziele – das sind nach David Allen die besten Voraussetzungen für einen erfolgreichen Arbeitstag. In seinem neuen Erfolgsbuch erklärt er mit Witz und Charme, wie man Dinge bewegen kann, ohne sich dabei unter Druck zu setzen oder sich stressen zu lassen. Das perfekte Buch für mehr Energie, Kreativität und Klarheit im Alltag.

05/2246/01/L

Jörn Morisse, Rasmus Engler

Wovon lebst du eigentlich?

Vom Überleben in prekären Zeiten. 256 Seiten. Serie Piper

Job, Geld, Leben – nichts ist mehr sicher. Auch für Kulturschaffende haben sich in den letzten Jahren die Lebens- und Arbeitsbedingungen verschärft. Welche Kompromisse müssen und wollen bildende Künstler, Musiker, Autoren, Designer und Modemacher eingehen, damit für Miete, Krankenkasse, Altersvorsorge oder schlicht für die alltäglichen Ausgaben gesorgt ist? Welche Nebenökonomie ermöglicht dem Kulturarbeiter seine künstlerische Freiheit? Jörn Morisse, Mitbegründer des virtuellen Netzwerkes Zentrale Intelligenz Agentur und Rasmus Engler, stets unter dem Existenzminimum lebender Musiker und Autor, sprachen mit 20 kreativ Tätigen über Strategien und Möglichkeiten jenseits von Festanstellung und Hartz IV sich mit wenig Geld über Wasser zu halten. Unverblümte Fragen, klare Antworten.

05/2244/01/R